Betty will reich heiraten!

Weltbild Taschenbuch

Die Autorin

Lilli Beck, Jahrgang 1950, wuchs noch ohne Fernseher auf und verbrachte ihre Nachmittage am liebsten in der Bücherei und später im Kino. In den siebziger Jahren wohnte sie selbst in einer Kommune, die Hippiezeit hat sie intensiv durchlebt. Von Lilli Beck sind bereits mehrere Kurzkrimis erschienen. »Betty will reich heiraten!« ist ihr erster Roman.

Lilli Beck

Betty will reich heiraten!

Wie ich mit **58** meine Hippie-Ideale
über Bord warf

ROMAN

Weltbild

Besuchen Sie uns im Internet:
www.weltbild.de

Genehmigte Lizenzausgabe für Verlagsgruppe Weltbild GmbH,
Steinerne Furt, 86167 Augsburg
 Titel der Originalausgabe: „Reich heiraten!".
Umschlaggestaltung: Atelier Seidel – Verlagsgrafik, Teising
Umschlagmotiv: © Oliver Wetter
Gesamtherstellung: CPI Moravia Books s.r.o., Pohorelice
Printed in the EU
ISBN 978-3-86365-038-4

2015 2014 2013 2012
Die letzte Jahreszahl gibt die aktuelle Lizenzausgabe an.

Love and Peace

1. Der Duft von Patina

Wenn ich schlechte Laune habe, stelle ich erst mal meine Möbel um. Das verändert den Blickwinkel. Anstatt Tabletten zu schlucken oder zu einem Seelenklempner zu gehen, würde ich mir eher ein neues Möbelstück kaufen. Andere Frauen kaufen Schuhe, ich kaufe Einrichtungsgegenstände. Seit vielen Jahren auch beruflich.

Besonders glücklich machen mich die Aufträge, bei denen ich nicht aufs Geld achten muss. Ich liebe es nämlich, Geld auszugeben. Mein eigenes, und das meiner Auftraggeber.

Meine Arbeit ist aber nicht zu verwechseln mit der einer Innenarchitektin. Ich gestalte nicht am Computer, sondern am Objekt.

Deshalb stehe ich im Moment bei *Art déco*, einem der edelsten und teuersten Antiquitätengeschäfte Berlins, und atme den Duft von Patina ein. Ich bin auf der Suche nach einem repräsentativen Esstisch für die Zehn-Zimmer-Villa von Frau Gehlen, meiner neusten Kundin.

»Kann ich behilflich sein?«

Ein elegant gekleideter Mann, mit glänzenden dunklen Haaren, tritt mir entgegen. Sein Blick wirkt etwas irritiert, als er mich von oben bis unten mustert. Ich kenne das, mein Aussehen kommt eben nicht bei allen Leuten gut an. Dabei sehe ich heute doch völlig normal aus. Jedenfalls soweit eine verwaschene Jeans mit Umschlag, verstaubte rote Turnschuhe, ein pinkfarbenes T-Shirt mit Che-Guevara-Porträt und ein übergroßes Jackett normal sind für eine Frau mit achtundfünfzig, die einige Pfunde zu viel und langes graumeliertes Haar hat.

»Könnte sein«, sage ich lächelnd und gebe dem Dandy meine Visitenkarte aus rotem, extra teuren Karton:

Betty Singer
Feng-Shui-Einrichtungsberatung

Oft ist die Karte der Beginn eines langen Gesprächs über Feng-Shui. Der asiatische Trend ist zwar nicht mehr ganz neu, aber es gibt immer noch Menschen, die hinter diesem Namen eine Kampfsportart oder ein Sushi-Röllchen vermuten.

Der Dandy liest die Karte und deutet eine höfliche Verbeugung an. »Pierre Pötsch. Ich bin der Inhaber.«

Eine angenehme Überraschung, denn wegen seines jugendlichen Aussehens hatte ich ihn für einen Angestellten gehalten. Doch attraktiv wie er ist, könnte er auch ein Schauspieler ohne Engagement sein. Sein blendendes Aussehen, der wache Blick und der Waschbrettbauch, den ich unter seinem weißen Hemd vermute – ein klassischer Held, der allein mit seiner körperlichen Präsenz jede Bühne füllen würde. Ein Mann mit Stil und Klasse, der gut zu seinen Möbeln passt.

Ich beginne das Gespräch mit einem Kompliment über die ausgesucht schönen Stücke in seinem Laden. Das ist durchaus ernstgemeint; Möbel, die mir nicht gefallen und die ich nicht auch selbst gerne besitzen würde, schaue ich mir nämlich gar nicht erst an.

»Vielen Dank, Frau Singer, sehr freundlich.« Er ist sichtlich geschmeichelt. »Darf ich Sie herumführen?«

In seiner Begleitung schlendere ich durch drei große, ineinander übergehende Räume, streichle liebevoll über Tische, Stühle und Schränke, bewundere Lampen und Spiegel und frage nach der Herkunft der Stücke, die mir besonders auffallen. Später erzähle ich ihm von meinem Großauftrag. Interessiert hebt er die Augenbrauen. Er scheint zu ahnen, dass sich mein Besuch für ihn lohnen könnte. Aber ich weiß, wie Preise zustande kommen, und auch, wie man sie herunterhandelt. Dieses Mal spielt Geld allerdings keine Rolle, was selten vorkommt. Bei reichen Leuten spielt Geld nämlich meistens eine wichtige Rolle, sonst wären sie nicht reich. Ich vereinbare mit meinen Auftraggebern daher gerne Festpreise. Und je günstiger ich dann einkaufe, umso mehr Gewinn bleibt für mich. Ich bin aber nicht geldgierig. Ist ein Möbelstück genau das, was ich suche, kümmert es mich nicht, ob der Preis mein Honorar schmälert. Geld hat man, oder man hat es nicht. Und wenn ich welches habe, gebe ich es sowieso schnell wieder aus. Das ist eine alte Gewohnheit aus meiner Hippiezeit. Und ich bin nach wie vor der Meinung, Geld muss in Umlauf gebracht werden, damit es wieder zurückkommen kann.

Nachdem ich so gut wie jedes Stück im Laden angefasst habe, eröffnet Herr Pötsch den Handel. »Und? Ist etwas dabei, das in die Villa Ihrer Kundin passen würde?«, erkundigt er sich gespannt.

»Ja … ich denke doch«, sage ich verheißungsvoll. Er merkt, dass ich wirklich interessiert bin und hört sicher schon die Kasse klingeln. Die beste Voraussetzung für einen erfolgreichen Handel!

Herr Pötsch scheint das wohl auch so zu sehen und fragt: »Darf ich Ihnen vielleicht eine Tasse Kaffee anbieten?«

Ich nehme dankend an.

Er entschuldigt sich für einen Moment und verschwindet hinter einem schwarz-goldenen Brokatvorhang mit ägyptischen Motiven. Ich setze mich an einen riesigen Tisch, der mit seiner schwarzlackierten Oberfläche und den Stahlrohrbeinen gut in die Villa passen würde.

Nach einigen Minuten kommt Herr Pötsch mit einem silbernen Tablett zurück, auf dem er zwei Espressotassen, ein Milchkännchen und eine Zuckerdose aus schlichtem weißem Porzellan balanciert.

Während ich den köstlichen Kaffee genieße, gebe ich etwa zwanzigtausend Euro aus. Theoretisch jedenfalls. Meine Auswahl steht nämlich fest.

»Sie werden sicher verstehen, dass ich nichts kaufen kann, ohne es mit meinen Auftraggebern abzusprechen. Feng-Shui ist schließlich keine Überraschungsshow.«

Seinem Schmunzeln entnehme ich, dass er diese TV-Sendungen, in denen ahnungslose Menschen von Freunden oder Verwandten mit Komplettrenovierungen überrascht werden, auch kennt. Ich fotografiere also die in Frage kommenden Stücke und kündige für übermorgen meine Entscheidung an.

Mit meiner Auftraggeberin bin ich zum Mittagessen in der Villa verabredet. Das Anwesen liegt im vornehmen Grunewald, Berlins Geldkiez. Da ich kein Auto habe – ja nicht mal einen Führerschein besitze –, leiste ich mir ein Taxi. Eigentlich sollte ich lieber sparen, denn in letzter Zeit läuft es mit den Aufträgen eher mies. Für die Schönen und Reichen scheint der Feng-Shui-Trend nämlich abgenutzt wie ein alter Besen. Und bekanntlich braucht es einen sehr heißen Trend-Besen, damit man bei den Reichen durchkehren darf. Es gab nochmal einen kurzfristigen Boom, als eines dieser Boulevardmagazine schrieb, Nicole Kidman würde einen eigenen Feng-Shui-Berater beschäftigen. Doch inzwischen zieht der Promi-Bonus auch nicht mehr. Durchaus möglich, dass ich mir bald einen neuen Job suchen muss. Wäre nicht das erste Mal.

In meiner Hippiezeit haben wir immer wieder nach kreativen Möglichkeiten gesucht, Geld zu verdienen.

Als Andy Warhol beispielsweise anfing, alles um sich herum mit einer Polaroidkamera zu fotografieren, griffen wir Frauen die Idee auf und knipsten uns gegenseitig beim Stillen unserer Babys. Oder beim Schlafen auf der großen Gemeinschaftsmatratze (ich meine den Schlaf, bei dem man sich in Morpheus Armen fallen lässt). Oder wir fotografierten unsere schönste Mitbewohnerin, die scharfe Tuti, mit nackten Brüsten am Kochtopf. Aus diesen Bildern gestalteten wir dann Collagen oder ließen Poster drucken und veranstalteten in einer Galerie ein Happening samt Ausstellung. Die Vergrößerungen von den Jungs auf dem Klo – inspiriert von Frank Zappa – wurden uns förmlich von den Wänden gerissen. Und einer von Tutis Bekannten, ein Werbefachmann, verkaufte das Ganze auch noch an eine große Münchener Boulevardzeitung. Die Aktion brachte immerhin ein paar Monatsmieten ein!

Für Frauen in meinem Alter herrschen derzeit aber eher trübe Aussichten auf dem Arbeitsmarkt. Würde ich heute aufs Arbeitsamt gehen, bekäme ich wahrscheinlich nur ein mitleidiges Lächeln und ein »Nicht vermittelbar« auf meine Akte gestempelt.

Frau Gehlen erwartet mich bereits ungeduldig. Mit ihrem Gemahl habe ich bisher nur telefoniert. Der Stimme nach zu urteilen, ist er aber nicht so jung wie seine Frau. Scheint eine dieser Ehen zu sein, in der der Mann das Geld nach Hause bringt, das die Frau dann ausgibt. Das stelle ich mir im Prinzip sehr amüsant vor. Allerdings kann ich da nicht wirklich mitreden, ich war noch nie verheiratet.

»Haben Sie etwas Passendes gefunden?«, fragt Frau Gehlen neugierig, als ich ihr auf dem Weg in die neurenovierte Küche von meinem Besuch bei *Art déco* erzähle. Zwischen Feldsalat und Pasta mit Trüffeln präsentiere ich ihr dann die Polaroids auf dem vom Schreiner nach Maß gefertigten Birkenholztisch.

»Wunderschön! Gefällt mir alles, ausnahmslos«, ruft sie begeistert beim Anblick der Fotos.

Das bestätigt mich in der Einschätzung, dass wir in Geschmacksfragen übereinstimmen. Die mintgrüne Küche im modernen Landhausstil hätte ich auch ausgesucht. Mein Job würde mir keinen Spaß machen, wenn ich endlose Diskussionen über Design, Blumen oder Streifen führen müsste. Obwohl ich da natürlich flexibel bin. Wer im Laura-Ashley-Stil wohnen möchte, der kriegt ihn auch. Nur bei den Feng-Shui-Regeln bleibe ich unnachgiebig. Ich würde nie einen Schreibtisch so positionieren, dass man mit dem Rücken zur Tür sitzt. Oder ein Bett in ein Durchgangszimmer stellen. Da rast das positive Chi dann durchs Zimmer wie ein Rennwagen auf der Teststrecke. Dass so ein zugiges Plätzchen die Ursache für unkonzentriertes Arbeiten oder unruhigen Schlaf ist, wollen diese Menschen oft nicht glauben. Ich empfehle ihnen dann, Katzen oder Hunde zu beobachten. Bei denen funktionieren die Instinkte noch. Kein Tier würde sich freiwillig an so einem Platz schlafen legen. Seltsamerweise suchen die Menschen doch auch geschützte Ecken, wenn sie zum Beispiel ein Lokal betreten. Schon merkwürdig, dass sie zu Hause ihren Instinkten manchmal misstrauen.

Frau Gehlen dagegen vertraut den ihren.

Sie stößt einen Entzückensschrei aus, als ich ihr versichere, dass es sich bei dem Esstisch um ein Einzelstück handelt. Ich schätze, sie kann es sich leisten, grundsätzlich nur für Einzelstücke in Begeisterung auszubrechen. Dafür sorgt schon das prallgefüllte Konto ihres Gatten. Ihr karamellfarbenes Designerkleidchen wird da vermutlich der kleinste Posten im Budget gewesen sein. Diese elegante Frau mit dem dunklen Teint, den blitzenden Augen und der perfekten Figur würde aber auch noch in jeder Kittelschürze traumhaft aussehen. Was dem Gatten allerdings weniger gefallen dürfte. Man weiß ja, was Männer mögen. Und soweit ich mich erinnere, gehören Kittelschürzen nicht dazu. Für mich ist aber eigentlich nur wichtig, dass ihm gefällt, was ich aus seiner Villa mache, schließlich soll er die Verwandlung ja bezahlen.

»Wollen Sie die Fotos Ihrem Mann zeigen und mir dann Bescheid geben?«, frage ich deshalb, als wir beim Cappuccino angelangt sind.

»Nicht nötig«, antwortet Frau Gehlen mit der Sicherheit einer Frau, die weiß, was ihrem Mann gefällt. Ganz sicher aber weiß sie, was sie tun muss, damit es ihm gefällt.

Mir fehlt dieses Talent ja völlig. Vielleicht habe ich es aber auch nie kultiviert, weil es ziemlich anstrengend sein muss, einen vermögenden Mann von etwas zu überzeugen, was er gar nicht haben möchte. Das ist jedoch auch kein Thema, über das ich groß nachdenken müsste. Mein Lebensgefährte ist zwar kein Sozialfall, wird es aber nie zu großem Reichtum bringen. Uwe spielt ja nicht mal Lotto. Aber immerhin wohnen wir nicht mehr in einer großen Kommune, sondern in einer eigenen Wohnung. Zur Miete, versteht sich.

Nach dem Essen begutachten Frau Gehlen und ich noch den momentanen Stand der Renovierungsarbeiten im Haus. Die meisten Zimmer sind bereits leergeräumt und frisch gestrichen – daher das Essen in der Küche. Und bis auf den Schlafzimmerschrank, ein Eichenmonstrum aus den achtziger Jahren mit Albtraumgarantie, wurden die alten Möbel bereits entsorgt. Die gesamte Villa war vollgestopft mit Chippendale und Eiche rustikal. Frau Gehlen gestand mir verschämt, das würde alles aus einem anderen Leben ihres Mannes stammen. Ich nehme an, es waren die Reste einer früheren Ehe.

Leere Räume, nur von Licht durchdrungen, haben etwas Magisches. Ich kann fühlen, wie sie auf ihre Verwandlung warten, wie sie nach der Entrümpelung aufatmen und die Wände nach frischer Farbe lechzen. Ich finde es immer wieder faszinierend, was man aus einem Raum alles machen kann. In einem Loriot-Film heißt es: »In lila Sitzgruppen bringen sich die Leute um.« Bei mir nicht! Mit Feng-Shui und den richtigen Begleitfarben entferne ich aus jeder Sitzgruppe das Selbstmordrisiko. Auch aus einer lilafarbenen. In meiner Kommune war die Küche stets lila gestrichen. Schon damals fanden wir das kreativ.

Frau Gehlen bremst meinen stillen Nostalgieanfall aus und fragt: »Wie schnell kann der Antiquitätenhändler denn liefern?«

Ich freue mich über ihre Ungeduld. Ist sie doch eine Bestätigung meiner Arbeit. Ich versichere ihr, dass alles fertig sein wird, wenn sie und ihr Mann aus dem New-York-Urlaub zurückkommen. Während ihres zweiwöchigen Ausflugs in die ihrer Meinung nach »aufregendste Stadt der Welt« lasse ich die Schlafzimmereiche inklusive der rustikalen Albträume abholen. Maler werden dann die alte Strukturtapete von den Wänden ablösen und die beiden letzten Räume streichen. Für das endgültige Dekorieren bleibt mir dann noch eine Woche Zeit.

Am Ende eines jeden Auftrags betrachte ich mein Werk oft mit einem zufriedenen Kribbeln im Bauch. Und manchmal bin ich von dem Endergebnis so begeistert, dass ich mir wünsche, die Hausherrin zu sein. Der dazugehörige Reichtum würde mich kein bisschen stören. Im Gegenteil, so richtig reich zu sein wäre mal eine ganz neue Erfahrung. Doch mit normaler Arbeit ist noch niemand zu Reichtum gekommen. Und wenn ich Frau Gehlen so ansehe, ist reich Heiraten der direkteste Weg dorthin. Diesen Zug habe ich aber wohl verpasst. Es sei denn, ich schicke Uwe in die Wüste, falle in einen Jungbrunnen und finde einen reichen Mann, der sich in mich verliebt.

2. Alles Karma, oder sind die Götter neidisch?

Eigentlich bin ich ja nicht abergläubisch. Doch sobald zwei ungute Dinge zusammenkommen, fange ich an zu grübeln.

Die Gehlen-Villa ist mittlerweile fertig, doch als ich bei der Abnahme mein Honorar kassieren wollte, konnte Herr Gehlen sich plötzlich nicht mehr an die Summe erinnern. Heute würde doch alles online laufen, witzelte er in seinem grässlich grauen Anzug, in dem er mit seinen grauen Augen und den grauen Haaren wie ein ergrauter Schneemann aussah. Seine schöne junge Frau wirkte neben ihm wie ein frischgeschlüpfter Schmetterling. Aber kann man mit Schmetterlingen über Schnee reden?

Ich habe Gehlen dann erklärt, dass ich seine Villa ja auch nicht *online* eingerichtet hätte. Nun soll ich in den nächsten Tagen in sein Büro kommen, damit wir alles regeln können.

Bis vor zwei Minuten hatte ich Gehlens Zahlungsmoral erfolgreich verdrängt. Doch dann wollte ich Tee kochen, und der Wasserkocher ging kaputt. Siebzehn Jahre nicht der kleinste Mucks, und plötzlich gibt er den Geist auf! Karma? Oder sind die Götter neidisch? Dann muss ich mir überlegen, wie ich sie täuschen könnte. So wie es die chinesischen Bauern früher versucht haben, um bei der Geburt eines Sohnes den Neid der Götter abzuwenden. Aus Angst, die Übermächtigen könnten das Neugeborene sterben lassen, verhüllten die Bauern das Kind mit einer Decke, gingen damit aufs Feld und jammerten: Es gäbe keinen Grund, neidisch zu sein, wo es doch nur ein Mädchen sei und noch dazu so hässlich, dass man es verhüllen müsse.

Nun habe ich tatsächlich eine Tochter. Verhüllen ist also unnötig. Außerdem ist meine Greta längst erwachsen und hoffentlich raus aus der Gefahrenzone.

Aber die Götter scheinen es im Moment nicht gut mit mir zu meinen. Jetzt zerstören sie sogar schon meinen Wasserkocher! Na gut, dann muss ich in nächster Zeit eben mit dem alten Pfeifkessel zurechtkommen. Es ist ein sentimentales Erinnerungsstück aus meiner Münchener Kommune K5. Ich glaube, Patchouli hat das gute Stück in die WG gebracht. Susanne, wie sie eigentlich heißt, ist heute noch meine beste Freundin, aber leider sehen wir uns viel zu selten. Sie ist in München geblieben, während ich nach Berlin ging.

Wenn ich an sie denke, rieche ich sofort dieses Duftöl und die Räucherstäbchen, die damals Tag und Nacht in ihrem Zimmer brannten. Susanne ließ nur Männer und Patchouli an ihre Haut – was ihr irgendwann diesen Spitznamen einbrachte. Eigentlich müffelt das Zeug ja nach nassem Hund und alten Socken. Damals fiel das aber niemandem auf. Und bei einem Badezimmer für teilweise zwanzig Mitbewohner bleibt dem Einzelnen wenig Zeit zur gründlichen Körperpflege.

Bei der Erinnerung an die Kommune werde ich ganz melancholisch. Vielleicht sollte ich schnell ein paar Möbel umstellen, um auf andere Gedanken zu kommen!

Tische und Stühle bleiben aber vorerst stehen, weil Uwe unerwartet früh nach Hause kommt. Es ist noch nicht mal sechs Uhr abends! Normalerweise kommt er nie so früh. Uwe ist Journalist. Seit kurzem schreibt er zwar nur noch freiberuflich, bleibt aber dennoch mit seinem Beruf verheiratet. Das hat mich noch nie besonders gestört: Wer sich nicht ständig auf der Pelle sitzt, streitet sich weniger. Aber seinem Gesichtsausdruck nach zu urteilen, könnte sich das in Kürze ändern.

»Ich werde sterben!«, ruft er theatralisch aus, als er mich erblickt.

Uwe stirbt monatlich. Seit er ohne festen Job ist und reichlich freie Zeit hat, füllt er diese mit einem neuen Hobby: Hypochondrie. Vor vier Wochen war es eine Darmverschlingung, weil er einen Kirschkern verschluckt hat. Es hat mich viel Energie gekostet, ihn zurück ins Leben zu holen. Aber heute passt es mir gar nicht.

»Geht's ausnahmsweise mal etwas weniger dramatisch?«, knurre ich genervt und halte ihm den verbeulten Pfeifkessel hin. »Der elektrische Wasserkocher ist nämlich kaputtgegangen.«

Uwe rauscht beleidigt ab, ins Bad. Bevor ich ihm folge, um ihn ausgiebig zu bemitleiden, setze ich noch Wasser auf. So schnell wird er ja wohl nicht sterben.

Als ich ins Bad komme, steht er mit hängenden Schultern vor dem Spiegel und starrt entsetzt hinein. Er sieht tatsächlich ziemlich käsig aus, was aber vor allem an der Beleuchtung liegt. Unser weißgefliestes Bad hat nämlich kein Fenster und somit kein natürliches Tageslicht. Stattdessen leuchtet eine Speziallampe so gleißend hell, dass man jederzeit eine Notoperation vornehmen könnte. Uwe bestand hartnäckig auf dieser OP-Beleuchtung, und es war das einzige Mal, dass wir uns zwei Tage lang stritten. Andere Paare streiten übers Geld, wir über die Beleuchtung. Es endete mit einem Kompromiss: Ich akzeptierte das Licht und installierte es sogar – Uwe hat nämlich zwei linke Hände. Dafür toleriert er seitdem meine Angewohnheit, Möbel umzustellen – auch wenn er die nach wie vor als krankhaft bezeichnet. An den morgendlichen Lichtschock habe ich mich allerdings nie gewöhnen können. Deshalb setze ich an manchen Tagen morgens als Erstes eine Sonnenbrille auf. Gleich nach dem Aufstehen dunkle Augenringe präsentiert zu kriegen ertrage ich einfach nicht.

Uwe braucht dieses Licht angeblich, um Veränderungen an seiner Haut beobachten zu können. Über jedes Pünktchen führt er penibel Buch – könnte ja der gefürchtete Schwarze Hautkrebs sein. Und sobald eines die Größe einer Staubmilbe erreicht hat, wird es wöchentlich vermessen und zusätzlich mit einem Vergrößerungsglas beobachtet. Um ihn zu beruhigen, versichere ich ihm regelmäßig, dass es nur Altersflecken sind. Ich weiß, wovon ich spreche. Doch meine Flecken sind natürlich *nur* Sommersprossen.

Ich setze mich also auf den Badewannenrand und ziehe die Augenbrauen zusammen. Das ergibt ein paar wirkungsvolle Sorgenfalten, die aus mir eine mitfühlende Partnerin machen. Ich habe diese Mimik lange vor dem Spiegel einstudiert.

»Na, dann erzähl mal, woran du sterben wirst.«

Ich kenne inzwischen mehr tödliche Krankheiten als jede Pathologin. Auch solche, für die es noch gar keinen Namen gibt. Uwe stöhnt nämlich stets so lange herum, bis ich mir anhöre, was ihn ins Grab bringen wird. Mit meiner Frage kürze ich das Ritual lediglich ab. Er beschreibt dann diverse, nicht genau zu lokalisierende Symptome, woraufhin ich verschiedene Analysevorschläge liefere und am Ende versuche, das Wetter dafür verantwortlich zu machen. Seit seinem Sechzigsten vor drei Jahren ist Uwe nämlich auch noch wetterfühlig. Was für ein Glück, dass hierzulande das Wetter so wechselhaft ist. Überraschenderweise kommt er heute aber direkt zur Diagnose:

»Prostatakrebs!«

»Nein!«

»Doch!«

Die Wetter-Methode wird jetzt wohl nicht ausreichen – die Götter scheinen stinksauer auf mich zu sein!

Als habe er seinen baldigen Tod bereits akzeptiert, lässt sich Uwe erschöpft auf dem Klodeckel nieder und erklärt mit schwacher Stimme: »Ich war bei einem Spezialisten!«

»Du warst beim Arzt?«

Ich bin ehrlich überrascht. Uwe gehört nicht zu der Spezies Hypochonder, die von Arzt zu Arzt rennen. Er hat Angst vor Ärzten. Sie könnten ihm sagen, dass er kerngesund ist und uralt werden kann. Sein Wissen über todbringende Krankheiten bezieht er lieber aus dem Internet.

»Und der Arzt hat also Prostatakrebs festgestellt?«

Uwe nickt und schüttelt gleichzeitig den Kopf. Seine dramatischen Bewegungen sind so heftig, dass sein spärliches graublondes Haar flattert und die Schuppen fliegen. Als ich nachfragen will, was der Spezialist nun tatsächlich gefunden hat, pfeift der Wasserkessel.

Uwe verdreht stöhnend die Augen. »Ich sterbe, und du willst Tee kochen.«

»Ich verspreche dir, du stirbst nicht sofort. Und bevor es so weit ist, mache ich uns noch eine Tasse Tee, ja?«

Unwillig folgt er mir in die Küche, die immer penibel aufgeräumt ist. Dies ist nämlich sein Reich, in das er vor zehn Monaten ein kleines Vermögen für neue Geräte und eine supermoderne Profikochinsel investiert hat. Dieses Hightech-Center aus gebürstetem Edelstahl mit schwarzer Granit-Arbeitsfläche war dermaßen teuer, dass für neue Schränke kein Cent mehr übrig war. Deshalb sieht unsere Wohnküche mit den vanillegelben Achtziger-Jahre-Einbauschränken jetzt aus, als wäre ein Raumschiff darin gelandet. Vor allem, wenn die Lichter der darüberschwebenden Dunstesse leuchten und sämtliche Gasflammen unter Uwes Töpfen brennen. Er kocht leidenschaftlich gerne. Und wenn er kocht, vergisst er sogar seine Wehwehchen. Seit ich das erkannt habe, animiere ich ihn, sooft es geht, dazu. Dann muss ich auch nicht länger die Krankenschwester spielen. Kochen ist quasi *meine* Therapie für ihn. Meine nächste Frage ist also genauso berechnend wie unausweichlich:

»Würde es dich stören, wenn ich uns noch schnell ein paar Käsebrote mache, während du mir erzählst, was der Arzt gesagt hat?«

Angewidert verzieht er den Mund. »Käsebrote?«

Natürlich weiß ich, dass Käsebrote weit unter seiner Würde sind.

»Ich werde uns etwas *Richtiges* kochen«, verkündet er.

Na bitte, wer sagt's denn! Essen hält eben Leib und Seele zusammen. Essen hält aber auch eine Beziehung zusammen, wenn das wärmende Anfangsfeuer längst erloschen ist! Unglücklicherweise ist jede von Uwes Köstlichkeiten aber gleichzeitig auch eine Attacke auf meine Kleidergröße. Ein unangenehmer Nebeneffekt, den ich jedes Mal verfluche, wenn wieder eines meiner heißgeliebten Einzelstücke aus meiner Hippiegarderobe kneift. Vielleicht platze ich irgendwann oder wälze mich eines Nachts über ihn, und das könnte dann wirklich tödlich für ihn enden.

Schon beim Umbinden der Kochschürze – eine von diesen schicken schwarzen, die von der Taille bis zu den Füßen reichen – verändert Uwe sich. Und kaum hat er den stets gutgefüllten Kühlschrank geöffnet und die Zutaten fürs Abendessen herausgenommen, entspannt sich seine Körperhaltung. Seine sonst eher harten Gesichtszüge werden weich, die fahle Haut färbt sich leicht rosa und lässt ihn frisch und gesund aussehen. Kochen als Wunderdroge! Objektiv betrachtet, ist Uwe kein wirklich attraktiver Mann, doch beim Hantieren mit Kochtöpfen und Pfannen wirkt er beinahe sexy. Uwe war der erste Mann, der sich nach meinen Jahren als fürsorgliche Kommunenmutter mal um mich gekümmert hat. Damals lechzte ich nach Aufmerksamkeit wie eine ausgedörrte Topfrose nach Wasser. Abgesehen von seinen Kochkünsten hat Uwe sich in den letzten Jahren aber völlig verändert. Heute kümmert er sich nur noch um den Kühlschrank, den Wein im Keller und um seine Krankheiten.

Eine Stunde später – das Raumschiff blitzt bereits wieder – sitzen wir vor leckeren Straußensteaks an würzigem Knoblauchspinat. Dazu gibt's spanischen Rotwein.

Nachdem Uwe sein Fleisch in mundgerechte Happen zerschnitten hat, erfahre ich endlich, was wirklich los ist.

»Du kennst doch meinen Kollegen Zielinsky, mit dem ich beim *Abendblatt* zusammengearbeitet habe?«

Ich kann mich zwar nicht erinnern, nicke aber, um Zeit zu sparen.

»Er liegt im Krankenhaus. Prostatakrebs! Die Ärzte geben ihm nicht mehr lange. Und ich habe genau die gleichen Symptome! Verstehst du? Ganz genau die gleichen!«, keucht er, und leert sein zweites Glas Wein in einem Zug.

Tja, wie das eben so ist bei den Jungs: Was der eine hat, will der andere auch haben. Das beginnt schon im Sandkasten mit Prügeleien um Schaufel und Bagger. Mit dem Führerschein in der Tasche geht's dann so lange um Autos oder Frauen, bis die Testosteronwerte wieder abfallen. Und sobald der Haaransatz zurückweicht, die Autos anfangen zu rosten und der Körper schlappmacht, werden Krankheiten ausgetauscht.

»Du warst also schon bei einem Spezialisten?«, frage ich nun und verleihe meiner Stimme die entsprechende Besorgnis. Doch Uwe braucht erst noch ein Glas Rotwein, bevor er antwortet. Sein Fleisch dagegen ist längst kalt geworden und bleibt unberührt.

»Vorerst hat er zwar nur eine Verhärtung festgestellt«, murmelt er dann. »Aber er hat mir unglaublich viel Blut abgenommen, für ein großes Blutbild. Verstehst du? Ein großes Blutbild! Du weißt, wie Ärzte sind? Die tun doch immer so, als sei alles in Ordnung, und dann zapfen sie dir gleich fünf Ampullen ab. Verstehst du? Fünf Ampullen sind ein Anzeichen für eine lebensbedrohliche Erkrankung!«

»Soweit ich weiß, ist eine Verhärtung aber ganz normal in deinem Alter«, sage ich so beiläufig wie möglich und hoffe, ihn damit zu beruhigen. Viel lieber würde ich ihm sagen, dass der eigentliche Grund für die Blutabnahme wahrscheinlich seine private Krankenkasse ist. Wäre er so ein lausiger Kassenpatient wie ich, hätte er sein Blut sicher behalten dürfen.

»NORMAL!?« Uwes Stimme wird jetzt schrill.

Ich vergaß, dass Normal ein Unwort für einen Hypochonder ist, und ernte einen strafenden Blick.

»Dir ist wohl egal, ob ich sterbe oder nicht«, klagt er aufgebracht.

Es folgen intensives Stirnrunzeln und die üblichen Beteuerungen meinerseits, wobei ich jedes Mal denke, er müsste doch merken, dass er den Wortlaut meiner Leier bereits kennt. Heute kann ich aber zu seiner Beruhigung noch etwas Neues hinzufügen: »Warum warten wir nicht das Ergebnis der Blutuntersuchung ab? Und wenn du dann immer noch stirbst, gehen wir einen hübschen Sarg kaufen und suchen ein nettes Grab auf einem sonnigen Hügel«, sage ich bewusst launig und hoffe, das Thema damit endlich beenden zu können, denn inzwischen ist es Mitternacht. Ich bin müde, mir gehen die Argumente aus, und ich will endlich ins Bett. Ich verspreche ihm also seinen Lieblingswein als Grabbeigabe und überlege, ob ich ihm noch versöhnlich über den Kopf streicheln soll, als er aufspringt und lautstark verkündet: »Mir reicht's. Ich habe genug von deinen unsensiblen Witzeleien. Ich werde heute im Büro schlafen!«

»Na, wenn *Büroschlaf* nicht wieder bedeutet, dass du zu deiner Exfrau gehst, wie schon mal ...«

Für den Kommentar gibt's einen zu Tode beleidigten Blick. Kurz darauf höre ich, wie Uwe die Wohnung verlässt und die Tür hinter sich zuknallt.

3. Ein Sonnenbrillentag

Ich habe schlecht geschlafen und wache schweißgebadet auf. Mein Kopf fühlt sich dumpf und schwer an, als hätte ich mit den Füßen zur Tür gelegen. Was natürlich nicht der Fall ist. Das Bett steht Feng-Shui-technisch an einem idealen Platz, wo mich das positive Chi wie ein feinmaschiges Moskitonetz umhüllen sollte. Es ist das einzige Möbelstück in unserer Wohnung, das ich nie verrücken werde.

Der Wecker zeigt auf neun, die Betthälfte neben mir ist die Nacht über leergeblieben, und in der Wohnung ist es verdächtig still. Ob Uwe noch lebt?

Ich greife als Erstes zu meiner Sonnenbrille. Meinem Kopfbrummen nach werde ich sie heute auch den ganzen Tag auflassen. Vielleicht hätte ich den Wein nicht trinken sollen.

Ich strecke mich ausgiebig und fahre noch einige Minuten Luft-Fahrrad. Danach fühle ich mich etwas besser. Diese kleine Morgengymnastik, die das Blut ins Gehirn pumpt, mache ich aber nur, wenn Uwe nicht da ist. Nicht, dass ich mich genieren würde – nach über fünfzehn Jahren Beziehung ist nichts mehr peinlich –, aber ich möchte Uwe keinen Anlass für einen Vortrag zum Thema »Sport ist Mord« geben. Der beginnt bei Bandscheibenvorfällen, behandelt sämtliche Gelenke und Muskeln, die man sich ausrenken oder zerren kann, und endet bei tödlichen Verletzungen. Wo sonst?

Mit meiner schicken dunklen Brille marschiere ich erst mal ins Bad. Doch Uwe ist weder beim Fleckenabmessen noch in seinem Arbeitszimmer. Aus dem fehlenden Laptop schließe ich, dass er heute Morgen aber bereits hier war und jetzt sicher schon wieder »Chandler« spielt. Er hat nämlich ein kleines Hinterhofbüro in Kreuzberg angemietet. Und dort sitzt er dann an einem verkratzten Fünfziger-Jahre-Schreibmaschinentisch mit seitlichem Rollladenfach und versucht sich an einem Krimi im Raymond-Chandler-Stil. Denn trotz meines Versprechens, dass sein Arbeitszimmer tabu für meine Umstellaktionen bleibt, behauptet er, unsere Wohnung hätte eine unkreative Atmosphäre!

In der Küche finde ich einen Zettel: *Bin weg, U.* Es ist ziemlich lange her, dass unter seinen Nachrichten noch *Küsschen* oder wenigstens *Schönen Tag!* stand.

Ich beschließe, mir nach dem Gehlen-Auftrag einen freien Tag zu gönnen, den blöden Streit mit Uwe zu vergessen und erst mal ausgiebig zu baden. Das macht eh mehr Spaß, wenn Uwe nicht da ist. Dann kann ich bei sanft schimmerndem Kerzenlicht lautstark meine Lieblings-CD von Johnny Cash hören. Uwe nennt das nämlich abfällig: »Verdunkeltes Einweichen bei schwuler Cowboymusik.« Mal abgesehen davon, dass er keine Countrysongs mag, hat er auch eine generelle Aversion gegen Musik. Die würde ihn beim Denken stören. Sogar beim Nicht-Denken. Als ich ihm mal empfahl, Stress mit Musikhören zu bekämpfen, setzte Uwe sich den Kopfhörer auf und legte eine unbespielte CD ein.

Mit frischgewaschenen Haaren und nach Limonen duftend, mache ich mich später mit einer Tasse Milchkaffee ans Schreibtisch-Aufräumen, bevor mir wieder Uwes Prostata dazwischenkommt. Nach einer weiteren Tasse habe ich mein Zettelchaos beseitigt und rufe endlich Gehlen an, um zu hören, wann ich mein Honorar kassieren kann. Doch der ist bereits ins Wochenende. Freitag um elf Uhr! Ich muss also bis nächste Woche auf mein Geld warten. Beim Blick in meinen Terminkalender sehe ich mit Entsetzen, dass ich am Nachmittag bei meiner Frauenärztin angemeldet bin. Den Termin hätte ich glatt vergessen.

Im Gegensatz zu meinem Lieblingshypochonder hänge ich aber gerne bei Ärzten rum – wegen der kostenlosen Presse. Und meine Gynäkologin scheint sogar meine Leidenschaft für Möbel und Einrichtungen zu teilen, denn sie hat einige sehr teure Wohnzeitschriften im Sortiment. Ich gehe also gerne früher hin, um ausgiebig in

House and Garden zu blättern, mich von Wohnungen, Gärten und Herrschaftshäusern inspirieren zu lassen und davon zu träumen, selbst einmal in einer Villa mit Garten zu wohnen.

Doch ich habe mich zu früh gefreut. Im Wartezimmer sitzen drei Patientinnen und lesen *meine* Zeitschriften! Eigentlich ein Grund, sofort wieder zu gehen. Es handelt sich sowieso nur um eine unbedeutende Nachbesprechung.

Vierzig Minuten und drei medizinische Fachzeitschriften später bin ich endlich dran. Dr. Radke, eine drahtige Brünette mit dekorativer Silbersträhne, begrüßt mich vergnügt mit der üblichen Floskel: »Na, wie geht's uns denn?«

»Danke, gut.« Ob diese dämliche Standardfrage zum Medizinstudium gehört?

Dr. Radke vertieft sich in meine Karteikarte. »Irgendwelche Beschwerden?«

»Nein, alles prima«, antworte ich wahrheitsgemäß, denn seit ich meine Tage nicht mehr bekomme, geht's mir prächtig. Aber das habe ich ihr schon vorletzte Woche bei der jährlichen Routineuntersuchung gesagt.

Ein mildes Lächeln huscht über ihr gebräuntes Gesicht. Ihre weiße Bluse lässt die Urlaubsfarbe noch dunkler erscheinen.

»Tatsächlich?«, erkundigt sie sich und entfaltet den Laborbericht. »Sehr ungewöhnlich, wo Ihre Hormonwerte so extrem abgefallen sind.« Sie sieht mich prüfend an. »Keine Schweißausbrüche? Depressionen? Sexuelle Unlust? Nicht mal Stimmungsschwankungen oder Schlafstörungen? Den Werten nach sind Sie jedenfalls in den Wechseljahren.«

Mist! Das klingt nicht gerade so, als handle es sich lediglich um eine vorübergehende Unpässlichkeit. Vielleicht war es doch ein Fehler, hierzubleiben. Wenn Uwe von diesen Symptomen erfährt, wird er vermutlich sofort selbst zu schwitzen beginnen. Denn dass auch Männer in die Wechseljahre kommen, weiß er bestimmt schon längst.

Für Frau Dr. Radke gehört mein Schweigen wohl zum Alltagsgeschäft. Zufrieden legt sie meine Karteikarte zur Seite.

»Wir machen eine Hormonersatztherapie! Das beseitigt die unangenehmen Begleiterscheinungen«, verspricht sie voller Zuversicht und hört sich dabei an wie in einem Werbespot für ein neuentwickeltes Sprühmittel zum Hormonspiegel-Putzen.

»Auch den Flaum auf meiner Oberlippe?«, frage ich zweifelnd. Denn zwei Wörter gefallen mir überhaupt nicht: Wir! und Ersatz! »Wir« bedeutet, dass *sie* das Teufelzeug verschreibt und *ich* es einnehmen muss. Und das Wort »Ersatz« konnte ich noch nie leiden. Und erst recht nicht, wenn man davon zunimmt und auch wieder Monatsblutungen bekommen kann, wie sie ganz nebenbei ankündigt. Da lasse ich mich lieber von Uwe bekochen und denke mir Namen für neue Krankheiten aus.

Auf dem Nachhauseweg komme ich ins Grübeln: Das Alter ist grausam wie ein schleichendes Gift. Mitte vierzig fängt es beinahe unmerklich mit einer Lesebrille an. Dann beginnen die Oberarme zu schlabbern. Bald darauf überfällt die Cellulitis die anderen Körperteile, die Lachfalten heißen plötzlich Krähenfüße, und am Ende erwartet einen das »Tannenbaumsyndrom«. So nennen die Mediziner es, wenn am Rücken die Haut in breiten Falten nach unten hängt. Das stand in einer dieser schlauen Fachzeitschriften, die ich bei Dr. Radke im Wartezimmer notgedrungen lesen musste.

Nach diesem frustrierenden Arztbesuch hängt meine Laune so tief wie die Hautfalten einer Hundertjährigen. Weder das Vogelgezwitscher noch das milde Frühlingslüftchen kann mich erfreuen. Ja, nicht mal Stühle rücken in Uwes Büro würde mich jetzt noch aufheitern.

Zeit für einen großzügigen Frustkauf!, denke ich, als mich aus einer exklusiven Brillenboutique ein orangerotes Designergestell von Prada anlacht. Der Preis ist weniger erheiternd, er entspricht in etwa zehn neuen Wasserkochern. Aber dieses schicke Gestell wird meine Krähenfüße weit besser verdecken als jeder Wasserkocher! Nach dem Kauf bessert sich meine Laune, und ich besorge noch zwei Stück Schwarzwälder Kirschtorte. Eines gegen meine aufkommenden Wechseljahrbeschwerden und eins für Frau Zweiglein, die bei mir einmal die Woche putzt. Das heißt, eigentlich sind es mittlerweile eher ausgiebige Kaffeeklatschrunden, wenn sie da ist.

Bei Earl Grey und Kuchen tausche ich mich mit ihr über die Wechseljahre aus. Frau Zweiglein ist Mitte sechzig und »längst durch«, wie sie das nennt. Überhaupt klingt alles, was sie über dieses vielbeschworene »Ende der Gebärfähigkeit« sagt, als sei es lediglich eine Fahrt durch einen dunklen Tunnel.

»Bitte, Frau Singer, nehmen S' auf keinen Fall Hormone«, beschwört sie mich in ihrem charmant österreichischen Singsang und berichtet von ihrem Leidensweg. »Sie glauben ja gar nicht, wie lang das dauert, bis man die richtigen Pillen gefunden hat. Und wenn's dann endlich helfen, ist man total verseucht und verspürt mehr Nebenwirkung als Wirkung. Bis heute weiß ja keiner, ob dieses Zeug nicht doch nur einen Krebs füttert«, schimpft sie und lässt sich die Sahnetorte schmecken.

»Wie lange haben Sie die Pillen denn genommen?«, frage ich verwundert.

»Ein ganzes Jahr hab ich rumprobieren müssen. Stellen S' sich vor, mir sind doch tatsächlich die Haare ausgefallen. Und bevor ich noch ganz glatzert geworden wäre, hab ich das Zeug in den Mistkübel geworfen. Jetzt mache ich halt das Fenster auf, wenn's mir heiß wird. Das ist auf jeden Fall gesünder.«

Klein und kräftig wie sie ist, passt Fenster-Aufmachen viel eher zu ihr als die Chemiekeule. Doch dank ihrer Experimente erfahre ich beim Kaffeeklatsch mehr über Hormonpräparate, als meine Ärztin mir wahrscheinlich jemals verraten würde. So ein Stückchen Sahnetorte ist also letztlich viel effektiver als jede Hormonpille. Und dick wird man schließlich von beiden.

4. Samstags-Blues

Uwe und ich sitzen bei einem späten Samstagsfrühstück in der Küche. Er in seiner Wochenend-Jeans und seinem karierten Lieblingshemd (beides unförmig und verwaschen), ich in meinem rosa-weiß gestreiften Flohmarktmorgenmantel. Wir lesen Zeitung. Er den politischen Teil, ich das Feuilleton.

Alles ist wie immer. Abgesehen davon, dass ich am offenen Fenster sitze und unterschwellig auf Hitzewallungen warte. Doch die Wallungen bleiben aus. Oder sind vielleicht diese melancholischen Wir-sind-ein-langweiliges-altes-Paar-Gedanken ein Symptom der Wechseljahre? Eine heftige Stimmungsschwankung sind sie aber garantiert.

Nach einer Kanne schwarzen Kaffee verschwindet Uwe im Bad. An den Geräuschen kann ich hören, dass zumindest bei ihm alles unverändert ist. Den Prostatakrebs scheint er überwunden und unseren kleinen Streit vergessen zu haben. Beruhigt räume ich den Tisch ab und das schmutzige Geschirr in die Spülmaschine – wie Millionen andere Frauen an Samstagen. Normalerweise frustriert mich das auch nicht, aber heute würde ich das Geschirr am liebsten gegen die Wand donnern. Es will einfach nicht in die Maschine passen! Noch während ich entnervt alles wieder rausnehme, höre ich Uwe aus dem Flur »Bis später!« rufen und gleich darauf die Tür hinter sich zuschlagen. Uwe Chandler geht spielen. Zur Sportschau wird er zurück sein und anschließend etwas kochen. Was für ein überschaubares Leben. Mindestens so überschaubar wie unser Sexleben, wobei es da gar nichts zu überschauen gibt. Mein letzter verwegener Annäherungsversuch (ganz verrucht in neuen schwarzen Dessous!) ist Jahre her. Damals meinte Uwe trocken, der Alltagsstress hätte seine Triebenergie aufgerieben, optische Reize würden ihn nicht mehr stimulieren. Als ich vorschlug, die kneifenden Strapse in das gerade auf den Markt gekommene Viagra umzutauschen, erntete ich nur einen mitleidigen Blick. Mein kleines verzweifeltes Späßchen konnte ihm nicht mal ein Grinsen entlocken. Bei dem Gedanken an diese demütigende Situation bin ich immer noch wütend. So wütend, dass mir meine Lieblingstasse aus der Hand fällt und auf dem Kachelboden zersplittert. Keine Ahnung, wie sich eine Depression anfühlt, aber ich glaube, ich kriege gleich eine. Immerhin passt das Geschirr jetzt problemlos in die Spülmaschine.

Na bitte! Vielleicht sollte ich es mal mit Porzellanzerschlagen statt mit Möbelverrücken probieren.

Nur für meine Tasse brauche ich dringend Ersatz. Ich könnte mal wieder über einen der zahlreichen Trödelmärkte schlendern. Früher habe ich ja jedes Wochenende auf Flohmärkten verbracht, auch um ein wenig Geld zu verdienen. Aber das war zu einer Zeit, als Greta noch ganz klein war und ich keine Arbeit hatte, kein Einkommen und Bob ..., nein, an den will ich jetzt gar nicht denken. Für meine gerade überwundene schlechte Laune wäre das eine Frischzellenkur.

Der Trödelmarkt an der Straße des 17. Juni empfängt mich mit dem typischen Flohmarktgeruch. Diese »Trödelpatina« ist eine Duftmischung aus Würstchen, Zuckerwatte und dem Staub der Vergangenheit, bei der ich nach wenigen Minuten unweigerlich Appetit bekomme. Ich beginne mit einer Currywurst, lasse mir danach eine Zimt-Zucker-Crêpe schmecken, genehmige mir noch ein Erdbeereis und schütte eine Cola obendrauf. Anschließend ist mir schlecht – was bei einem Flohmarktbesuch unbedingt dazugehört. Nach einer sauren Gurke geht's dann wieder, und ich kann mich auf die Jagd nach kalorienfreien Objekten begeben.

Aber wieso fange ich auf einmal so stark zu schwitzen an? So heiß ist es doch noch gar nicht. Hoffentlich sieht man noch keine

Schweißflecken unter meinen Armen! Wenn das so weitergeht, werde ich in Zukunft nur noch Schwarz tragen müssen, darauf sieht man keinen Schweiß.

Neben einem Stand mit Hausrat fällt mir ein hübscher junger Mann mit dunklen Locken und fröhlichen Augen auf. Direkt aus der Heckklappe seines Kombis heraus verkauft er etwas, das mir helfen könnte: Fächer! In allen Regenbogenfarben. Ich kaufe drei. Rot. Orange. Pink. Während ich bezahle, fällt mein Blick auf einen dicken weißen Buddha, mit goldenen Ohrringen, auf dessen Schoß ein ganz kleines rotes Handy ruht. Amüsiert betrachte ich das absurde Arrangement.

»Gefällt Ihnen der Dicke?«, fragt der Verkäufer, als er mir das Wechselgeld zurückgibt.

Mich erinnert die weiße Figur an das *Calendula*, meinen eigenen Bioladen damals in München. Da thronte so ein dicker Buddha im Reisregal und lachte die Kunden an. Das war 1971, als ich in Birkenstock-Sandalen und selbstgestrickten Pullis erdverklumptes Gemüse und wurmstichige Äpfel anbot. Oder war's 1972? Oh, oh, jetzt werde ich auch noch vergesslich. Davon hat Dr. Radke aber nichts gesagt.

Jedenfalls erstehe ich aus melancholischen Gründen das Handy-Ensemble und nehme mir vor, in Zukunft öfter erreichbar zu sein. Vielleicht heißen die Wechseljahre ja auch Wechseljahre, weil sich vieles verändert? Aber Veränderung hin oder her, Frauen in meinem Alter brauchen auf jeden Fall zwei Dinge: Fächer und Sahnetorten!

Als Uwe abends nach Hause kommt, blickt er entsetzt auf das neue Handy.

»Bist du krank?«, fragt er irritiert. Er muss das denken, denn ich habe ihm häufig erklärt, dass ich diese nervigen Geräte nur für Notfälle brauche. Und für Uwe gibt es nur eine Sorte Notfälle: Krankheiten!

»Nein, nein, ich hab nur meine Einstellung geändert.«

»Aha«, schnauft er gleichgültig und zieht sich wie jeden Samstagabend in seine Küche zurück.

Was auch immer sich noch verändert in meinem Leben, Uwe ist es sicher nicht. Wie jeden Samstag wird er jetzt kochen und nebenbei auf dem Mini-Fernseher die wichtigsten Sportereignisse verfolgen. Beim Essen erfahre ich dann die neusten Rasenhockeyergebnisse, die aktuelle Zahl seiner Hautflecken und die Lottozahlen. Er füllt nämlich jede Woche einen Lottoschein aus, den er aber nie abgibt, weil *seine* Zahlen ja sowieso nie kommen – was er mir dann wöchentlich beweisen kann.

Bevor ich vor lauter Wut den Fernseher einfach aus dem Fenster werfe, rufe ich lieber schnell meine Tochter in München an.

»Ist auch wirklich alles in Ordnung, Betty?«, erkundigt sich Greta fürsorglich, als sie meine gereizte Stimme hört.

»Alles bestens. Mach dir keine Sorgen. Das ist quasi nur eine Wechseljahrbeschwerde«, beruhige ich sie. »Erzähl mir lieber, wie deine Karriere läuft.«

»Ganz gut«, sagt sie fröhlich und berichtet von ihrer Service-Agentur für Film- und Fotoproduktionen, die sie Anfang des Jahres mit zwei Partnern gegründet hat. »Langsam kommen die Aufträge rein. Es wird zwar noch eine Weile dauern, bis wir aus dem Gröbsten raus sind und Gewinn machen, aber es wird schon.«

Wie gerne würde ich ihr sagen, dass die versprochenen Fünftausend unterwegs sind. Aber solange Gehlen nicht bezahlt, kann ich ihre Selbständigkeit nicht unterstützen. Und von ihrem Vater kann Greta leider überhaupt nichts erwarten.

Wir tratschen noch ein bisschen übers harte Geschäftsleben, und ich verspreche, sie bald zu besuchen.

Nachdem wir uns verabschiedet und aufgelegt haben, verklingt mein Samstags-Blues langsam. Ich bin froh, dass es Greta jetzt wieder bessergeht, denn vor einem Jahr verschwand ihr Verlobter kurz vor der Hochzeit. Zwei Wochen nach dem Kennenlernen war er bei ihr eingezogen und wollte auch sofort heiraten. Ziemlich blauäugig und beunruhigend kam mir das damals vor. Doch damit nicht genug. Sie hatte mit ihm in seine Heimat Arizona auswandern wollen und bereits ihre Wohnung und ihren Job gekündigt. »Vielleicht ist es mein Schicksal, von Männern verlassen zu werden«, sagte sie schluchzend, nachdem der Kerl mit den Flugtickets und ihren Ersparnissen verschwunden war. An dieser absurden Vorstellung konnte nur ihr Vater schuld sein. Doch inzwischen scheint Greta diese schreckliche Geschichte überwunden zu haben.

Ich frage mich oft, ob letztlich meine *schlampige* Erziehung an dem ganzen Drama schuld ist. Das Kommen und Gehen und das ständige Chaos in der K5 könnten der Grund sein, warum sie so dringend eine ganz normale Familie gründen will. Andere Mädchen träumen von einer Karriere als Model, Stewardess oder Ärztin. Greta wollte immer nur Ehefrau und Mutter werden.

Andererseits weiß ich nicht, was aus uns beiden geworden wäre, wenn ich mit ihr alleine gelebt hätte. Natürlich ist eine Kommune voller Hippies und Künstler mit ihrer unangepassten Lebensweise keine klassische Familie. Aber es war doch ein Ort voller Freude und Lebenslust. Und ganz sicher war es ein fröhlicheres Zusammenleben als allein mit einer gestressten Mutter – auch wenn diese lieber beim Vornamen genannt werden wollte. Greta hat mir das lange vorgeworfen. Doch zu Hippiezeiten war »Mama« eben genauso spießig wie eine Zwei-Zimmer-Wohnung. Vorausgesetzt, ich hätte überhaupt eine bekommen. Unverheiratete Hippiemütter standen bei den Vermietern ja nicht gerade an erster Stelle auf der Wunsch-Mieter-Liste. Greta war also letztlich einer der Gründe, warum ich mit Patchouli und Teresa die Kommune gegründet habe.

Als ich wenig später mit dem immer noch etwas muffeligen Uwe am Küchentisch über einer köstlichen Portion Spargel mit gehobeltem Parmesan, Parmaschinken und neuen Kartöffelchen sitze, ereilt mich die zweite Hitzewelle dieses Tages. Ich greife zu einem meiner neuen Fächer und versuche den plötzlichen Schweißausbruch abzuwehren.

»Wie peinlich.« Uwe blickt mich verächtlich an. »Du siehst aus wie die alte Tunte Lagerfeld.«

»Karl fächelt schon lange nicht mehr«, kontere ich. »Aber das scheint dir entgangen zu sein.«

Er zuckt gelangweilt mit den Schultern und verteilt dermaßen penibel Butter auf seinen Kartoffeln, als müsse er einen Wettbewerb gewinnen.

Die nächsten zehn Minuten vergehen schweigend. In mir gärt es, dann platzt es aus mir heraus:

»Und dein albernes Werkzeug zum Fleckenvermessen und diese lächerliche Lupe sind mindestens genauso peinlich.« Ich fächle hektisch weiter, obwohl es gar nicht mehr nötig ist.

Ohne Antwort springt Uwe beleidigt auf und verschwindet türknallend im Bad.

Angestrengt überlege ich, warum er so gereizt ist und sich schon wieder so komisch benimmt. Dann fällt es mir ein. Ich habe vergessen, mich nach seiner Prostata zu erkundigen! Er muss schon längst die Ergebnisse der Blutuntersuchung bekommen haben.

Um die Stimmung aufzuheitern, folge ich ihm ins Bad und frage aufrichtig interessiert: »Was hat denn eigentlich die Blutuntersuchung ergeben? Müssen wir einen Grabstein kaufen?«

Dass seine Laune immer noch eisig ist, merke ich an seinen hängenden Mundwinkeln und der knappen Antwort. »Da muss ich dich enttäuschen.«

Wenn er so weitermacht, wird er bald genauso muffig wie seine überall herumliegenden Socken, denke ich biestig und sage:

»Klasse, dann gibt es also keinen Grund, so ein Gesicht zu ziehen. Dann können wir doch aufs Überleben anstoßen!«

Trotz des eingeflochtenen Friedensangebots reagiert er streitsüchtig. »Was denn für ein Gesicht?«

»Das war ein Scherz. Tut mir leid, wenn es nicht danach klang«, entschuldige ich mich und ziehe meine Augenbrauen in bewährter Manier zusammen. »Wie sind denn nun die Laborwerte ausgefallen?«

Ich lasse mir detailliert erzählen, dass seine Prostata immer noch verhärtet ist. Wäre ja auch zu schön, wenn wenigstens *er* wieder normal wäre, wo sonst schon mein ganzer Gefühlshaushalt wackelt.

Kaum gedacht, zerstört Uwe diese einfältige Hoffnung mit brüchiger Stimme. »Ich muss noch etwas äußerst Wichtiges mit dir besprechen.«

»Hast du im Bad noch etwas Ungewöhnliches entdeckt?«, frage ich fürsorglich.

»Mach dich bitte nicht schon wieder lustig über mich«, beschwert er sich. »Aber das ist kein Thema, das sich so nebenbei erledigen lässt. Ich brauche deine volle Aufmerksamkeit.«

Mist! Er scheint gemerkt zu haben, dass ich bei seinen Jammereien nicht immer ganz genau zuhöre.

»Bitte, Uwe, ich bin durchaus in der Lage, tagsüber hart zu arbeiten und dir abends noch aufmerksam zuzuhören«, versichere ich ihm.

»Na gut, dann in einem Satz: Ich werde in ein buddhistisches Kloster gehen, in der Nähe von Kathmandu!«

Ich bin ehrlich verblüfft. Ja, in den Siebzigern, da pilgerten die Hippies in Massen nach Kathmandu. Es soll dort sogar noch ein Restaurant in der Freak Street geben, wo sich die »Übriggebliebenen« treffen. Uwe war aber noch nie ein Hippie und auch kein glühender Verehrer von fernöstlicher Lebensweise oder Mentalität. Im Grunde weiß er kaum mehr darüber, als er durch meine

Feng-Shui-Arbeit mitbekommen hat; und das auch nur am Rande. Bis jetzt fand er immer, das sei alles esoterischer Mumpitz.

»Was willst du denn da?«

»Meditieren.«

»Entschuldige bitte, wenn ich nicht verstehen kann, was du an einem Ort willst, an dem es weder guten Rotwein noch gute Ärzte gibt. Und einen Bestseller schreiben wirst du dort wahrscheinlich auch nicht können. Ich wage zu behaupten, dass es in diesen Klöstern nicht mal Strom gibt. Genauso wenig wie einen Spiegel mit guter Beleuchtung oder auch nur eine Apotheke. Die Mönche dort reduzieren ihr Dasein auf das Allernotwendigste!«

Mein kleiner erboster Vortrag ist der Beginn eines ausgedehnten Streits, in dem vieles zur Sprache kommt, was in unserer Beziehung in letzter Zeit falschgelaufen ist. Seine Kochinsel zum Beispiel.

»Wir wollten eigentlich einen längeren Urlaub machen. Und du gehst hin und kaufst eine Profiküche!«, werfe ich ihm zornig vor. Dass er diese jetzt verlassen will, gibt mir allerdings zu denken.

»Davon hast du aber genauso profitiert«, knurrt er.

Also das ist doch die Höhe! Er kauft einen Herd für ein Vermögen, und ich bin dann die Nutznießerin. Ich werde laut: »Ja, besonders wenn du beim ersten Streit gleich zu deiner Exfrau läufst und ich Käsebrote essen muss.«

Was ich nicht ausspreche: Unser Zusammenleben war in letzter Zeit nicht mehr so eng, als dass nicht genügend Platz für seine Ex zwischen uns gewesen wäre.

Bei Tagesanbruch erfahre ich dann endlich, warum er in letzter Zeit so wenig zu Hause war und jetzt ins Kloster will.

»Meine Prostata …«, beginnt er, und einen Moment lang sieht es so aus, als würde er anfangen zu weinen. Mit heiserer Stimme spricht er weiter: »Du bist eine Frau, du kannst nicht verstehen, wie sehr mich das geschockt hat. Ich leide deshalb sogar unter einer Schreibblockade …«

Womit die Stromfrage im Kloster erledigt wäre.

»Grässlich«, sage ich bedauernd.

Ein theatralisches Stöhnen begleitet sein weiteres Geständnis. »Ich habe in den letzten Tagen in meinem Büro in Kreuzberg über mein Leben nachgedacht. Ich muss etwas ändern. Dazu gehört natürlich auch, meinen Lebensstil zu überdenken ... und nichts mehr zu trinken«, fährt er unbeirrt fort. »Überhaupt möchte ich gesünder leben und vor allem: gesünder denken.«

»Du solltest lieber regelmäßig zum Arzt gehen«, ist alles, was mir zu dieser plötzlichen Einsicht einfällt.

Darauf antwortet Uwe nicht. Schmollend verschwindet er im Bad. In alter Gewohnheit will ich ihm folgen. Ihn befragen und trösten, ihn aufrichten und wieder ins Leben zurückholen, wie immer. Doch kurz vor der Badezimmertür überlege ich es mir anders. Ich habe ihn lange genug bedauert und gepflegt, seine Launen ertragen, ihm zuliebe zu viel gegessen und zugenommen. Wütend drehe ich um und bekomme einen heftigen Schweißausbruch.

5. Milchmädchenrechnung

Trotz dieses katastrophalen Wochenendes sitze ich Montagmorgen frisch geduscht, und sogar ausgehfertig in einem grünen Kleid, voll positiver Energie bereits um acht Uhr am Schreibtisch.

Nach unserem albernen Streit hatte ich Uwe den ganzen Sonntag über nicht mehr gesehen. Sein Fehlen war mir jedoch erst am Abend aufgefallen, als ich Hunger bekam. Also bestellte ich mir zur Abwechslung mal etwas beim Chinesen: Hühnerfleisch, mit Gemüse in Erdnuss-Soße. Köstlich! Ein Glückskeks mit einer Nachricht von Konfuzius gab's als Dreingabe: *Der Mensch braucht nur sehr wenig zum Leben; Brot zum Essen, Wasser zum Trinken und einen abgewinkelten Arm zum Schlafen.* Ein weiser Spruch! Vielleicht etwas unpassend für ein Restaurant, das mehr verkaufen will als Wasser und Brot.

Erst musste ich beim Lesen an buddhistische Klöster denken, doch dann kam ich auf eine Geschäftsidee, die alle meine akuten Geldsorgen beseitigen würde – und die meiner Tochter gleich mit: Glückskekse, gefüllt mit europäischen Weisheiten! Von guten Sprüchen hätte ich drei Hefte voll. Ich sammle nämlich seit meinen Hippiejahren.

Aber bevor ich mit dem Keksebacken anfange, sollte ich bei Gehlen meine Außenstände eintreiben.

Die nun schon vertraute Frauenstimme aus dem Vorzimmer bedauert, mir nicht weiterhelfen zu können. »Tut mir leid, aber ich kann Sie nicht verbinden, der Herr Direktor ist in einer Konferenz.«

»Wie lange kann das denn dauern?«, frage ich.

»Schwer zu sagen«, erklärt sie. »Aber ich werde ihm ausrichten, dass Sie angerufen haben. Er wird sich dann bestimmt sofort melden.«

Gutgläubig wie ich bin, warte ich bis Mittag auf einen Rückruf.

Nach vierzehn Uhr probiere ich es erneut und kriege den Vielbeschäftigten tatsächlich an den Hörer.

»Frau Singer, gerade wollte ich Sie anrufen«, behauptet er. »Wie sieht es aus, könnten Sie so gegen fünfzehn Uhr hier vorbeikommen? Ich würde gerne etwas Wichtiges mit Ihnen besprechen.«

Natürlich habe ich Zeit, aber was er mit mir besprechen will, kann ich mir nicht vorstellen.

Mit einer Jeansjacke über meinem grünen Kleid begebe ich mich pünktlich zu Gehlens Büro. Es liegt in der Nähe des Kurfürstendamms, in einem repräsentativen Altbau. Und wie ich durch das glänzende Schild am Hauseingang erfahre, ist Gehlen Direktor einer Privatbank. Das wusste ich nicht, denn die Rechnung für den Villen-Auftrag ging an die Privatadresse. Auch seine Schmetterlingsfrau hat es nie erwähnt. Ob er mir vorschlagen will, mein Konto bei seiner Bank zu eröffnen? Schließlich sind wir doch Geschäftspartner. Vielleicht sollte ich ihn mit der Behauptung schocken, noch nie ein Konto besessen zu haben. Was bei meiner Hippievergangenheit durchaus glaubhaft sein könnte, aber doch gelogen wäre. Denn mit dem Ende der Kommune begann mein fast normales Leben mit einem ordentlichen Girokonto – auch wenn das nicht immer gedeckt ist.

Gehlens Privatbank residiert im ersten Stock. Am Empfang werde ich lächelnd von einer blonden Vorzimmerperle im dunkelblauen Nadelstreifenkostüm mit Perlenohrringen, Perlenkette und rosa Perlmuttlippenstift begrüßt.

»Der Herr Direktor erwartet Sie«, teilt sie mir mit, nachdem sie mich telefonisch angemeldet hat. Dann begleitet sie mich auf ihren gefährlich hohen Pumps mit Stechschritt ins Chefbüro.

Der Raum ist ein dunkles Loch mit Bergwerkcharme, dessen einziges Fenster zum Hinterhof liegt. In diese etwa dreißig Quadratmeter große Höhle kommt die Sonne bestimmt nicht mal im

Hochsommer. Ein repräsentatives Direktorenzimmer habe ich mir anders vorgestellt. Da passt sein uralter Schreibtisch mit den Löwentatzenfüßen schon eher ins Bild. Auch der monströse Schrank mit den geschnitzten Löwenköpfen an den Türen erfüllt das Klischee. Ein etwas jünger aussehender runder Tisch mit sechs Lederstühlen ist sicher für Besprechungen gedacht. Dieses klobige Zeug in schwarzbraunem Holz soll wahrscheinlich Tradition vermitteln. Dabei ist es nur wertloser Trödel – das sehe ich mit meinem geschulten Auge sofort. Bei mir drückt so ein Ambiente sofort auf die Stimmung. Dem Ficus benjamini, der in der Ecke neben der Tür still vor sich hin leidet, scheint es hier auch nicht zu gefallen. Er lässt die verstaubten Blätter hängen und kämpft sichtlich ums Überleben.

Gehlen trägt auch heute wieder Grau in Grau. Ich nehme stark an, dass er genügend Anzüge hat, um täglich zu wechseln. Für mich sieht es allerdings so aus, als wär's derselbe.

»Wie schön, dass Sie es einrichten konnten.« Er steht auf und streckt mir die Hand über seinen imposanten Schreibtisch entgegen. »Etwas zu trinken?«, fragt er, als ich sitze.

Eigentlich habe ich ja keinen Durst, möchte nur mein Honorar kassieren und schnell wieder gehen. Mit Bankleuten muss man vorsichtig sein – erst recht, wenn sie in so einem dunklen Loch hausen und sich nicht um ihre Pflanzen kümmern. Auch wenn der Ficus als anspruchslose Zimmerpflanze gilt, reicht es eben noch lange nicht, nur die Schampusreste vom Firmenjubiläum hineinzukippen. Um der Höflichkeit willen bitte ich um ein Glas Wasser.

Direktor Gehlen greift nach dem Telefon. In Chefmanier ordert er Wasser und für sich einen Kaffee. Ich hole schon mal das Kuvert mit meiner Rechnung aus der Tasche und überreiche es ihm mit einem freundlichen: »Der Grund meines Kommens.«

Achtlos legt er es zur Seite. »Gut. Dazu kommen wir später.«

Wieso später, wundere ich mich. Ich bin doch – genau wie er – nur wegen der Kohle hier.

»Verehrte Frau Singer …«, beginnt er und schaut mich mit großen Augen an.

Oh, oh, diese Einleitung kenne ich. Der will was von mir. Ich murmle ein zurückhaltendes »Hmm?«.

In dem Moment geht die Tür auf, und eine junge Frau mit langen rotblonden Locken, enger schwarzer Jeans, weißer Bluse und schwarzer Weste darüber betritt den Raum. Auf einem altmodischen WMF-Tablett, wie man es aus traditionsreichen Cafés kennt, bringt sie die Getränke. Wortlos stellt sie mir ein Glas Wasser hin. Der Herr Direktor bekommt natürlich ein verführerisches Lächeln und einen bewundernden Blick aus ihren großen blauen Kinderaugen zu seiner Bestellung serviert.

»Ihr Kaffee, bitte schön«, sagt das Porzellanpüppchen in breitem Berlinerisch und beugt sich, für mein Gefühl ein bisschen zu weit, über ihren Direktor. Die feministischen Ideen der 68er scheinen die Jahrtausendwende nicht überlebt zu haben. Sonst würde diese junge Frau ihre Energie nicht mit Rumpfbeugen verschwenden und stattdessen ein Studium beginnen, mit dem sie den Chefsessel erobern kann! Ob Frau Gehlen hier auch mal als Bedienung angefangen hat, überlege ich, als die Schönheit mit geschmeidigen Bewegungen entschwindet.

Gehlen würdigt sie keines Blickes, sondern greift seinen angefangenen Satz wieder auf: »… zuerst möchte ich noch einmal betonen, wie wohl wir uns fühlen, seit Sie mit dem eisernen Besen durch unser Haus gefegt sind – wenn ich mal so sagen darf.« Er lacht über sein gelungenes Witzchen, rührt Zucker in seinen Kaffee und fährt dann fort: »Wenn Sie sich hier umschauen, fällt Ihnen da etwas auf?«

Eine ganze Menge, würde ich gerne sagen, nehme stattdessen aber lieber einen Schluck Wasser. Schließlich könnte es eine Fangfrage sein. Ich beherrsche mich also, stelle dann mein Glas ab – der Benjamini kann den Inhalt viel dringender gebrauchen, und sehe ihn nur fragend an.

»Die Einrichtung betreffend«, präzisiert er seine Frage.

»Alles Gründerzeit, circa 1875.«

Gehlen nickt anerkennend. »Ebenso wie unsere Bank! Ich dachte, es wäre an der Zeit, hier etwas zu ändern.«

Ja, da will ich nicht widersprechen. Zuerst würde ich die Pflanze gießen. Doch um mehr zu tun, müsste ich meine Meinung über Geldhaie ändern. Mit Banken mache ich keine Geschäfte, die ziehen einen nur über den Tisch. Es genügt, dass sie Kontoführungsgebühren von mir kriegen. Mein Bauchgefühl signalisiert: Rechnung kassieren und schnellstens wieder gehen. Aber weil ich mein Geld nun mal noch nicht habe, bleibe ich sitzen und murmle: »Verstehe.«

Für den Herrn Direktor ist die Sache damit geritzt: »Dann übernehmen Sie also den Auftrag!«

Wenn ich an mein Konto-Minus denke, sollte ich das unbedingt tun. Aber ich bin vorsichtig. »Was haben Sie sich denn so vorgestellt?«

»Nun, eigentlich …«, er zögert. »Also, ich bin auf diesem Gebiet ja ein vollkommener Laie. Aber meine Frau ist von der Veränderung der Villa derart hingerissen, dass sie meinte, ich solle Sie für mein Büro und das Entrée engagieren. Gibt es nicht so etwas wie Büro-Feng-Shui? Sie hätten natürlich wieder völlig freie Hand.«

Nichts beeinflusst den Menschen so sehr wie Schmeicheleien. Auch ich bin nicht immun dagegen und werde schwach. »Lässt sich machen«, sage ich daher und sende dem Ficus einen aufmunternden Blick zu.

»Dann fangen Sie doch gleich an und melden Sie sich, sobald Sie die ersten Ideen ausgearbeitet haben«, schlägt er vor. »Und lassen Sie sich bitte von der Farbe unseres Firmenzeichens inspirieren.«

Das ist überraschenderweise ein frisches Türkis, wie ich feststelle, als er mir zum Abschied seine Visitenkarte reicht.

Als ich draußen bin, ärgere ich mich über mein unprofessionelles Verhalten. Warum habe ich nicht erst das Geld für den Villa-Auftrag kassiert und dann zugesagt? Einen Wimpernschlag später weiß ich warum. Verdammte Hippie-Ideale! Auch wenn die Jahre in der Kommune wunderschön waren und ich sie nicht missen möchte, gibt es einen Punkt, der mir manchmal noch zu schaffen macht: unser seltsames Verhältnis zu Geld. Damals glaubten wir doch tatsächlich, es wäre nur bedrucktes Papier. Deshalb waren wir eigentlich auch immer pleite. Auf den Küchenschränken in der K5 stand: *Wer braucht schon Geld, wenn er gute Laune hat!*

Dementsprechend wenig haben wir damals verdient. Susanne, also die spätere Patchouli, war angehende Sportlehrerin, hatte aber keine Lust, an einer konventionellen Schule zu unterrichten. Ihre privaten Kurse in der damals noch neuen Schwangerschaftsgymnastik brachten allerdings nicht besonders viel ein, und so war auch sie auf der Suche nach einer günstigen Unterkunft. Oder Teresa, die ich bei Patchoulis Kurs kennengelernt hatte, sie jobbte manchmal als Fotomodel. Sie hatte lange blonde Locken, eine zierliche Figur, kleine Brüste, schmale Hüften und die perfektesten Zähne, die ich je gesehen habe. Nicht eine Plombe! Doch mit ihrem dicken Bauch bekam sie keine Fotojobs mehr. Nach der Geburt ihrer Tochter Debbie stillte Teresa deshalb nur sechs Wochen und ernährte sich dann fast ausschließlich von trockenem Brot mit scharfem Senf, um schnell wieder schlank zu werden. »Die scharfe Tuti« wurde sie deshalb von uns genannt. Die Männer der K5 dagegen vermuteten, Teresa würde keine Höschen tragen, und das sei die Ursache für diesen Spitznamen.

Später zog dann noch Fritz von Wetterberg in die Kommune ein. Wir nannten ihn den Haarwasser-Prinzen, weil er der Erbe einer Fabrik für Haarpflegeprodukte war. Fritz kam frisch aus dem Eliteinternat Salem, hatte eine Überdosis guter Erziehung intus und war anfangs steif wie ein Bügelbrett. Da er aber mit dem ganzen Reichtum und Standesdünkel seiner Familie nichts anfangen konnte, wurde die Kommune bald sein neues Zuhause. Dass seine Familie ihm daraufhin mit Enterbung drohte, schien ihm nichts auszumachen.

Wie gesagt, Geld bedeutete uns damals einfach nichts.

Inzwischen weiß ich es natürlich längst besser. Das ist auch der Grund, weshalb ich in den nächsten Tagen fleißig Pläne zeichne, mich in Möbelhäusern und bei Büroausstattern rumtreibe und im Geiste mit dem großen Feng-Shui-Besen durch Gehlens Direktorenbüro fege.

Diese Vorbereitungsphase ist genauso intensiv wie zeitraubend. Deshalb bin ich froh, dass Uwe nur zum Schlafen und nicht mit neuen Krankheitssymptomen nach Hause kommt. Auch seine geliebte Kochinsel bleibt kalt. Ich ernähre mich daher von Käsebroten, Spiegeleiern oder Salat. Das ist natürlich nicht so lecker wie Uwes Gourmet-Kocherei. Dafür muss ich beim Essen aber auch keine Wehwehchen analysieren und kann die ersparte Energie in meine Arbeit stecken.

Eine Woche später melde ich mich wieder bei Gehlen. Der ist überrascht von meinem Arbeitstempo, gibt mir aber sofort einen Termin. Alles läuft so glatt, dass ich sicher bin: Die ollen Götter sind versöhnt. Na ja, mal abgesehen davon, dass ich mittlerweile Geld für eine superteure Brille ausgegeben habe, das noch gar nicht auf meinem Konto war. Aber was soll's! Im Prinzip habe ich ja nur das Umlauftempo erhöht, damit die Kohle schneller zu mir zurückkommt.

Pünktlich erscheine ich in meinem pinkfarbenen Sommermantel mit grünen Tupfern (ein Ausverkaufsschnäppchen) im Direktoren-Bergwerk. Dass er diese Farbkombination eher ungewöhnlich findet, schließe ich aus seinem gequälten Gesichtsausdruck. Dabei würde ihm persönlich etwas Farbe auch sehr guttun. Für den Anfang könnte schon ein pastellfarbenes Hemd das Grau aus seinem optisch so düsteren Leben vertreiben.

Aber Typberatung ist hier nicht mein Job. Meiner ist es, seine Gründerhöhle in einen hellen modernen Geldtempel zu verwandeln. In einen Ort, der glaubwürdig vermittelt, dass hier jemand sitzt, der reichlich Ahnung von zeitgemäßen Geldgeschäften hat. Jemand, der weiß, wie man die Kohle so lange hin- und herschiebt, bis sie sich hübsch vermehrt. Man hat hier nämlich eher das Gefühl, dass nur der Gründerstaub auf den Löwenköpfen anwächst.

Irgendwie freue ich mich mittlerweile wirklich sehr über diesen neuen Auftrag. Auch wenn er von einer Bank kommt und ich dafür einige meiner Hippie-Ideale verraten muss. Aber nach über dreißig Jahren werde ich jetzt vielleicht endlich meine Aversion gegen Banken überwinden.

Aus Unternehmersicht war ich damals doch genau das, was die Bürgerlichen auf einen Horrortrip gebracht hat: Ein Hippie! Lange zottelige Haare, bunte Klamotten (das hat sich zwar kaum geändert), ein schreiendes Baby und ohne festen Job. Und nun arbeite ich also quasi für den alten Feind – der allerdings sehr gut bezahlt.

»Freut mich, Sie zu sehen, Frau Singer.« Gehlen begrüßt mich mit einer steilen Falte zwischen den Brauen und mustert meine farbenfrohe Kombination länger, als es höflich wäre. Hat er Angst, dass ich seine Firmenfarbe nicht mag und sein Büro später so aussehen könnte wie mein Mantel?

»Setzen Sie sich doch, bitte. Etwas zu trinken?«

Heute ist mir zwar nach Kaffee, aber ich will diesmal wirklich schnell zur Sache kommen.

»Nein danke«, sage ich freundlich lächelnd. »Ich präsentiere Ihnen lieber gleich meine Entwürfe.«

Zielstrebig breite ich vor Gehlen zahlreiche Fotos, diverse Farbmuster und drei Gestaltungsvorschläge aus. Nummer drei ist stets mein schrill-bunter So-ginge-es-auch-Plan, der alle Wünsche des Kunden absichtlich ignoriert und nur sehr selten Zustimmung findet. Aus Erfahrung weiß ich: Geschäftsleute lieben es, wenn sie Vorschläge ablehnen können. Und ich liebe es, meiner Phantasie freien Lauf zu lassen.

Gehlen sieht sich die Pläne genau an, hört meinen Ausführungen zu und brummt mehrmals zustimmend. Eine halbe Stunde später ist die Sache dann perfekt.

»Wir nehmen den Klassiker. Geld spielt keine Rolle«, sagt er, ganz der erfolgreiche Bankier. »Und dieses angeblich glücksbringende Aquarium im Regal gefällt mir besonders gut.«

»Vielen Dank, Herr Direktor. Dann müssten wir jetzt noch klären, wann die beste Zeit für die Renovierung ist. In Geschäftsräumen ist das ja nicht so einfach. Ein paar Tage lang ist da nämlich nicht an Arbeit oder Geldverdienen zu denken. Fatale Situation für eine Bank«, scherze ich.

Er nickt schmunzelnd. »Sie sind der Profi. Was schlagen Sie vor?«

»Wie wäre es Anfang Juni, über Pfingsten? Dann hätte ich vier Tage Zeit. Das müsste reichen.«

Gehlen akzeptiert meinen Vorschlag ohne Diskussion, und ich suche nach einer eleganten Überleitung zum Thema »Honorar kassieren«.

Blöderweise fällt mir keine ein. Also beschließe ich, mich dem Thema auf andere Weise zu nähern: Ich bleibe einfach sitzen und hoffe, dass sich das Ganze vielleicht noch von selbst erledigt. Auch eine alte Hippieweisheit. Eine von den brauchbareren. In der K5 lösten wir Konflikte häufig durch stundenlanges untätiges Rumhängen. Mit Vergnügen denke ich an die nächtelangen Diskussionen, die nie zu einem Ergebnis kamen. Mit jedem neugedrehten Joint ergaben sich neue wichtige Argumente, die sich im Morgenlicht meist als unwichtig entpuppten.

»Sehr schön, Frau Singer. Das war's dann also.« Er steht auf und will mir zum Abschied die Hand drücken.

Es gibt also doch keine Ausnahmen unter den gefräßigen Geldhaien. Aber so leicht lasse ich mich nicht abspeisen!

»Herr Gehlen, wie steht es denn mit meinem Honorar? Die Rechnungen der Handwerker und für die Möbel wollen Sie doch sicher wieder direkt bezahlen, wie wir es bei der Villa vereinbart hatten.«

»Ja, das hat doch gut geklappt«, bestätigt er. »Tja, ach so … äh, kommen wir also zu Ihrem Honorar.« Schnaufend setzt er sich wieder.

Na, bitte! Hört sich prima an. »Sehr gerne.«

»Das brauchen wir aber nicht schriftlich festhalten, liebe Frau Singer. Ich benötige darüber auch keine Rechnung. Und Sie müssten dann nichts versteuern.«

Mir schwant Böses. »Muss ich nicht?«, frage ich irritiert.

Er schmunzelt, als wolle ich das Einmaleins anzweifeln. »Bestimmt nicht. Womit wir nun zur Höhe Ihrer Entlohnung kommen …« Er macht eine kleine Pause. Ich ahne Unheilvolles. »… wenn wir nun den noch ausstehenden Betrag und das neue Honorar …«

Er schreibt etwas auf einen Zettel und schiebt ihn mir über den Tisch wie in einem schlechten Krimi.

Unfassbar! Das ist ja nur DIE HÄLFTE! Doch viel mehr schockiert mich die Erkenntnis: Ich soll SCHWARZ für ihn arbeiten?! Also, ich habe ja schon vieles gemacht in meinem Leben: Drogen genommen, in Woodstock auf der Wiese ein Kind gezeugt, aus reiner Geldnot bei einem nicht jugendfreien Film mitgespielt – aber Steuerhinterziehung? Kommt nicht in die Tüte! Niemals. Ich helfe doch keiner Bank, Geld zu sparen!!!

Ich hole tief Luft und versuche ruhig zu bleiben. Früher hätte ich in so einer Situation randaliert. Auch wenn ich nicht geldgierig bin, für meine Arbeit möchte ich ordentlich bezahlt werden.

»Nun«, sage ich tonlos, als würde ich jeden Tag dergleichen dunkle Geschäfte machen. »In diesem Falle muss ich unsere Vereinbarung etwas ändern.« Ich spüre, wie Gift und Galle nebst einer gewaltigen Hitzewallung in mir hochsteigen. »Ich fürchte aber, dass ich …«

»Ach, wissen Sie was«, unterbricht er mich mit Siegergrinsen. »Kommen Sie doch einfach kurz vor Beginn der Renovierungsarbeiten vorbei, damit wir all diese lästigen Details klären können, ebenso wie die Frage, wie Sie und die Handwerker über die Feiertage in die Räume kommen. Es ist schließlich ständig Wachpersonal im Haus, und das muss informiert werden.«

Mit eingefrorenem Grinsen schiebt mich Gehlen aus der Tür und schließt schnell hinter mir zu. Bei so viel Dreistigkeit bleibt mir endgültig die Spucke weg.

Auf dem Weg nach Hause schnaufe ich laut vor mich hin. Mein Mund ist so trocken, als hätte ich hochgiftige Pilze eingenommen, deren Wirkung nicht nachlassen will. Aber was ich da gerade erlebt habe, war keine Halluzination, das ist traurige Realität. Geldhaie ändern sich nicht. Jedenfalls nicht, solange es noch einen Einzigen von diesen buntbedruckten Papierfetzen gibt, von denen sie sich ernähren.

6. *Die kreative Abrissbirne*

Bis Pfingsten habe ich einen Plan, wie ich Gehlen diese Unverschämtheiten heimzahlen kann. Ich habe den von ihm unterschriebenen Auftrag, sein Büro zu verwandeln, und das werde ich auch tun, und zwar so, dass er es nicht wiedererkennt.

Das gefräßige Raubtier hat ja keine Ahnung, wie weit meine Feng-Shui-Spezial-Beratung gehen kann. Ob er über das Ergebnis aber genauso entzückt sein wird wie über die Veränderung seiner Villa, glaube ich nicht.

Die restlichen Vorbereitungen sind ruck, zuck erledigt. Das Wachpersonal wird über meine Anwesenheit während der Feiertage informiert, und ich wünsche Gehlen ein besonders erholsames Wochenende. Meines wird mindestens so aufregend werden wie später der Anblick seines neuen Büros für ihn.

Für die Verwandlung der Gründerhöhle brauche ich unter diesen besonderen Umständen nur einige »Accessoires« aus dem Baumarkt. Ich bringe zweihundert Euro in Umlauf und verlasse das Handwerker-Paradies mit zwei vollen Tüten. Vermutlich werde ich mir noch länger keinen neuen Wasserkocher kaufen können, doch das ist mir die süße Rache wert.

Freitagmittag betrete ich dann in einem enganliegenden Blaumann (den hatte ich zuletzt vor fünf Jahren an, als ich für Uwe das OP-Licht installiert habe), mit Käppi und den in einem großen Rucksack verstauten Materialien die Privatbank. Die Perlmutt-Blondine verabschiedet sich gerade ins Wochenende.

»Der Wachmann weiß Bescheid, dass er Sie nicht stören darf. Sie können sich also völlig ungestört bei Ihrem Fäng-Schuschi-Dingsbums verausgaben«, sagt sie fröhlich und stöckelt hinaus.

Darauf kann sie ihr Sparbuch verwetten! So viel Spaß hatte ich schon lange nicht mehr bei meiner Arbeit. Bis auf das Gießen des

Ficus benjamini hat sie diesmal aber nicht sehr viel mit Feng-Shui, dafür umso mehr mit einer kreativen Abrissbirne zu tun.

Als ich ein paar Stunden später fertig bin, sieht die Gründerhöhle aus, als hätte ich bei Jeff Koons, Amerikas Kitschkünstler Nummer eins, ein Praktikum absolviert: Inspiriert von der Firmenfarbe erstrahlt der prächtige Schreibtisch türkis, die Löwentatzen sind pink abgesetzt. Beim ehemals schwarzbraunen Schrank ist es genau umgekehrt: pink die Oberfläche und türkis die Löwenköpfe und Tatzen. Die säulenförmigen Verzierungen an den Seiten habe ich silbern besprüht – extrem wirkungsvoll. Silbern schimmern auch die Stühle, die nun besonders gut mit dem goldglänzenden Besprechungstisch harmonieren, auf dem giftgrüne Dollarzeichen leuchten. Hunderte von bunten Farbklecksen frischen die vergilbten Wände auf. Und auch der alte, vergammelte Teppichboden ist nicht wiederzuerkennen. Dank Powerkleber und buntem Streuflitter glitzert er wie ein Tanzboden an Silvester. Ohne überheblich zu sein: Ich habe ein geniales Gesamtkunstwerk geschaffen! Es ist die Krönung meiner Karriere – und wahrscheinlich auch gleichzeitig ihr Ende.

Bevor ich gehe, schieße ich zur Erinnerung einige Fotos und schreibe einen kurzen Brief, den ich an die Außenseite der Tür klebe.

Sehr geehrter Herr Direktor,

sicher hat Sie das unveränderte Vorzimmer erstaunt. Leider dauerte die Verwandlung Ihres Büros länger als geplant, weshalb für das Entrée keine Zeit mehr blieb.
Mit den besten Wünschen für weitere lukrative Geschäfte verbleibe ich

Ihre Feng-Shui-Beraterin
Betty Singer

Hochzufrieden – ich habe quasi die Bank gesprengt! – spaziere ich abends am Wachmann vorbei nach Hause.

Ich bin so euphorisch, dass ich meinen Triumph am liebsten gleich mit »Einweichen bei schwuler Cowboymusik« und ordentlich viel Champagner feiern möchte. Stattdessen erwartet mich zu Hause eine böse Überraschung: Uwe in Trenchcoat und Hut sitzt auf gepackten Koffern.

»Ich weiß nicht, wann ich zurückkomme«, erklärt er mit düsterer Stimme und wildem Blick.

Das könnten die letzten Worte eines Dalai-Lamas sein; aber genau das sagt Uwe zu mir, als ich ihn frage, wie lange er denn wegbleiben will. Und wenn ich nicht so überrascht wäre, würde ich herzhaft über den Spruch lachen. Stattdessen überlege ich, ob ich ihm noch ein Käsebrot als Wegzehrung schmieren oder lieber nach der Betriebsanleitung fürs Raumschiff fragen soll. Aber da klingelt es bereits an der Tür.

»Mein Taxi«, sagt Uwe emotionslos, klemmt den Schirm unter den Arm, greift nach seinen Koffern und verabschiedet sich mit einem »Mach's gut.«.

Der Mann, der nach den ersten drei gemeinsamen Nächten mein verrostetes Fahrrad gegen ein neues, knallrotes Tandem-Rad ersetzte und mir versprach, ich müsste mich nie wieder alleine abstrampeln, verlässt mich an diesem 3. Juni, seinem Geburtstag, als hätten wir lediglich ein paar Nächte zusammen verbracht.

Statt *Happy Birthday* rufe ich ihm wütend »Fröhliches Meditieren« hinterher und knalle die Tür zu.

Dann bin ich allein. Allein in einer Vier-Zimmer-Altbauwohnung.

Es dauert einige Tage, bis ich aufhöre zu lauschen, ob die Tür aufgeschlossen wird, und ich merke, dass der Kühlschrank leer bleibt, wenn ich ihn nicht selber auffülle. Dagegen genieße ich es fast ein wenig, mein Eileen-Gray-Sofa und das Bett ganz für mich allein zu haben, bei lauter Musik baden zu können, wann immer ich möchte, und nachts kein Schnarchen mehr zu hören. Und ich muss mir auch keine Gesundheitssendungen mehr im Fernsehen ansehen, weil Uwe nichts verpassen will. Dennoch ist das Alleinsein ungewohnt, und mir wird bewusst, dass ich noch nie allein gelebt habe.

Direkt nach meinem verpatzten Abitur zog ich zu einer Schulfreundin nach München, die dort Kunst studierte. Jedenfalls hatte sie es vor. Mit ihr war ich dann auch in Woodstock, wo ich Bob kennenlernte und sie sich in einen Typen verliebte, mit dem sie kurz darauf nach San Francisco ging. Dann kam die K5, dann Uwe. Und jetzt … jetzt muss ich mich erst mal einfühlen in diese ungewohnte Situation und herausfinden, was daran positiv und was negativ ist. Positiv ist auf jeden Fall schon mal die Tatsache, dass ich wieder ohne Sonnenbrille ins Bad gehen kann. In der neuen sanften Beleuchtung, die ich sofort installiert habe, fangen die Tage wieder freundlich an. Ums Klo herum gibt's außerdem keine Pinkelspuren mehr, und die ekeligen Sockenknödel sind auch verschwunden.

Es ist Zeit, eine wichtige Feng-Shui-Regel anzuwenden: *Wer sein Leben verändern will, muss erst das alte in Ordnung bringen.* Man könnte auch Ausmisten sagen oder Ballast loswerden. Und bei mir fängt so etwas ja immer erst mal mit dem Verschieben von Möbeln an.

Beim Umbauen fällt mir mein Tagebuch in die Hände. Es ist kein Tagebuch im herkömmlichen Sinn, sondern eine mit Blumen beklebte Schuhschachtel voller bunter Postkarten. Darauf sind die schönsten und wichtigsten Momente meines Lebens nachzulesen. Angefangen hat es in Woodstock. Natürlich wollte ich unbedingt an Freunde Postkarten verschicken, war aber ständig so *stoned*, dass mir keine Adressen einfielen – außer meiner eigenen. Was lag also näher, als mir selbst jeden Tag eine zu schicken. Ich habe mir geschrieben, wie super die Konzerte sind, dass ich mich in Bob verliebt habe (der genau wie Bob Dylan eigentlich Robert heißt) und wie glücklich ich bin.

Seitdem schreibe ich mir immer auch selber eine Postkarte, wenn ich verreise oder wenn etwas Wichtiges passiert. Inzwischen sind es bestimmt über hundert Ansichtskarten. Einige markieren die Schicksalstage meines Lebens. Gretas Geburt zum Beispiel. Eine andere Karte stammt aus Bobs Heimatdorf, als er mich mit zu seinen Eltern nahm. *Bob meint es ernst!* steht drauf. Ich glaubte damals doch tatsächlich, dass ein Mann, der eine Frau zu seinen Eltern mitnimmt, ernste Absichten hat – ein letztes Überbleibsel meiner von traditionellen Werten geprägten Erziehung.

In den letzten dreißig Jahren lagen natürlich auch Postkarten mit unschönen Nachrichten im Briefkasten: *Gretas Vater ist seit vier Wochen verschwunden!* oder folgender Text: *Die K5 löst sich langsam auf. Es geht nur noch um Geld!*

Als in der Kommune nämlich nur noch über Geld gesprochen wurde – und zwar genau von den Leuten, die selbst nie welches hatten und auf Kosten der anderen lebten –, waren Patchouli und ich es, die zuerst merkten, dass die K5 auseinanderbröckelte wie trocken gewordene Haschkekse. Wir spürten, dass die K5 an etwas scheitern würde, das wir Hippies abgrundtief verachteten: Geld! Doch alle Verachtung für diese bedruckten Papierfetzen half nichts, die Kommune löste sich irgendwann auf.

Erstaunlich, wie ein paar kurze Sätze alte Emotionen wieder aufleben lassen. Eigentlich wollte ich doch nur ein bisschen Ordnung schaffen, und jetzt stehe ich knietief in meiner Vergangenheit.

Erschrocken stelle ich die Schachtel zurück ins Regal. Wenn ich noch länger darin wühle, kriege ich eine chronische Stimmungsschwankung. Also weg damit. Es gibt sowieso nichts mehr in Ordnung zu bringen. Mittlerweile hat sich mein Leben aufgelöst wie eine Reinigungstablette für dritte Zähne. Solange ich mit Uwe zusammen war, habe ich mir nie Gedanken darüber gemacht, was ich tun würde, wenn unsere Beziehung zu Ende ginge. Ich gehöre einfach nicht zu den Menschen, die sich ständig Gedanken machen über: Was wäre wenn? Würde ich das tun, hätte ich niemals gewagt, Gehlens Büro in ein schrilles Kunstwerk zu verwandeln.

Dass meine Aktion vielleicht ein Nachspiel haben würde, verdränge ich zunächst erfolgreich. Doch dann kommt am Samstag nach Pfingsten der Postbote und bringt mir zusammen mit der Wochenendzeitung ein Einschreiben. Von Gehlens Anwalt! Seinem Mandanten habe das Ergebnis meiner Arbeit nicht gefallen. Der Mann hat vermutlich keine Ahnung vom Kunstmarkt. Wenn er ein Stück der buntgetupften Wand nicht überstreicht und stattdessen einen leeren Rahmen drüberhängt, hat er ein Werk des Pointillismus. Diese Arbeit wäre mein Ruin, schreibt der Herr Jurist weiter. Anwaltsgeschwätz! Vermutlich will er mich nur einschüchtern.

Aber vielleicht sollte ich den Brief trotzdem von Judith Janda, *meiner* Anwältin, beantworten lassen. Judith ist nämlich meine Nachbarin, für die ich manchmal ihren schwarzen Kater Advo-Cat hüte. Ich liebe Katzen und bin jedes Mal überglücklich, wenn Judith verreist ist. Uwe mochte keine Haustiere und reagierte schon allergisch, wenn ich nur einen Katzenkalender aufhängen wollte.

Ich beschließe, gleich nach der Zeitungslektüre zu Judith rüberzugehen, als beim Durchblättern mein Blick auf eine kleine Notiz unter »Vermischtes« fällt. In dem Artikel werde ICH erwähnt. Ich stehe in der Zeitung! Meine anfängliche Freude über die Entdeckung schwindet jedoch beim Lesen:

Sinnlose Verwüstung in Privatbank … Betty Singer, eine Feng-Shui-Einrichtungsberaterin, zerstört wertvolle Antiquitäten … geschäftsschädigender Vandalismus …

Blitzartig wird mir heiß. Mein Hals fühlt sich an, als drücke mir jemand die Luft ab. Alles, was mir Dr. Radke prophezeit hat, packt mich wie ein fiebriger Anfall. Wieso fühlt sich mein kleiner

Rachefeldzug plötzlich so schal an? Ob mich jetzt noch einer in die Nähe seiner Wohnung lassen wird? Was mache ich nur, wenn ich keine Aufträge mehr bekomme? Will der Geldhai mich etwa fertigmachen? Da muss er sich schon mehr einfallen lassen. Denn mit dem Brief von seinem Anwalt und mit diesem Artikel macht er mich höchstens zornig. »Wertvolle Antiquitäten«, so ein Quatsch! Bis der Plunder in seinem Büro den Antiquitätenstatus erreicht hätte, wäre der graue Schneemann längst dahingeschmolzen.

Ich finde, Gehlen sollte froh sein, dass er jetzt seinen Krempel entsorgen und sich etwas Neues anschaffen muss. Von wegen geschäftsschädigend! Ohne mich hätte er noch ewig in seinem verstaubten Ambiente weitergehaust. Ich hab ihm quasi einen Gefallen getan. Also, Schluss mit dem Gejammere. Hört ja doch keiner. Es gibt auch gar keinen Grund, nach Problemen zu suchen – es sind nämlich gar keine da! Gehlen hat schließlich selber gesagt, das Zeug hätte ausgedient.

Judith öffnet mir in einem hellbeigen Businesskostüm. Mit ihrer frechen Kurzhaarfrisur sieht meine fünfunddreißig Jahre alte Nachbarin genauso aus, wie man sich eine erfolgreiche Anwältin vorstellt. Eine, die ihre Fälle gewinnt – und meinen hoffentlich auch.

»Hallo, Betty. Ich bin eben erst von einer Tagung nach Hause gekommen und wollte sowieso gerade zu dir, um zu fragen, ob du dieses Wochenende schon etwas vorhast.«

Zusammen mit ihrem Stubentiger bewohnt Judith ebenfalls eine Vier-Zimmer-Wohnung, die etwas kleiner ist als meine. Die Einrichtung stammt teilweise von ihrer Großmutter, wie das bordeauxrot gestrichene Küchenbüfett aus den fünfziger Jahren, teils auch aus Judiths altem Kinderzimmer, wie das hellgrüne verschnörkelte Eisenbett, auf das ich richtig neidisch bin. Aber in ihrem Arbeitszimmer steht bereits ein sichtbares Zeichen für Erfolg: ein teurer, schneeweißer Designer-Schreibtisch mit dem dazu passenden Stuhl.

Dass Judith frisch verliebt ist, verrät ihr glückliches Strahlen. Mit der Lücke zwischen ihren oberen Schneidezähnen gehört sie (laut alter Mythologien) aber sowieso zu den vom Glück bevorzugten Menschen. Nun hat sie von ihrem Lover auch noch ein romantisches Wochenende in Venedig geschenkt bekommen. Manche Frauen sind wirklich vom Glück verwöhnt.

Judith macht uns erst mal einen Tee, und dann erzähle ich ihr die Geschichte mit dem Gehlen-Auftrag und dem Drohbrief seines Anwalts.

»Was meinst du, muss ich mir Sorgen machen?«, frage ich sie, als ich meinen Vortrag beendet habe.

Sie seufzt und überfliegt das Papier. »Wenn ich nicht wüsste, dass du eine erwachsene Frau bis, würde ich denken, du wärst ein zorniger Teenager«, sagt sie und lacht.

»Na, vielen Dank.«

»Aber warum bist du denn so durchgedreht? Dein Honorar für den ersten Auftrag hättest du mit meiner Hilfe doch garantiert bekommen.«

»Na ja …« Ich zögere. »So ein unsoziales Verhalten verträgt sich nun mal nicht mit meinen Hippie-Idealen. Dieser Geldhai ist ein verdammter Geizkragen! Für sich selbst immer nur das Beste und Teuerste. Und bei mir wollte er sparen.«

Judith nickt schmunzelnd. »Ausgaben sind nun mal des Bankiers empfindlichste Stelle.«

Während der Kater sich genüsslich von mir kraulen lässt, erklärt Judith mir, dass Gehlen zu Recht Schadensersatz fordern kann. Aber er wird mich auch für den Auftrag der Villa bezahlen müssen. Sie verspricht mir, sich um alles zu kümmern und einen entsprechenden Schrieb an Gehlens Anwalt aufzusetzen, noch bevor sie nach Venedig fährt. Ich soll mich dafür am Wochenende um Advo-Cat kümmern.

Mir wird bewusst, dass nicht nur meine Wut über das Verhalten dieses Geldhais mich in diese Situation gebracht hat, sondern auch meine Impulsivität. Für einen Moment bin ich über mich selbst schockiert. Habe ich mich überhaupt nicht verändert, seit ich in Woodstock mit Bob auf der Wiese lag? Bin ich immer noch ein Hippie, der letzte seiner Art? Ein Fossil? Sollte ich in Zukunft doch die Möbel stehen lassen und lieber zu einem Therapeuten gehen?

7. Zwei Schulmädchen

In Schlabberhosen und Rolling-Stones-Zungen-Shirt (wir Alten müssen zusammenhalten!) schlurfe ich mit einem Korb voller Essen, meinem Bettzeug und einigen Lieblings-CDs am Abend in die Nachbarwohnung.

Judith ist bereits unterwegs nach Venedig. Die Glückliche! Ich seufze still in mich hinein und versuche mich an dieses Gefühl zwischen Wahn und Wirklichkeit zu erinnern: Liebe – Zeit des Leichtsinns … Ist lange her bei mir, doch die Erinnerung beschert mir eine kleine Hitzewallung. Die Chancen auf Romantik – und was sonst noch dazugehört – schwinden einfach mit den Jahren, und mit jedem grauen Haar schwinden sie noch schneller. Da bringt man seine Energie dann eben woanders unter und wird automatisch zur kreativen Alten.

Advo-Cat begrüßt mich an der Tür. Erfreut reibt der Kater seinen dicken Kopf an meinen Beinen und bleibt mir dicht auf den Fersen. Natürlich weiß ich, dass er das macht, weil er Hunger hat und die Dose nicht aufkriegt. Aber wie viele Männer gibt es, die das auch nicht können und einem trotzdem nicht hinterherlaufen und schmusen wollen? Ich sollte mir unbedingt ein Haustier anschaffen. Es ist ein schönes Gefühl, so liebevoll begrüßt zu werden.

Während Advo-Cat frisst, koche ich Spaghetti und brate sie dann in Olivenöl mit viel Knoblauch, scharfen Peperoni und reichlich Petersilie. Dazu gibt's Pfefferminztee. Auf einem Tablett balanciere ich alles zu dem zum Gästebett umfunktionierten Sofa. Und kein Uwe, der meckert, weil ich stillos bin und kleckern könnte!

Später kuscheln Advo-Cat und ich vor dem Fernseher, wo ich irgendwann einnicke.

Stunden später schrecke ich auf und weiß erst gar nicht, wo ich bin. Advo-Cat hebt neugierig den Kopf. Wahrscheinlich hofft er auf eine Fortsetzung unseres Gelages. Als ich ins Bad gehe, folgt er mir und setzt sich auf sein Katzenklo, das neben der Toilette steht. Während wir einträchtig nebeneinandersitzen, weiß ich plötzlich, warum ich aufgewacht bin: Schlafstörung plus Blasenschwäche. Eine weitere Prophezeiung von Dr. Radke. In letzter Zeit muss ich tatsächlich häufig nachts raus. Ist Uwe vielleicht ins Kloster gegangen, weil er nicht mehr ungestört schlafen konnte? Genau wie Bob damals, als ihn das Babygeschrei störte?

Was stimmt bloß nicht mit den Männern? Diese Frage stelle ich dem schwarzen Schnurrer, als wir wieder im Bett liegen. Die Antwort ist ein freundliches Blinzeln aus hübschen grünen Augen.

Doch je länger ich über meine neue Situation nachdenke, umso deutlicher erkenne ich die Vorteile: Ein männerfreies Leben ist auf jeden Fall gemütlicher! Und genaugenommen lebe ich ja seit Jahren schon zölibatär.

Es gab da in meinem Hippieleben natürlich ganz andere Phasen. Aber nach Gretas Geburt brauchte ich ziemlich lange, um mit der neuen Situation klarzukommen. Meine Greta blieb zwar ein Einzelkind, aber sie wuchs wenigstens mit zahlreichen Nenngeschwistern in der Kommune auf. Und Patchouli ist bis heute so etwas wie ihre Ersatzmutter. Zumal beide in München wohnen und sich viel leichter sehen können, als es mir aus Berlin möglich wäre.

Ob ich meine liebste Freundin Pat jetzt noch anrufen sollte und ihr von meinem ganzen Schlamassel erzähle? Oder ich befrage die Karten! So wie Helga, unsere Kommunenhexe, es früher immer gemacht hat. Eine Weile verdiente sie als Seherin Datura (benannt nach der giftigen Pflanze mit den glockenartigen Blüten) unverschämt viel Geld. Mit einem ausgestopften schwarzen Raben auf der Schulter las sie die Zukunft aus Tarotkarten. Kann sein, dass der Gratisjoint, den es dazu gab, ebenfalls für Zulauf sorgte. Aber es gab Zeiten in der Kommune, da gingen wir nicht einen Schritt, ohne vorher die Karten zu befragen. Und es wäre doch interessant zu erfahren, was die Karten von meiner momentanen Lage halten.

Jetzt bin ich so wach, dass ich in meine Wohnung rüberlaufe – irgendwo hatte ich noch Tarotkarten und ein Buch dazu – und alles durchsuche. In der Schublade mit den stumpfen Messern werde ich fündig. Die Karten riechen immer noch nach Patchouli. Für Advo-Cat sicher ein betörender Geruch, denke ich, als ich in Judiths Wohnung zurückkehre. Und tatsächlich: Während ich für das »Kreuz-Spiel« vier Karten herausziehe, reibt er seinen Kopf an meiner Hand und würde sich anscheinend am liebsten auf die Karten drauflegen.

Diese Version des Tarot zeigt einem die aktuelle Situation sowie die nahe Zukunft. Also dann!

Die vier Karten, die ich gezogen habe, sind:

1. Der Mond
2. Der Ritter der Münzen
3. Der Bube der Schwerter
4. Das Ass der Kelche

Mal sehen: Der Mond steht für momentanes Alleinsein, für aufgewühlte seelische Kräfte, belebte Phantasie, Illusion und Sehnsucht. Das kommt hin, da muss ich die Deutung gar nicht passend machen. Denn das Wichtigste beim Kartenlegen ist, die Karten wunschgemäß zu deuten. Ich gebe ja zu, das klingt seltsam, aber wenn's um die Zukunft geht, bleibe ich eben immer ein Hippie und träume sie mir so zurecht, wie ich sie gerne hätte. Und wenn's nicht eintrifft, war es wenigstens ein schöner Traum.

Der Münzen-Ritter und der Schwerter-Bube liegen beide verkehrt herum. Ein verdrehter Ritter verheißt einen tugendhaften Mann ohne Beschäftigung – welch seltsamer Widerspruch! – und der verkehrte Bube einen Lügner.

Mmh, wer kann denn mit dem Ritter gemeint sein? Und wer ist der Bube? Uwe entspricht wohl keinem von beiden, ihn würde ich nicht gerade als tugendhaft bezeichnen. Aber ein Lügner? Da fällt mir nur Bob ein. Doch der ist seit Jahren verschollen und interessiert mich weder tot noch lebend.

Am besten gefällt mir aber das Ass der Kelche: Es bedeutet große Liebe, Glück, Harmonie, Zufriedenheit und Fruchtbarkeit. Also Kinder kann ich ja keine mehr kriegen, aber werde ich vielleicht Oma?

So, und jetzt noch eine Karte für die wichtigste Frage: Wie geht es weiter?

Ich mische das Spiel erneut und breite es fächerartig auf dem Sofa aus. Advo-Cat verschiebt die Karten noch etwas mit der Pfote, bevor ich mit geschlossenen Augen eine herausziehe: Die Prüfung. Das war schon immer meine Lieblingskarte. Auch wenn das Bild darauf – ein Mann hängt kopfüber mit einem Bein am Seil – etwas gruselig wirkt. Das soll heißen: Wer auf dem Kopf steht, sieht die Welt mit anderen Augen.

Ist im Prinzip dasselbe wie Stühleumstellen. Es könnte aber auch eine verhinderte Aktivität bedeuten: Man will zum Beispiel verreisen, und der Reisepass ist verschwunden.

Mmh, daraus werde ich nicht wirklich schlau. Ich muss mich dringend mit Patchouli beraten.

Ihre Nummer kann ich aus dem Gedächtnis wählen, und Judith wird hoffentlich nichts dagegen haben, wenn ich von ihrem Apparat aus anrufe. Dies ist immerhin ein Notfall. Pat ist um diese Zeit auch bestimmt noch wach.

Als sie sich nach zwei Klingeltönen mit »Susanne Wimmer« meldet, klingt ihre Stimme gedämpft.

»Hallo, ich bin es, Betty. Fehlt dir was?«

Pat schnauft genervt in den Hörer. »Ach nee, höchstens ein junger Liebhaber, der mich unsittlich belästigt und mir sagt, wie aufregend ich bin und dass er ohne mich nicht leben kann.«

Das hört sich nach meiner alten Pat an. »Na, wenigstens hast du deinen Humor noch nicht verloren. Aber irgendetwas ist doch los? Du klingst geknickt.«

»Na ja, Hugo benimmt sich seit einer Weile so eigenartig.«

Im Gegensatz zu mir ist Patchouli schon seit Jahren ordentlich verheiratet. Wenn das Thema Ehe aufkommt, behauptet sie aber, Hugo nur seines Geldes wegen geheiratet zu haben. Nach K5-Maßstäben ist Hugo nämlich reich und hat als festangestellter Arzt in einem Krankenhaus sogar ein regelmäßiges Einkommen.

»Steckt er etwa in der Midlife-Crisis?«, frage ich.

»Möglich. Seinem neuesten Kleidungsstil nach zu urteilen, ist er sogar mittendrin. Herr Doktor benimmt sich in letzter Zeit, als würde er Aufputschmittel nehmen. Vor ein paar Wochen fing er an, sich Gel in die Haare zu schmieren; jetzt hat er sich einen James-Dean-Porsche gekauft und trägt privat nur noch eine schwarze Lederjacke. Und das mit Fünfundfünfzig. Einfach lächerlich! Da er mich nicht mal zu einer Probefahrt eingeladen hat, nehme ich an, dass er fremdgeht.«

»Mit wem?«, frage ich überrascht. Hugo war für mich nie ein Schürzenjäger. Gelinde gesagt, sieht er auch ziemlich harmlos aus. Und mangels Sexappeal würde ich ihn sogar als treuen Mann einstufen. Aber vielleicht ist es eine Täuschung? Oder eine perfekte Tarnung? Denn wenn ich an Bankdirektor Gehlen und seinen Schmetterling denke, müssen Männer offensichtlich weder jung noch attraktiv sein – Hauptsache, sie sind reich. Und Hugo verdient sehr gut.

»Keine Ahnung«, schnauft Pat. »Vielleicht verschießt er sein letztes Pulver gerade mit einer jungen OP-Schwester. Ich bin nur genervt, weil er seit einer Weile ständig an mir herumkritisiert und abstreitet, dass er eine andere hat. Mir wäre lieber, er würde sagen, was los ist. Und falls das mit uns vorbei ist, dann trennt man sich eben. Du weißt, ich bin keine Klette.«

»Vielleicht tröstet es dich, dass Uwe auch durchgedreht und in ein buddhistisches Kloster verschwunden ist. Er will über sein Leben nachdenken«, sage ich und erzähle ihr die Prostata-Geschichte in der Kürzestfassung. Patchouli hört mir kichernd zu und fragt, was ich denn nun vorhabe.

»Weiß noch nicht genau«, gestehe ich und berichte auch noch von meinem Ärger mit Gehlen. »Tja, mein Feng-Shui-Job ist also wahrscheinlich Geschichte. Außerdem hat meine Ärztin herausgefunden, dass ich in den Wechseljahren bin.«

»Ach du liebes Lieschen!«, stöhnt Pat übertrieben. »Und nun sitzt du deprimiert, schwitzend und arbeitslos zu Hause und weißt nicht weiter?«

»Ja, genau«, bestätige ich in gespieltem Klagetonfall. »Und weil du meine beste Freundin bist, musst du mich aufmuntern.«

»Wieso kommst du nicht nach München, Betty? Nächste Woche fängt ein Modern-Age-Yoga-Seminar an, mit Yogi Basham, diesem berühmten indischen Guru. Meditation zum Thema Loslassen. Das will ich auf keinen Fall versäumen, und dir könnte es auch nicht schaden. In unserem Alter muss man doch ständig irgendjemanden loslassen … Entschuldige, du weißt, was ich meine. Wir könnten auch zu Joan Baez gehen, die ist nächste Woche ebenfalls in der Stadt. Stell dir vor, Lieschen, wir zwei auf einem Konzert, wie in alten Zeiten! Wir stecken uns Blumen ins Haar, rauchen Zigaretten und bilden uns ein, es wären Joints und kichern albern rum.«

»Ja, das wäre eine Überlegung wert.«

»Überleg nicht, pack die Koffer!«, ruft sie begeistert in den Hörer. »Wohnen kannst du bei mir. Das Dachgeschoss ist immer für dich reserviert.«

»Meinten die Karten also doch, dass *ich* verreise?«, denke ich laut und gestehe meinen Rückfall in nostalgische Kartenlegerzeiten. Pat findet es völlig uninteressant, aus welchen Gründen ich anreise, Hauptsache, ich komme.

»Steig doch in einen Flieger, dann bist du auch schneller hier«, schlägt sie vor, weil sie weiß, dass ich lieber mit dem Zug fahre. Da kommt meine Seele leichter mit.

»Wenn ich meinen Kontostand ansehe, müsste ich per Anhalter fahren. Aber ich glaube kaum, dass mich alte Frau einer mitnehmen würde.«

»Blödsinn, Lieschen. Wir haben immer noch Honig am Hintern!«

Das ist Patchouli, wie eh und je. Ihrer Meinung nach kann man jeden Mann kriegen, es sei denn, er ist tot.

»Am Geld soll's nicht scheitern. Wenn du pleite bist, leihe ich dir gerne etwas.«

Eine heftige Hitzewallung ereilt mich bei so viel freundschaftlicher Zuneigung. Patchouli ist und bleibt einfach meine beste Freundin; nicht nur wegen ihrer Hilfsbereitschaft. Wir haben schon so viel zusammen durchgemacht. Und es gibt keinen besseren Kleister für eine Freundschaft als gemeinsam erlebte schlechte Zeiten.

»Ganz lieb von dir, Pat, danke. Aber bis nach München komme ich noch. Und wenn ich bei dir wohnen kann, spare ich doch schon das Hotel. So gesehen, könnte ich eigentlich erster Klasse fahren.«

»Typisch Betty. Wirft immer das Geld aus dem Fenster, das sie gar nicht hat.«

Patchouli hat natürlich recht, und sofort fällt mir meine neue Brille ein. »Aber gerade in schlechten Zeiten muss man sich etwas gönnen«, sage ich und erzähle ihr von meinem verschwenderischen Kauf.

»Hört, hört. Übermütig bis zum letzten Knopf. Früher bist du in solchen Muss-man-sich-was-gönnen-Zeiten auf die Rennbahn gegangen, um deine leere Kasse mit Pferdewetten aufzufüllen. Und meistens hattest du sogar Glück.«

»Klasse Idee, Pat. Ich wusste doch, dass du mich aufmuntern kannst.«

Wir kichern noch eine Weile wie zwei Schulmädchen, die ihr

Pausenbrotgeld für Lippenstifte ausgegeben haben, und wünschen uns dann eine gute Nacht.

Die Aussicht, Pat und auch meine Tochter bald wiederzusehen, ist das richtige Trostpflaster für den derzeitigen Schlammassel. Ein Ausflug in den Süden lenkt mich sicher ab von Uwes Verschwinden und dem Ende meiner Feng-Shui-Karriere. Für Grübeleien, wehmütige Gedanken oder Heulkrämpfe habe ich jetzt keine Zeit mehr. Denn da ich das nötige Reisegeld ja auf der Rennbahn gewinnen werde, kann ich die Reise schon mal vorbereiten. Zu K5-Zeiten hieß das: Wie viel Dope haben wir noch? Müssen wir noch etwas besorgen? Und wo verstecken wir es?

Bei einem Ausflug nach Österreich zu einer befreundeten Landkommune versteckten wir Frauen das Zeug am Körper. Pat in einer monströsen Hochsteckfrisur und ich in einem extra dafür angeschafften BH. Und weil ich sonst nie einen trug, machte mich das kneifende Ding viel nervöser als das daumennagelgroße Stückchen Haschisch darin. Tja, Drogen in BHs zu verstecken wäre heute kein Problem mehr. Die Schwerkraft hat meinen Widerstand gegen diese Dinger längst bezwungen.

Heute geht es also lediglich darum: Woher kriege ich das Geld für den Wetteinsatz?

In dieser Nacht horche ich lange in die Dunkelheit und denke über mein Leben, meine Jobs und meine Männer nach. Würde ich alles anders machen, wenn ich noch einmal beginnen könnte? Vielleicht, aber nur, wenn ich meine Erfahrungen mitnehmen darf. Doch etwas anders machen zu wollen würde bedeuten, dass ich etwas versäumt habe. Und ich habe eigentlich alles ausprobiert in meinem Leben. Ich war schon alles, bis auf eines: verheiratet. Vielleicht sollte ich tatsächlich heiraten – und zwar *reich* heiraten! Angeblich macht Geld allein zwar auch nicht glücklich. Unglücklicher macht es mich aber bestimmt nicht.

8. Eine lausige Pferdeflüsterin

Um zum Wetten gehen zu können, habe ich mein Notfall-Sparschwein geschlachtet! Schließlich sind Rennbahnen Orte, an denen vieles möglich ist: sich reich fühlen, reich werden oder einen reichen Mann angeln. Eine von den drei Möglichkeiten muss doch klappen.

Auf der Galopprennbahn in Dahlwitz ist es heute nur halbvoll. Vielleicht weil es geregnet hat. Es riecht nach frischer Erde und frischgefallenen Pferdeäpfeln. Die Damen hier tragen blassrosa Chanel-Kostüme. Die Herren helle Sommeranzüge, blau-weißgestreifte Hemden und farblich passende Krawatten. Wie englische Landadelige, es fehlen nur die Siegelringe.

In meinen hellbraunen Cowboystiefeln mit den eingebrannten Adlern errege ich reichlich Aufmerksamkeit. Ein angewelktes Blumenkind in einem bestickten Rock, einer mit Strassbroschen verzierten Jeansjacke und einem maigrünen Hibiskusblüten-Shirt ist eben ein Hingucker. Bekäme ich auch nur einen Euro für jeden Seitenblick des konservativ gekleideten Publikums, könnte ich erster Klasse nach München fahren!

Ich muss aber gestehen, dass es mir gefällt, Ursache des Geflüsters zu sein. Je grauer meine Haare werden, umso mehr mag ich es, aufzufallen. Es fühlt sich so lebendig an, nicht in der Masse unterzugehen, auch wenn man hier nicht von »Masse« sprechen kann. Das Publikum ist ausgesucht exquisit, teuer gekleidet und stinkt nach Geld. Richtig viel Geld. Unschwer zu erschnüffeln an den wertvollen Uhren und mit Juwelen besetzten Manschettenknöpfen der Herren oder den silikongefüllten Dekolletés mancher Damen. Im Jargon des Business-Feng-Shui heißt das: sich mit Häuptlingsfedern schmücken. Das ist sicher auch einer der Hauptgründe dafür, dass viele Menschen so wild auf Designerklamotten und Label-Accessoires sind. Wenn man den Hochglanzmagazinen glauben kann, gibt es sogar Wartelisten für besonders begehrte Stücke. Tja, Häuptlingsfedern sind nun mal abgezählt – bei jedem Stamm. Meine Ohrringe aus schillernden Kolibrifedern sind zwar aus echten Federn, aber viel zu wertlos, um von irgendjemandem beachtet, geschweige denn beneidet zu werden. Dennoch falle ich auf, und zwar mit Klamotten aus einer Zeit, zu der viele der anwesenden Frauen noch nicht mal geboren waren. Individualität wird eben nie unmodern.

Bevor ich auf die denkmalgeschützte Tribüne aus dem neunzehnten Jahrhundert gehe, spaziere ich zu den Boxen, um mir die Pferde anzusehen und meinen Favoriten auszusuchen. Bei einer schwarzen, sehnigen Stute namens Sunshine bleibe ich stehen. Ich halte ihr meine Hand an die Nase und versuche, Kontakt zu dem Tier aufzunehmen. Das Pferd schaut mich neugierig aus dunklen Augen an und bläht die Nüstern, als ich ihm dann zuflüstere, dass ich pleite bin und Reisegeld brauche.

Am Wettschalter setze ich, meiner Intuition folgend, den gesamten Inhalt meines Sparschweins auf Sunshines Sieg. Doch als mein Favorit wenig später als viertes Pferd durchs Ziel geht, muss ich erkennen, dass ich eine lausige Pferdeflüsterin bin. Auf mein Bauchgefühl ist kein Verlass mehr – oder sind die Götter mal wieder sauer auf mich? Wie komme ich jetzt bloß nach München?

Gerade als ich die Rennbahn frustriert verlassen will, höre ich eine weibliche Stimme meinen Namen laut durch die Menge kreischen.

»Betty Singer!« Mit ausgebreiteten Armen kommt eine dürre, starkgeschminkte Frau mit zu Tode blondierten Haaren auf mich zu. Eleonora Bernhardt, eine Schauspielerin in meinem Alter. Ihr Name ist ein Pseudonym, zusammengesetzt aus Eleonora Duse und Sarah Bernhardt. Eigentlich heißt sie Karin Klotz, wie die gesamte Branche hinter vorgehaltener Hand lästert. Auch wenn sie mal in der Presse steht, wird es ganz offen erwähnt. Eleonoras Altbauwohnung habe ich zurzeit dieser Nicole-Kidmann-

Meldung neu gestaltet. Da war Eleonora noch in vielen TV-Filmen zu sehen und konnte sich das leisten. Inzwischen spielt sie meist nur noch in Boulevardstücken und liebt große Auftritte wahrscheinlich deshalb umso mehr. Theatralisch küsst sie mich andeutungsweise auf die Wangen. »Nein, wie reizend, Sie hier zu sehen. Was gibt es Neues? Wie geht es Ihnen? Viel zu tun? Stand da nicht irgendwas in der Zeitung über Sie? Also ich komme ja kaum dazu, mich zu entspannen.« Sie stöhnt übertrieben, rollt die Augen, gestikuliert mit den Händen und erzählt von unzähligen Rollenangeboten und Drehbüchern, die sich in ihrem Arbeitszimmer häufen würden. Alles in Bühnenlautstärke, damit sie auch in den hinteren Rängen zu verstehen ist. »Aber jeden Morgen, wenn ich die Augen aufschlage, denke ich an Sie und genieße dieses unglaublich kreative Chi in meiner Wohnung«, schwärmt sie begeistert.

»Wie liebenswürdig«, säusle ich, nicht weniger überschwänglich, und warte auf einen Kommentar zu dem vernichtenden Artikel. Aber sie erzählt nur von sich. Alles andere scheint unwichtig. Nach wenigen Minuten erblickt sie im Gewühl jemanden, den sie unbedingt begrüßen muss. »Pööötschiiilein«, ruft sie mit schriller Stimme, dass die Umstehenden die Köpfe recken.

Als ich mich umdrehe, schaue ich in ein bekanntes Gesicht mit wachen Augen. Es ist Pierre Pötsch von *Art déco.* In seinem Äußern unterscheidet er sich kaum von den Anwesenden auf der Rennbahn – auch nicht in der Art, wie er mich mustert. Aber er ist mir doch viel sympathischer als die meisten hier mit ihren Häuptlingsfedern. Die protzige Cartier-Uhr, die handgenähten Schuhe und den italienischen Maßanzug hätte er gar nicht nötig. Er würde auch in Jeans und T-Shirt super aussehen. Das hatte ich bei meinem Besuch in seinem Geschäft gar nicht richtig bemerkt.

Nachdem Eleonora ihn stürmisch begrüßt hat, kreischt sie schon wieder los, weil sie irgendeinen B-Promi entdeckt hat und sich sofort zu ihm durchkämpft.

»Guten Tag, Frau Singer, freut mich, Sie hier wiederzusehen«, begrüßt Pötsch mich und schaut irritiert der berühmten Mimin hinterher. »Sie kennen sich? Sind Sie auch ein Fan ihres großen schauspielerischen Talents?«

»Ja, äh, das heißt ..., also ich äh ... Frau Bernhardt hat sicher viele Talente.«

»Sehr diplomatisch.« Er schaut mich neugierig an. »Sind Sie vielleicht doch keine Einrichtungsberaterin, sondern Politikerin?«

Ich muss mich beherrschen, um nicht zu lachen. Ich und Politik! Das letzte Mal war ich politisch aktiv, als ich während der 68er-Studentenrevolten, gehüllt in ein Palästinensertuch, Pullis für den Frieden gestrickt habe. Aber es gefällt mir, wie sich Pierre Pötsch für mich interessiert. Auch wenn Patchouli immer sagt: »Wenn dir ein Mann zu viele Fragen stellt, kannst du davon ausgehen, dass er etwas von dir will – zumindest Sex.« Sex? Meine Güte, der Kerl könnte mein Sohn sein. Er könnte aber auch selbst Politiker sein, so wie der mich gerade um den kleinen Finger wickelt. Oder flirtet er etwa mit mir? Schnell nehme ich meine Brille ab und lache vornehm leise. »Nein, ich bin, äh ... war wirklich Einrichtungsberaterin und habe auch Frau Bernhardt mal beraten.«

»Ja, ich las kürzlich von einem Ihrer Erfolge in der Zeitung«, sagt Herr Pötsch jetzt und grinst mich dabei schelmisch an.

Noch bevor ich meinem ruinierten Ruf etwas entgegensetzen kann, stellt sich ein weiterer Rennbahnbesucher zu uns.

»Pierre, wer ist denn die umwerfende Erscheinung neben dir?«

»Ganz deiner Meinung«, stimmt Pierre zu. »Darf ich vorstellen? Betty Singer, das ist Kevin Unger, mein Lebensgefährte.«

Sein Lebensgefährte? Er ist schwul? Wie peinlich! Am liebsten würde ich in eine der dunklen Pferdeboxen gehen, um mich zu schämen. Wie konnte ich mir nur einbilden, ein so attraktiver Mann könnte von einer alten Frau wie mir etwas wollen – und sei es auch nur Sex? Zum Glück scheint aber keiner der beiden etwas von meiner absurden Einbildung zu bemerken. Habe ich mich am Ende durch die frustrierende Beziehung mit Uwe in eine Frau verwandelt, die schon bei der kleinsten Beachtung an Sex denkt? Diese dunkle Ahnung schockt mich mehr als alle Wechseljahrsymptome der letzten Wochen zusammen. Demonstrativ setze ich meine Brille wieder auf. Jetzt registriere ich auch Kevins getuschte Wimpern und den Gloss auf seinen vollen Lippen. Ich schlucke ein *Haha* runter, und widerspreche nicht, als Pötschilein mich als die beste Feng-Shui-Einrichtungsberaterin der Stadt vorstellt. Den Zeitungsartikel erwähnt er freundlicherweise mit keinem Wort.

»Möchten Sie etwas trinken, Frau Singer?«, fragt sein junger Freund jetzt. Frau Singer! Fehlt nur noch, dass er »Gnädige Frau« zu mir sagt und fragt, ob ich einen Sitzplatz möchte. Schlagartig fühle ich mich älter als alle anwesenden Frauen zusammen. Ich will nach Hause, mich unter einer Decke verkriechen und erst wieder rauskommen, wenn Frauen über fünfzig der allerneueste Trend sind.

»Ein Glas Champagner wäre jetzt genau das Richtige«, erkläre ich. »Aber ich habe gerade auf das falsche Pferd gesetzt und fürchte, ich kann mir nicht mal mehr ein Glas Wasser leisten.«

Pötschilein sieht mich aufmerksam an. »Als gute Kundin sind Sie selbstverständlich eingeladen«, sagte er und schickt Kevin los, uns eine Flasche Roederer Cristal und drei Gläser zu besorgen.

»Vielen Dank, das ist wirklich sehr freundlich von Ihnen«, sage ich und freue mich über die Einladung, denke aber gleichzeitig, dass Pötschileins Laden prächtig laufen muss, wenn er sich so ein edles Tröpfchen leisten kann.

»Darf ich nachschenken?«, fragt er, nachdem ich mein erstes Glas ziemlich schnell geleert habe.

»Ja, gerne«, kichere ich und merke, dass ich bereits einen Schwips habe. Ich trinke ja normalerweise kaum etwas. Aber wenn *Pöööttschiiilein* so spendabel ist … Moment mal, dann könnte er mir doch auch eine Reise nach München spendieren. Indirekt natürlich nur.

»Sagen Sie mal, Herr Pötsch, ich bin gerade dabei, zu Hause die Möbel umzustellen«, beginne ich. »Und dabei habe ich festgestellt, dass ich einige Stücke verkaufen möchte. Wären Sie eventuell interessiert?«

»Ja, an guten Stücken bin ich immer interessiert«, sagt Pötschilein, und nachdem ich ihm von den Eileen-Gray-Stücken in unserem »Empfangsraum« (wie Uwe unser Wohnzimmer immer nannte), den original Schiffsdecksesseln mit passendem Bistrotisch und anderen Schätzen erzählt habe, erklärt er begeistert: »Ich weiß ja, dass Sie ein außergewöhnlich gutes Stilempfinden haben. Und wenn die Möbel bei Ihnen zu Hause das halten, was Sie mir versprechen, wird sich dafür bestimmt bald ein Käufer finden!«

9. *Die alten Hippie-Ideale*

In den letzten Tagen sah es tatsächlich ganz danach aus, als wären die Götter wieder milder gestimmt und würden mich auf eine Reise nach München schicken.

Pierre Pötsch war besonders von meinem prächtigen Spiegel im Flur so angetan, dass er mir an Ort und Stelle einen Scheck ausgeschrieben hat. Als der Spiegel dann abgeholt wurde, beschlich mich das dumpfe Gefühl, dass ich meine alten Hippie-Ideale verraten habe. Für ein paar bedruckte Papierfetzen habe ich meinen schönsten Spiegel verkauft. Oder verschwinden mit Uwe nun auch die Spiegel aus der Wohnung?

Ob ich mich deshalb an ein Lied erinnere, das meine Mutter immer trällerte: »Kein Kind, kein Rind, frei wie der Wind«. Die Zeile passt jetzt genau auf mich: Mein Kind ist erwachsen, mein »Rind« ist nach Kathmandu gegangen, und ich bin frei. Na ja, nicht ganz, ich muss weiterhin Miete bezahlen, möchte mein Gretelchen unterstützen, und irgendwie weiß ich auch gar nicht so genau, was ich mit meiner Freiheit anfangen soll. Mein Leben ist zum Stillstand gekommen.

Als Bob damals verschwand, hat er mich mit dem Kind zurückgelassen. Uwe dagegen lässt mich mit seinen Chandler-Möbeln sitzen. Denn bevor er verschwand, hat er schnell noch sein Hinterhof-Dichterzimmer gekündigt, und ich hab den Kram jetzt am Hals. Seine Stühle zu verrücken würde mich wohl auch nur relativ glücklich machen. Seine Kochinsel zu verrücken, könnte mich da schon eher aufheitern. Doch die ist wahrscheinlich so schwer wie ein echtes Raumschiff.

Ich gönne mir erst mal ein Lavendelölbad und versuche mich bei »Backstreet Girl« von den Stones zu entspannen. Aber während ich versuche, in Ruhe über meine Situation nachzudenken, stören laute Bohrgeräusche aus dem Stockwerk über mir meine

Konzentration. Es klingt fast so, als würden Wände eingerissen. Da scheint noch jemand eine neue Perspektive zu suchen.

Aber schon am nächsten Tag erfahre ich, dass der Lärm auch einen anderen Hintergrund haben könnte. Die Götter müssen verrückt sein …

Mit der Post kommt ein Brief von Gisbert Lohmann, meinem Hausbesitzer. Allein die Betreffzeile des Schreibens beschert mir eine Hitzewallung: EIGENBEDARF!

Sehr geehrte Frau Singer,
leider muss ich Ihnen heute mitteilen … unter Einhaltung aller gesetzlichen Regelungen … Ersatzwohnung in Neukölln … Umzugskosten gehen zu meinen Lasten …

Da fehlt nur noch als PS: Hauptsache, Sie sind schnell draußen!

Das darf doch alles nicht wahr sein. Wieso habe ich derzeit so ein verdammt mieses Karma?

Leider ist auch der Kühlschrank leer – ich kann mich nicht mal betrinken. Bei einem Glas Leitungswasser überlege ich, wieso Lohmann es so eilig hat. Soweit ich weiß, bewohnt er doch eine herrschaftliche Villa in Grunewald. Ob der Eigenbedarf nur ein Vorwand ist und er vielleicht das ganze Haus verkaufen will? Ohne Mieter würde das auf jeden Fall mehr bringen. Ich muss mit Judith reden! Vielleicht hat sie auch eine Kündigung bekommen.

Gehüllt in einen indischen Sari und den vorletzten Tropfen meines momentanen Lieblingsparfüms *Pure Poison* eile ich zur Nachbarwohnung. Judith hat keine Kündigung bekommen. Im Gegenteil.

»Mein Freund wird bei mir einziehen«, gesteht sie glückstrahlend und berichtet kurz von ihrem romantischen Ausflug. Venedigs Gondeln trugen rosa Schleifen.

Als plötzlich wieder diese Bohrgeräusche zu hören sind, springt Advo-Cat mit einem Satz davon und versteckt sich unterm Sofa. »Hörst du das? Vielleicht will Lohmann uns mit Schikane aus dem Haus treiben.«

»Frag doch mal die anderen Nachbarn«, schlägt Judith vor. Dann erläutert sie mir noch den Stand der juristischen Auseinandersetzung mit Gehlen. Ich werde wohl eine saftige Entschädigung zahlen müssen. Aber Judith ist sich auch sicher, dass Gehlen mir das Gehalt für die Villa-Verwandlung zahlen wird. »Ich habe vorgeschlagen, dein ausstehendes Honorar mit dem Schaden zu verrechnen. Wenn wir Glück haben, lässt er sich darauf ein.«

»Danke, schon mal im Voraus«, seufze ich und ärgere mich über meine Impulsivität, die ich mir eigentlich gar nicht leisten kann.

Judith schaut auf die Uhr. »Tut mir leid, Betty, ich muss jetzt los. Aber bleib doch. Der Kühlschrank ist voll mit Leckereien aus Italien.«

Advo-Cat lugt vorsichtig unterm Sofa hervor, und ich bilde mir ein, dass er mich verschwörerisch ansieht. Ich bleibe also. Auf mich wartet ja niemand – nicht mal ein Hypochonder.

Mit italienischen Köstlichkeiten auf dem Teller und dem Kater auf dem Schoß mache ich es mir vor der Glotze gemütlich. Es läuft eine Satire über Hausfrauen. Wie so oft sind die Heldinnen ziemlich jung. Ältere Schauspielerinnen sieht man ja leider selten in Komödien. Woher kommt eigentlich dieser Irrglaube, dass Frauen ab den ersten Fältchen und grauen Haaren keine lustigen Rollen mehr spielen können? Nach dem Film folgt ein Spot, in dem Jane Fonda für eine Anti-Falten-Creme wirbt und lachend verkündet, dass sie achtundsechzig ist. Hat Jane Fonda nicht auch einen reichen Mann geheiratet, als sie schon über fünfzig war? Ich sollte diesen Gedanken viel stärker verfolgen. Nur, wo gibt es reiche Männer, die als Kandidaten in Frage kommen?

Nach Neukölln darf ich da wohl nicht ziehen! In diesem Berliner Stadtteil gibt es vermutlich keinen einzigen reichen Mann.

Vorerst habe ich aber immer noch Uwe, beziehungsweise seinen Kram, am Bein. Ich weiß nicht, wie ich ihn erreichen kann. STINKSAUER bin ich auf ihn, obwohl er gar nicht anwesend ist. Der Mietvertrag läuft zwar auf mich (Uwe fehlte damals wegen seiner Scheidung das Geld für die Kaution), aber wo soll ich hin? Ganz zu schweigen von meinen restlichen Sachen.

Mein Hirn ist vollkommen blockiert, und meine Ratlosigkeit kostet mich in dieser Nacht alle Nerven. Ich wühle mich in die Kissen, kämpfe erfolglos gegen meine verstärkten Hitzewallungen und schlafe erst gegen Morgen ein. Wie in meinen wildesten Zeiten nach einer durchtanzten Nacht wache ich mit Brummschädel und unzähligen Schlaffalten auf.

Dass nur mir gekündigt wurde, erfahre ich am nächsten Tag von den anderen Nachbarn. Der Eigenbedarf scheint also tatsächlich nicht vorgeschoben zu sein. Drei Tage lang überlege ich, was ich tun soll – und komme zu folgender Lösung: Ich besuche jetzt erst mal wie geplant Patchouli, um auf andere Gedanken zu kommen, und wenn ich zurück bin, entscheide ich mich. So lange wird Lohmann ja noch warten können.

Aber anscheinend kann er das nicht, denn als ich beim Kofferpacken bin, klingelt es an der Tür. Herr Lohmann hat sich fein zurechtgemacht, in Anzug und Krawatte, wie für einen Antrittsbesuch.

»Guten Tag, Frau Singer. Ich möchte Sie ja nicht drängen, aber da Sie nicht auf meinen Brief reagiert haben … äh …«, stottert er nervös und hält mir einen in Plastik gehüllten Blumenstrauß von der Tankstelle vor die Nase.

Eigentlich würde ich Lohmann jetzt zu gerne meine Meinung sagen, aber noch mehr impulsive Anfälle kann ich mir leider nicht leisten. Also reiße ich mich zusammen und flöte in reinstem

Eleonora-Bernhardt-Tonfall: »Waaas für eine Überraschung, Herr Looohmann, und gleich persöööonlich.«

»Ich wollte Ihnen nur meine Zwangslage erklären, liebe Frau Singer. Meiner Exfrau wurde nämlich bei der Scheidung die Villa zugesprochen, und deshalb muss ich jetzt im Hotel wohnen«, jammert er, als ich ihn in die Küche führe.

Noch einer, der mein Mitleid will. Aber wer sich ein Hotel leisten kann, dem geht's doch nicht schlecht, oder? Auf jeden Fall besser als mir. Ich kann mir nämlich kein Hotel leisten. Ich kann ja nicht mal meine Freundin besuchen, ohne ein Möbelstück zu verkaufen, damit ich zu Bargeld komme.

»Was spricht denn eigentlich gegen die Ersatzwohnung?«, fragt Lohmann scheinheilig, als ich sein armseliges Sträußlein ins Wasser gestellt habe und er mir ein Foto von der Mietskaserne in Neukölln hinhält. Entsetzt starre ich auf den darauf abgebildeten Kasten, der verdächtig nach Plattenbausiedlung aussieht. Im zweiten Stockwerk sind drei Kreuze über den Fenstern eingezeichnet, die zu *meiner* neuen Wohnung gehören.

»Nun, Herr Lohmann, ich habe in diese Wohnung hier eine Menge investiert und, wie Sie bestimmt bemerkt haben, vor knapp einem Jahr sogar eine teure Kochinsel installiert. Dafür verlange ich zumindest eine Entschädigung«, erkläre ich frostig und freue mich über die Schockwirkung meiner Worte, die ich an seinem entsetzten Gesichtsausdruck ablesen kann. Statt einen Mieter für sein Plattenbauloch zu bekommen, sieht er jetzt neue Kosten auf sich zurollen. Damit hat er garantiert nicht gerechnet.

»Aber liebe Frau Singer, das lässt sich doch bestimmt verhandeln«, keucht er mit rasselndem Atem.

Verhandeln! Das kann er haben, denke ich, denn das könnte eine super Gelegenheit sein, mein Sparschwein so aufzufüllen, dass es platzt! Doch dieses Mal muss ich knallhart wie eine professionelle Maklerin sein und darf nicht wieder über meine Hippie-Ideale stolpern wie bei Direktor Gehlen.

10. Ein neues Leben

Kaum sechs Wochen später stehe ich dann endlich am Bahnhof – und starte einen Neuanfang. Impulsiv wie ich nun mal bin, habe ich nämlich nach der Verhandlung mit Lohmann beschlossen, Berlin zu verlassen. Und zwar für immer! Wenn ich schon umziehen muss, kann ich auch zurück nach München gehen. Schließlich wohnen dort meine Tochter und meine beste Freundin. Ob ich diese spontane Entscheidung eines Tages bereuen werde, weiß ich nicht. Aber sie wird mir keinesfalls eine Klage einbringen – so viel ist sicher.

Berlin verabschiedet sich mit strahlendem Sonnenschein. Man könnte meinen, die Stadt freut sich über mein Weggehen. Wenn ich ehrlich bin, weine ich auch nicht. Lieber schreibe ich mir eine Postkarte. Schließlich ist heute ein wichtiger Tag.

Liebe Betty,
andere in deinem Alter gehen in Rente, du gehst nach Süden. Mach das Beste draus! Setze all deine Talente ein, verfolge dein Ziel mit allen Mitteln und gib nie auf! Viel Glück!

Die Berliner-Bär-Karte schicke ich an Patchoulis Adresse in München. Wohnen werde ich nämlich vorerst bei ihr. Sie war völlig aus dem Reiheneckhäuschen vor Freude, als ich ihr mein Kommen angekündigt habe. Und Greta freut sich genauso.

So sitze ich also im Zug und fahre mit gut viertausend Euro in mein neues Leben. Vor ein paar Tagen waren es dank Pötsch und Lohmann noch fünfzehntausend. Zehn davon gingen an Greta … Und ein bisschen habe ich selber in Umlauf gebracht – für zwei neue Koffer, einen Rucksack, ein Geschenk für Pat und unschuldige weiße Turnschuhe. Und noch drei Töpfe von der Creme, die Jane Fonda so jung aussehen lässt.

Draußen wechseln die Landschaften so schnell wie auf einer Fernsehwetterkarte. Was sonst meine Seele stresst, bringt mich heute vielleicht einem neuen Leben näher.

Die Fahrt verschlafe ich bis auf zwei Unterbrechungen durch den Kontrolleur und drei Klogänge aber eigentlich. Die letzten Tage waren doch sehr anstrengend. Das viele Hin und Her und das kräftezehrende Ausräumen der Wohnung stecken noch in meinen angemorschten Knochen – außerdem habe ich einen dicken Kopf von der Abschiedsparty. Mein Weggehen zu feiern, war eine spontane Idee, die mir beim Kellerausräumen kam, als ich dort fünf Kisten von Uwes Wein fand. Was lag näher, als ein paar Freunde zu einem Gläschen einzuladen, um mich für ihre Hilfe zu bedanken. Bei Pierre Pötsch (der mit Kevin kam) für sein freundliches Angebot, meine restlichen Antiquitäten in Kommission zu nehmen. Bei Frau Zweiglein für jahrelange Unterstützung bei der Haushaltsführung – und für die anregenden sowie für die *abkühlenden* Gespräche. Und natürlich bei Judith, die es geschafft hat, dass ich für mein Jeff-Koons-Werk keine Entschädigung zahlen muss und der Schaden mit dem Honorar verrechnet worden ist. Gefeiert haben wir gestern Abend in Judiths Wohnung, wo ich auch meine letzte Nacht verbracht und ein letztes Mal mit Advo-Cat gekuschelt habe. Meine Wohnung hatte ich bereits kurz vor der Party an Lohmann übergeben. Der hat die Ablösesumme fürs Raumschiff sofort bezahlt, als ich ihm bei der Verhandlung vorgerechnet habe, wie lange eine Räumungsklage dauern würde und wie lange er dann im Hotel wohnen müsste. Die Hälfte von diesem Geld gehört ja eigentlich Uwe. Die kann ich ihm ja irgendwann zurückgeben. In einem anderen Leben vielleicht. Uwes und mein restlicher Kram lagern vorerst bei einer Umzugsfirma. Die Kosten trägt natürlich Lohmann. Ich habe behauptet, es wären alles Uwes Sachen. Falls der »Erleuchtete« also jemals zurückkommt, kriegt er sofort eine günstige Mietwohnung in Neukölln. Ja, ich kann hart wie eine Kokosnuss sein.

Bei der Ankunft in München, als ich Patchouli umarme, werde ich dann aber doch weich wie ein Butterkeks. Auch Patchouli hat feuchte Augen.

»Liebes Lieschen, wir beide wieder vereint, wie früher.«

»Aber nur fast wie früher. Optisch haben wir uns ja ziemlich verändert«, lache ich erleichtert. Es tut so gut, sie zu sehen, und ich schaue sie mir erst mal bewundernd an: Das leicht zerzauste, früher rotbraune, inzwischen hennagefärbte Haar sieht verführerisch aus. Ihre großen Augenlider mit den langen Wimpern und die leuchtend blaugrünen Augen verleihen ihr den Schlafzimmer-Look, der bei Männern bekanntlich so gut ankommt. Bis vor drei Jahren, als ihr noch ständig eine filterlose Gitanes im Mundwinkel hing, sah sie oft richtig verrucht aus. Doch auch ohne Zigarette ist ihre erotische Ausstrahlung unübersehbar stark. Ihr Haar fällt locker auf ihre Schultern, die der ovale Ausschnitt des roten Seidenpullis freilässt. In ihrer Kombination aus rotem, schmalem Rock und den dunkelroten Stiletto-Pumps sieht sie mal wieder aus, als wäre sie trotz ihrer siebenundfünfzig Jahre immer noch auf Männerfang. Und sobald sie ein passendes Opfer gefunden hat, wird es wahrscheinlich in die übergroße knallgrüne Handtasche gesteckt.

Gegen den Trubel in der Hauptstadt wirkt hier alles ziemlich provinziell. Kaum jemand scheint in Eile zu sein. Und obwohl noch kein Oktoberfest ist, laufen zahlreiche Dirndln und Lederhosen rum. Vielleicht ist es dieses selbstverständliche Tragen von Trachten, was Touristen in München so lieben. Mir vermittelt es ein Gefühl, als käme ich nach Hause. Und natürlich die Tatsache, dass Patchouli mich am Bahnsteig abgeholt hat.

»Müssen wir noch auf deine verspätete Seele warten, oder können wir gleich gehen?«, erkundigt sie sich ironisch.

Pat kennt mein Ankunftsritual. Bevor ich den Bahnhof verlassen kann, muss ich erst mal eine halbe Stunde umherschlendern, bis ich das Gefühl habe, wirklich angekommen zu sein. Doch diesmal ist alles anders. Diesmal ist es eine Reise in ein neues Leben.

Pat scheint meinen Anflug von Melancholie zu spüren, denn sie umarmt mich erneut und flüstert mir ins Ohr: »Wenn du nicht glücklich sein kannst, sei wenigstens nicht unglücklich!« Sie schmunzelt. »Jetzt werde ich auf meine alten Tage noch philosophisch! Aber weißt du nicht mehr? Das war doch unser K5-Motto, nur etwas abgewandelt.«

»Ja. *Wer braucht schon Geld, wenn er gute Laune hat*«, sage ich. »Aber heute hätte ich lieber das Geld. Wenigstens so viel, dass ich unabhängig bin – von Männern, Jobs und allem, was damit zusammenhängt. Deshalb habe ich auch beschlossen, reich zu werden.«

Pat schaut mich verwundert an. »Jetzt sag bloß, du willst auch noch den Führerschein machen?«

»Nein, im Moment noch nicht. Aber sobald ich mein Ziel erreicht habe, werde ich vielleicht auch das tun, und dann …«

»… dann kaufst du dir ein Auto?«, unterbricht Pat meine Zukunftsphantasie.

»Erst wenn die Dinger wirklich umweltfreundlich hergestellt und mit Wasser betrieben werden und fliegen können.«

Patchouli schüttelt den Kopf, greift nach einem Koffer und zieht mich Richtung Taxistand. »Betty, ich glaube, da würde deiner Seele kotzübel werden.«

Dass ich in der alten Heimat angekommen bin, merke ich auch am weißblauen Himmel und am Gemotze des Taxifahrers. Auf der Fahrt nach Bogenhausen flucht er leise auf Bayrisch vor sich hin. In dieser Stadt ist jeder irgendwie ein bisschen ungehobelt. Offiziell wird es ja »Granteln« genannt und gehört angeblich zur Münchener Kultur wie Bier und Oktoberfest. Die Berliner sind beim ersten Kennenlernen vielleicht herzlicher, aber meiner Erfahrung nach sind die Münchener ehrlicher. Die bayrischen Sturschädel sind nämlich nur dann freundlich, wenn sie es auch tatsächlich so meinen – oder dafür bezahlt werden, wie unser Taxifahrer jetzt. Als Pat ihm ein gutes Trinkgeld gibt, springt er hinter seinem Steuer hervor, reißt ihr die Wagentür auf und trägt mir die Koffer bis zur Haustür. Lächelnd tippt er sich an seine Kappe. »Wiederschaun, die Damen.«

»Komm rein, bring Chaos mit«, scherzt Pat, während sie das Reiheneckhaus aufschließt.

Das Haus und die gediegene Einrichtung stammen aus den Achtzigern – wie Patchoulis Ehe. Dass sie immer noch mit Hugo zusammen ist, hat meiner Meinung nach sentimentale Gründe. Er hat ihr nämlich mal das Leben gerettet: Noch zu K5-Zeiten war Pat an einen Kurpfuscher geraten, der sie bei einer Abtreibung fast umgebracht hätte. Nach dem stümperhaften Eingriff bekam sie hohes Fieber und starke Blutungen, und als sie zu phantasieren anfing, brachten wir sie ins Schwabinger Krankenhaus, wo Dr. Hugo Wimmer ihr nicht nur das Leben rettete, sondern auch noch ihr Herz für sich gewann. Nach Patchoulis Entlassung übernahm Hugo dann die »Reha«, die nach einem Jahr mit einem Heiratsantrag endete. Pat erlitt später zwei Fehlgeburten, und die Ehe blieb kinderlos.

»Ist Hugo zu Hause?«, frage ich.

»Der Onkel Doktor hat Bereitschaftsdienst. Ist auch besser so, dann können wir ungestört über die Männer lästern.«

11. Eine Frage der Perspektive

Am nächsten Morgen werde ich viel zu früh von der Sonne geweckt. Die Jalousien der Dachfenster sind offen, weil ich gestern Nacht noch Sterne gezählt habe. Jeder Stern ein von mir verkaufter Glückskeks. Irgendwann, ich glaube bei hundertelf, bin ich eingeschlafen.

Der gestrige Abend war beinahe wie früher in der Kommune – nur ohne Joints. Stattdessen haben wir mit Wein (aber nur ein Glas, ich war noch angeschlagen vom Vorabend) auf unser Wiedersehen angestoßen. Dabei habe ich Patchouli haarklein die Ereignisse der letzten Wochen geschildert. Und sie erzählte mir ausführlich von ihrem Stress mit Hugo. Zwischen Pat und Hugo läuft es in letzter Zeit wohl auch nicht mehr so gut. Ich kenne Hugo ja nur als ehrgeizigen Arzt, der für seine Karriere lebt. Doch inzwischen befürchtet Pat, dass sein beruflicher Ehrgeiz der Angst vorm Altwerden gewichen ist. Ein deutliches Zeichen für Hugos verzweifelten Versuch, jung zu bleiben, wären seine inzwischen langen Haare. Und er sei jede freie Minute mit seinem Oldtimer unterwegs.

Aber je weiter der Abend fortschritt – und ich dann doch mehr als ein Glas getrunken habe –, desto mehr entfernten wir uns von den ernsten Themen und alberten schließlich in der Küche herum wie zwei pubertierende Mädchen.

Kein Wunder also, dass mein Kopf heute wieder brummt und meine Augen nach einer Sonnenbrille verlangen. Für die Möbel aus Birkenholz dagegen ist das helle Licht ein freundlicher Weichzeichner. Die aus der Mode gekommene Einrichtung eignet sich aber weder zum Umstellen noch dazu, irgendwann als Retro-Stil neuen Ruhm zu erlangen. Schwer vorstellbar, dass dieses langweilige Zeug Patchoulis Geschmack ist. Wahrscheinlich hat Hugo die Sachen ausgesucht, denke ich, in Erinnerung an unser nächtliches

Küchengespräch. Denn bis zum Kauf seines Oldtimers war Hugo kein Mann mit extravagantem Geschmack.

Als ich mich aus dem Bett gewälzt und eine Sonnenbrille gefunden habe, schleppe ich mich in die Küche. Dort sitzt Patchouli mit Orangensaft und Zeitung am Tisch. Ihr schwarzer Morgenmantel passt prima zu den nachlässig hochgesteckten Haaren.

»Guten Morgen«, brumme ich verschlafen, nehme mir ein Glas aus dem Schrank und fülle es mit Leitungswasser.

»Morgen, Lieschen. Gut geschlafen?«

»Viel zu kurz«, murmle ich und erkundige mich nach Hugo.

»Ach, der war nur kurz hier, um sich umzuziehen und seinen kostbaren Wagen aus der Garage zu holen. Er ist übers Wochenende an den Gardasee gefahren, zu einer Oltimer-Sause mit Antipasti und Prosecco.«

Es klingt, als sei ihr egal, wo Hugo ist. Aber für mich hört sich Hugos *Sause* ganz nach Uwes *Büroschlaf* an. Aber ich verkneife mir jeglichen Kommentar dazu. Auf nüchternen Magen ist das Thema einfach zu schwer.

»Möchtest du Frühstück, Lieschen?«

»Später vielleicht. Ich geh erst mal unter die heiße Dusche, um wach zu werden.«

Patchouli lächelt mitfühlend. »Nimm das Rosmarin-Duschgel, das belebt. Ich koch uns inzwischen einen Eimer heißen Ingwertee.« Sie legt die Zeitung weg und setzt Wasser auf.

»Aber nichts anbrennen lassen!«, necke ich sie im Hinausgehen in Erinnerung an ihren schlechten Ruf als Köchin. In der K5 erzählte man sich nämlich, Pat habe null Ahnung vom Kochen, bei ihr würde sogar das Wasser anbrennen. Ein Gerücht, das sie gerne selbst verbreitete, um sich vor Männern zu schützen, die eine Rundumversorgung suchten: freie Liebe und keine Verpflichtungen – und schon gar keine häuslichen. Auch unter den Hippies gab es Machos. Und bei den wenigsten wuchs der Verstand mit den Haaren.

Frisch geduscht und mit frischgewaschenen Haaren, in Jeans und T-Shirt, aber ohne Sonnenbrille, sitze ich wenig später bei scharf schmeckendem Ingwertee am Küchentisch und spüle meine Sorgen aus dem Kreislauf. Schon nach einer Tasse geht es mir besser.

»Ich habe heute Nacht viel über meine Perspektiven gegrübelt«, erkläre ich und helfe Pat, die Zutaten für das Müsli zusammenzustellen.

Pat sieht mich erwartungsvoll an. »Und?«

»Mir sind keine eingefallen.«

Sie schüttelt verwundert den Kopf und lässt Buchweizen in die Pfanne rieseln. Nach kurzer Zeit riecht es im ganzen Raum köstlich nach Nüssen. »Hör auf zu grübeln, Lieschen, wenn dein Kopf erst mal wieder klar ist, wirst du schon eine finden. Es gibt doch genügend Perspektiven.«

»Also bisher bin ich ganz gut ohne Plan durchs Leben gekommen. Immer nur dem Gefühl nach, ohne drüber nachzudenken, wie es ausgehen könnte. Blöderweise ist die Überraschungsquote dabei aber auch oft ziemlich hoch gewesen.«

Pat stellt mir das nussigduftende Müsli, Honig und frische Milch hin. »Und wohin hat dich diese Einstellung gebracht? Am Ende stehst du da mit einer Beule im Gemüt.«

Ich muss zugeben, dass sie mit der Beule nicht ganz unrecht hat. »Aber ich bin immerhin weniger unglücklich als diese ehrgeizigen Planverfolger, die am Boden zerstört sind, wenn mal ein Vorhaben scheitert«, trumpfe ich auf.

Patchouli schaut mich liebevoll an. »Meine Güte, Lieschen, du hast dich wirklich nicht verändert.«

»Na, ich weiß nicht. Mein Busen würde den Bleistifttest jedenfalls nicht mehr bestehen, meine schwarzen Haare sind ziemlich grau geworden, ich wiege zwanzig Kilo mehr als vor dreißig Jahren, habe jede Menge Falten und …«

»Blödsinn!« Sie unterbricht mich energisch. »Du siehst super aus. Die paar grauen Härchen sieht man doch kaum, deine Augen sind immer noch reinstes Schokoladenbraun und blitzen frech wie eh und je. Und niemand zwingt dich bei der Olympiade oder bei einem Schönheitswettbewerb mitzumachen. Ich meinte aber auch nicht dein Äußeres, sondern deine Situation: Du bist wieder mal ohne Job, ohne Geld und ohne Mann. Nur, dass du inzwischen Ende fünfzig bist.«

Peng! Ich knalle mit der Faust auf den Tisch. »Soll ich mich vor den Zug werfen oder lieber eine Demo organisieren?«

»Keine Panik. Es genügt, wenn du dir neue Perspektiven schaffst. Und das beginnt mit der richtigen Motivation. Was treibt dich an? Was willst du im Moment am meisten?«

»Geld!«, antworte ich provozierend.

»Gestern Nacht hast du aber gesagt, dass man weder mit Arbeit noch mit Feng-Shui reich werden kann.«

»Ja, meine Karriere liegt wohl hinter mir«, gestehe ich nachdenklich. »Ich muss andere Wege gehen, um reich zu werden.«

Patchouli sieht mich überrascht an. »Seit wann interessierst du dich denn so brennend für Geld?«

»Schau nicht so, als sei ich eine Außerirdische. Ich bin's einfach leid, immer Geldsorgen zu haben und meine Energie in einen Mann zu investieren, der sich dann vom gemeinsam ersparten Urlaubsgeld eine Kochinsel kauft. Seit ich denken kann, habe ich immer zu wenig gehabt von diesen bedruckten Papierfetzen. Ich möchte jetzt zur Abwechslung mal reich sein.«

Pat verschluckt sich und muss husten. Dann streicht sie sich eine Haarsträhne aus der Stirn, zupft den Ausschnitt ihres Morgenmantels zurecht und sagt provokant: »Tja, Elisabeth, dann wirf endlich deine Hippie-Ideale über Bord und such dir einen reichen Mann. Damit wärst du alle Geldsorgen auf einen Schlag los und könntest ständig in Urlaub fahren. Bekochen würde er dich allerdings garantiert nicht. Männer mit Geld stehen nicht an Kochinseln, die laden in teuere Restaurants ein.«

»Oje, da kämen zu den zwanzig Kilo, die ich durch Uwes Kocherei angesetzt habe, garantiert nochmal zwanzig dazu. Ich frage mich immer, wie du es schaffst, so schlank zu bleiben.«

Sie strafft die Schultern, setzt sich aufrecht hin und sagt stolz: »Täglich Yoga, liebes Lieschen.«

Ungläubig schüttle ich den Kopf. »Das behauptest du seit Jahren. Aber ich kann einfach nicht glauben, dass man allein vom Beineverschränken schlank bleibt.«

»Nicht ganz. Du musst dich dabei natürlich auf die Handflächen stützen und deinen Körper aus eigener Kraft hochheben.«

Entsetzt stelle ich meine Müslischale ab. »Wie soll denn das gehen?«

»Morgen früh machst du mit, dann zeige ich's dir.«

»Aber nicht vor dem Frühstück«, erkläre ich und nehme einen großen Schluck Ingwertee.

»Doch, da hat es nämlich die größte Wirkung. Außerdem wird man wach und kriegt gute Laune.«

Seufzend löffle ich mein Müsli weiter. »Und ich hab gedacht, ich kann mich hier auf die faule Haut legen. Du weißt schon, wie früher: rumhängen, nachdenken, Zeit verplempern.«

Patchouli lacht verhalten wie über einen uralten Witz. »Aber du wolltest dir doch neue Perspektiven schaffen. Und einen reichen Mann suchen. Das hast du jedenfalls gestern Abend erzählt.«

»Ja, das stimmt ...«, murmle ich. »In letzter Zeit gab es einige Situationen, wo mir tatsächlich genau das durch den Kopf ging. Es ist vielleicht wirklich der sicherste und schnellste Weg, um reich zu werden.«

»Aber so einfach wird Mr. Reich nicht zu finden sein, Lieschen«, erklärt Patchouli und grinst. »Und selbst wenn du ihn gefunden hast, musst du ihn schließlich auch noch dazu bringen, dich zu heiraten!« Amüsiert mustert sie meine weite Jeans, das Che-Guevara-Shirt und die ausgelatschten Turnschuhe. »So wirst du aber nicht weit kommen. Hast du auch was Schickeres dabei?«

»Ja, einen Sari. Eigentlich wollte ich das Dachzimmer damit dekorieren. Aber ich kann ihn auch anziehen. Darin sehe ich wie eine indische Maharani aus!«

Als würde ich Hindi sprechen, schaut Pat mich fragend an. »Einen Sari? Das ist doch eher ein Trachtenkleid. Ich sehe schon, dein modisches Problem müssen wir sofort in Angriff nehmen. Wir müssen nämlich bald los.«

Was hat sie vor? Sie weiß doch, dass mein Styling noch nie besonders elegant war. »Wieso sollte ich mich umziehen? Willst du mich an einen Spießer verkuppeln?«

»Hättest du gerne einen?«, fragt Pat und grinst amüsiert. »Einen mit Häuschen im Grünen und einer sicheren Rente? Aber nur keine Panik, ich will dich nicht verkuppeln, sondern mit dir auf ein Casting gehen.« Sie hält mir ihre Zeitung mit einer rotmarkierten Anzeige vor die Nase. »Hier, da findet heute bis 15 Uhr ein Senioren-Model-Wettbewerb statt. Jetzt ist es halb zwölf, wir haben also nur noch wenig Zeit, uns entsprechend rauszuputzen.«

»Und wegen so einem Schmarrn soll ich plötzlich in Hektik ausbrechen?«, motze ich, weil mir bei der Aussicht auf dieses Intercity-Tempo ganz schwindlig wird, und meiner Seele ebenfalls.

»Trödeln kannst du später«, drängelt Pat und beginnt, das Frühstück abzuräumen. »Gib deiner Schlaftablettenseele mal einen kräftigen Schubs, es pressiert.«

»Wieso willst du mich denn unbedingt mit zu diesem Wettbewerb schleppen?«, frage ich irritiert, als sie mich dann aus der Küche schiebt. »*Du* erfüllst sogar unfrisiert und im Morgenmantel alle Voraussetzungen, aber ich habe keine Modelfigur.«

»Brauchst du auch nicht. Es wird dich aber auf andere Gedanken bringen«, beruhigt sie mich, als wir im Dachzimmer stehen. »Und jetzt sollten wir über deine Garderobe nachdenken. Zeig mal, was du so zu bieten hast.«

Alles, was ich dann aus dem Koffer hole, mustert sie mit strengem Kennerblick. Eine schwarze Jeans findet schließlich Gnade. »Die ist ganz okay. Hast du ein weißes Oberteil dazu und vielleicht ein paar weiße Schuhe?«

Ich halte ihr ein weißes Cowboyhemd mit schwarzen Biesen und die neuen Turnschuhe hin. »Geht das?«

»Ja, Schwarz-Weiß geht immer. Und jetzt beeil dich.«

»Also, ich verstehe immer noch nicht, was ich da soll, Pat. Außerdem kriege ich gerade Hitzewallungen.« Um Zeit zu schinden, krame ich nach einem Fächer. »Ich bin im Stress, und meine Seele ist außer Atem.«

»Beruhige dich, Lieschen, dieser Wettbewerb ist im Grunde eine Oldie-Party, auf der wir locker rumstehen werden und uns umschauen können. Ich nehme zwar nicht an, dass ein Millionär für dich darunter ist. Aber eine bessere Gelegenheit, um mit Männern im passenden Alter und meinetwegen auch mit Frauen ins Gespräch zu kommen, wird es so schnell nicht wieder geben. Sieh es doch als einen Probelauf an.«

Ich kann mir trotzdem nicht vorstellen, wozu das gut sein soll, und sage nur: »Aha.«

»Sehr schön! Dann beeil dich bitte«, ermahnt Pat mich, bevor sie sich ebenfalls umziehen geht.

Eine Stunde später betrete ich in meiner Schwarz-Weiß-Kombination die Küche. Irgendwie dauert es von Jahr zu Jahr länger, sich fertig zu machen. Sollte ich mit siebzig noch ausgehen, werde ich gleich nach dem Frühstück anfangen müssen, damit ich abends fertig bin.

Früher haben wir uns zwar auch stundenlang zurechtgemacht, bevor wir aus dem Haus gingen, aber nicht das Anziehen oder Schminken dauerte so lange. Es waren die Joints und die darauf folgenden Hungerattacken, die uns in der Küche festhielten und alles in die Länge zogen.

Pat mustert mich kritisch.

»Und?«

»Ja, damit kannst du dir einen texanischen Ölbaron einfangen.«

Ich atme erleichtert auf. Vor dem Spiegel fühlte ich mich ungewohnt farblos. Und wenn ich mir jetzt Patchouli in ihrem figurbetonten Kleid in Knallrot und den hochhackigen Pumps ansehe, werde ich wieder unsicher. »Sehe ich nicht aus wie achtundfünfzig?«, frage ich daher nochmal nach.

Pat schüttelt amüsiert den Kopf. »Höchstens wie siebenundfünfzig!«

12. Nicht ein unnötiges Wort!

Kichernd wie zwei Rentnerinnen, die eine Flasche Eierlikör intus haben, kommen wir im Fotostudio an. Wer nichts von dem Wettbewerb weiß, könnte denken, ein exklusives Altenheim feiert eine noble Party. Der riesige Raum ist voller Menschen im besten Alter und in bester Verfassung. Und alle stecken in ihren Sonntagsklamotten, umweht von holzigem Aftershave und süßlichem Parfüm.

Mir fallen sofort wieder die »Häuptlingsfedern« von der Rennbahn ein. Allerdings stammen hier die meisten aus dem vorigen Jahrtausend. Gleich beim Reinkommen wird über uns getuschelt. »Sirene mit Landei«, höre ich ein silberhaariges Zwillingspärchen flüstern. Ich hätte doch den Sari anziehen sollen, denke ich und ärgere mich. Oder lassen mich die zurückgesteckten Haare altbacken aussehen? Die beiden Silberhaarigen in ihren hellblauen Kostümchen, den schwarzen Lackschuhen, den dazupassenden Handtaschen und den eng am Hals anliegenden dreireihigen Perlenketten sehen jedenfalls aus, als wollten sie sich bei *Ratiopharm* bewerben. Daneben gibt es aber auch noch reichlich gutaussehende Senioren, wie ich nach der ersten Orientierungsminute feststelle. Patchouli stößt mich mehrmals in die Rippen. »Hier sind wir goldrichtig!«, strahlt sie. »Ich hoffe nur, dass keine Exliebhaber aus K5-Zeiten dabei sind …«

»Wieso? Wäre doch klasse. Vielleicht hat einer Karriere gemacht oder ein großes Haus und dazu einen Sack voller Geld geerbt.«

»Ja, das wäre gar nicht übel, vorausgesetzt, ich erkenn ihn. Die Männer waren damals doch völlig mit Bart und Haaren zugewachsen. Wahrscheinlich würde ich sie nur nackt wiedererkennen.«

»Keine Sorge, dich würde jeder wiedererkennen, auch wenn du heute als Dame unterwegs bist«, verspreche ich ihr und suche in meiner Tasche nervös nach meinem Fächer. Es ist nicht nur voll hier, sondern auch heiß und stickig. Außerdem ist mir schwummerig, und mein Magen knurrt. Von Müsli allein kann ich mich eben nicht den ganzen Tag auf den Beinen halten.

Wenig später erhalten wir bei der Anmeldung wie alle anderen ein rosa Blatt, auf dem unser Name steht. »Bitte beim Foto vor die Brust halten«, sagt der junge Mann, der von jedem ein Casting-Sheet ausfüllt. Er notiert Größen, Maße und besondere Merkmale und erklärt in knappen Worten, dass Kandidaten für eine Best-Ager-Kartei gesucht werden. Mich erinnert das alles an eine Nacht auf dem Polizeirevier.

»Weißt du noch, wie wir nach einer Friedensdemo festgenommen wurden und die Nacht in einer Zelle verbringen mussten?«, frage ich Pat leise.

»Logo, noch bin ich nicht verkalkt«, sagt sie glucksend.

Ihre Antwort und die vielen graumelierten Menschen stacheln mich zum Blödeln an. »Sollte hier jemand verkalkt sein, kann er wenigstens seinen Namen nicht vergessen«, flüstere ich und wedle mit dem rosafarbenen Papier. Aber ich war wohl nicht leise genug. Ein grauer Wolf mit einem 30er-Jahre-Strichbärtchen auf der Oberlippe grinst mich frech an. Mit seinem Strohhut und dem naturfarbenen Leinenanzug wirkt er wie ein argentinischer Tangotänzer, aus alten Schwarz-Weiß-Filmen. Ich grinse zurück und zeige auf ein kleines Stückchen Klopapier, das an seinem Hals klebt. Vermutlich hat er sich beim Rasieren geschnitten. »Vielleicht sollten Sie das fürs Foto entfernen.«

Mit dem sicheren Griff eines Mannes, der seine Schwachstellen kennt, findet er den Fetzen auch ohne Spiegel. »Danke, sehr freundlich.« Er zwinkert mir zu. »Das passiert mir immer wieder.« Dann beugt er sich leicht zu mir und sagt: »Hinter dem Ohr Ihres Mannes muss ein vierblättriges Kleeblatt stecken.«

Pat hat es auch gehört und prustet los. »Was für ein Glück, ein romantischer Dichter!«

Wortlos, aber huldvoll lächle ich dem Strichbart zu. Der will doch nur erfahren, ob ich verheiratet bin! Aber soll er ruhig weiter rätseln, da vergeht die Zeit schneller. Bei dem vorherrschenden Andrang kann das hier nämlich noch ewig dauern. Die Organisatoren haben anscheinend nicht mit diesem Zulauf gerechnet. Meinem knurrenden Magen gefällt das gar nicht. Außerdem tun mir die Beine weh, und ich würde alles für einen Sitzplatz und etwas zu essen geben. Doch im Moment bleibt mir nur mein Fächer, um mich abzukühlen.

Der Leinenanzug hinter uns beginnt zu hüsteln:

»Verzeihen Sie, ich hatte mich noch nicht vorgestellt«, sagt er und hält mir seinen rosa Zettel hin. Marvin Olbrich, lese ich.

Daraufhin hebe ich meinen hoch und sage: »Angenehm.«

Ach du Schande, habe ich wirklich *angenehm* gesagt? Was für eine bescheuerte Floskel.

Patchouli stößt mir erneut in die Rippen und flüstert: »Lieschen, ich sehe da hinten einen alten Bekannten.« Aufgeregt zeigt sie in die gegenüberliegende Ecke, und bevor sie geht, flüstert sie mir noch ins Ohr. »Finde raus, ob der romantische Dichter Kohle hat.«

Patchouli hätte das Gespräch wahrscheinlich sofort auf das Thema Geld gelenkt. Aber ich habe bislang immer viel mehr durch Zuhören von den Leuten erfahren. Und die meisten Männer erzählen ja auch ungefragt, was für tolle Hechte sie sind. Marvin Olbrich ist da keine Ausnahme. Sofort schwärmt er von seinem Büro, das in Schwabing liegt, als sei es ein stadtbekanntes Promi-Café.

»Wissen Sie, Frau Singer, jedes Geschäft basiert auf Vertrauen. Man muss den Menschen einfach nur zuhören«, verrät er mir.

Ich nicke und suche nach Indizien für seinen finanziellen Status. Dichter oder Schriftsteller scheint er jedenfalls nicht zu sein, dazu ist sein Wortschwall nicht lyrisch genug. Doch womit verdient der Mann sein Geld?

Als er dann plötzlich aufgerufen wird, zieht er schnell noch eine schlichte weiße Visitenkarte aus der Brusttasche. *Marvin Olbrich,* UVA *Generalagentur*, steht nebst Adresse und zwei Telefonnummern drauf.

Generalagentur? Für was denn? Das könnte alles Mögliche sein: Autos, Bratwürste, Plastiktüten, Schmuck oder Sanitärartikel. Ich überlege, ob ein reicher Mann so ein Versteckspiel nötig hätte. Marvin küsst mir zum Abschied formvollendet die Hand, ohne sie mit den Lippen zu berühren.

»Rufen Sie mich doch mal an«, sagt er, bevor er zum Foto-Shooting in den nächsten Raum geht.

Nach einigem Drängeln und Schubsen finde ich Patchouli, die kaum zu übersehen ist. Wie ein flammendes Ausrufezeichen steht sie gegen die Wand gelehnt und unterhält sich mit einem breitschultrigen Mann in ausgewaschenen Jeans, zerknautschter, hellbrauner Jacke und Cowboystiefeln. Eine Kombination, die aus meiner Kleiderkammer stammen könnte.

»Pat, ich hab keine Lust mehr auf Model-Karriere. Meine Beine tun weh, ich bin müde und hungrig. Ich will nach Hause«, jammere ich.

»Das ist meine beste Freundin Betty«, übergeht sie mein Klagen und stellt mich dem Mann vor. »Und das ist Jacob. Wir kennen uns von früher. Ist das nicht ein lustiger Zufall?« Sie tastet ihn mit zärtlichen Blicken ab. Er ist ungefähr in unserem Alter, hat dunkelblondes Haar mit grauen Schläfen und mindestens zwanzig Kilo zu viel.

Mit einem Schmunzeln streckt er die Hand aus. Herb-frischer Duft kommt mir entgegen. »Sommernacht!«, sagt er mit warmer Stimme.

Wortlos ergreife ich die Hand und mustere ihn. Er ist einen Kopf größer als ich. Seine große Nase erinnert mich an Jean Reno. Er hat die gleiche starke erotische Ausstrahlung, und ich werde an Dinge erinnert, die ich längst vergessen zu haben glaubte. Aber was ist *Sommernacht?* Ein Gedicht mit diesem Titel? Rezitiert er jetzt gleich ein Verslein wie einer unserer Kommunen-Mitbewohner, der auf alles mit lyrischen Ergüssen antwortete? Auf alle Fälle ist Jacob genau der Typ Mann, bei dem Frauen gerne ihre Vorsätze vergessen. In seinen hellen Augen blitzt etwas auf, das mich als junge Frau sofort hätte schwach werden lassen: Neugier! Heute werde ich aber höchstens schwach, wenn ich nicht sofort etwas zu essen bekomme. Bei Unterzuckerung kriege ich nämlich gefährlich schlechte Laune. Außerdem suche ich keinen Mann, der seltsam daherredet und seinen Klamotten nach zu urteilen eher pleite ist.

»Also, was ist jetzt?«, motze ich Pat ungeduldig an und wedle hektisch mit dem Fächer, um eine Hitzewallung abzufangen.

Jacob greift in seine Jackentasche und hält mir einen Schokoriegel hin. »Unterzuckert?«

Hätte er *I got you, Babe* gesagt, wäre das ebenso treffend gewesen. Ausgehungert hauche ich: »Oh ja, danke«, und schnappe ungeniert nach dem Riegel.

Jacob sieht mir schmunzelnd zu, wie ich ungeduldig das Papier aufreiße und hineinbeiße. Kennt er mein Problem etwa aus eigener Erfahrung? Bis heute habe ich jedenfalls noch nie einen Mann getroffen, der Schokoriegel mit sich rumschleppt.

»Darf ich euch einen Vorschlag machen?«, fragt er. »Ich kenne den Veranstalter. Vielleicht können wir uns vordrängeln.«

Meine Knie werden weich. Wenn ich richtig mitgezählt habe, waren das genau drei Sätze. Und nicht ein unnötiges Wort dabei. Ganz zu schweigen von seiner dunklen, warmen Stimme, der ich noch stundenlang zuhören könnte.

Patchouli kiekst hingerissen: »Oh ja, danke, Jacob.«

»Ich werde mal sehen, was sich machen lässt. Aber bitte nicht weglaufen!«

Während wir Jacob hinterherschauen, verdreht Patchouli schwärmerisch die Augen. »Was für ein Mann!«

Ich nicke schmatzend und setze mich auf einen kühlen Treppenabsatz. »Abgesehen von ›Sommernacht‹ redet er zumindest auch keinen Stuss. Das findet man heutzutage ja eher selten. Männer in unserem Alter labern doch sonst nur rum. Oder sie protzen mit ihren Eroberungen. Im schlimmsten Fall jammern sie über ihre Blutwerte. Aber erzähl mal: Woher kennt ihr euch?«

Patchouli setzt sich neben mich und streckt ihre Beine aus. »Lieschen, der Mann *heißt* Sommernacht«, sagt sie mit sehnsüchtigem Unterton. »Ist das nicht der schönste Name, den du je gehört hast? Stell dir mal vor: Patchouli Sommernacht! Hört sich doch traumhaft an, oder?«

»Du heißt Susanne, falls du dich erinnern kannst«, sage ich schroff, weil mir die Vorstellung überhaupt nicht gefällt.

»Weiß ich doch, war ja auch nur so ein Gedanke. Jacob gefällt mir halt immer noch wahnsinnig gut. Wir haben uns vor Ewigkeiten bei einem Pink-Floyd-Konzert kennengelernt. Erinnerst du dich nicht, dass ich dir von Jacob erzählt habe? Es war Liebe auf den ersten Blick. Jedenfalls bei mir.«

Ich knülle das Papier vom Riegel zusammen und stecke es in meine Hosentasche. »Und wieso ist dann nichts draus geworden?«

»Keine Ahnung. Du weißt doch, wie unser Leben damals aussah. Wir wollten doch auch auf keinen Fall besitzergreifend sein. Na egal, irgendjemand erzählte mir dann, dass Jacob nach New York gegangen wäre.«

»Na super, noch einer, der einfach verschwunden ist«, stöhne ich enttäuscht.

In diesem Moment kommt Jacob zurück. »So schnell wird man mich nicht los!« Er sieht mich herausfordernd an.

Ich werde rot. »Na, hoffentlich hast du nur diesen letzten Satz mitgekriegt.«

»Deine Gesichtsfarbe lässt *mich* hoffen«, antwortet er heiter.

Dank des Schokoriegels bin ich wieder etwas schlagfertiger und kann Kontra geben: »Die Hoffnung stirbt zuletzt«, sage ich, obwohl es eine banale Floskel ist, die aber genau trifft.

»Solange ich es verhindern kann, stirbt hier nichts und niemand.« Schmunzelnd hilft er erst mir und dann Patchouli auf. »In ein paar Minuten könnt ihr die Casting-Fotos machen.«

Pat schubst mich an. Ich weiß genau, was sie mir sagen will: *Na bitte, er hat dir zuerst geholfen. Hab ich doch gesagt, er steht auf dich.*

»Und du? Bist du schon fertig?«, frage ich Jacob schnell, bevor Pat noch eine dumme Bemerkung machen kann.

»Meine Geschäfte hier sind bereits erledigt.«

Noch bevor wir neugierig nachfragen können, werden wir einzeln ins Fotostudio gebeten. Jacob hat also nicht zu viel versprochen. Pat schiebt mich vor.

»Bitte nehmen Sie Platz, Frau … äh, Frau Singer.« Eine schwarzgekleidete Frau deutet auf einen Hocker, der auf einer weißen Papierrolle steht. Offensichtlich ist sie die Fotografin. Während grelle Lampen auf mich gerichtet werden und mir eine Visagistin Puder aufträgt, erklärt sie mir den Ablauf: »Das erste Foto schießen wir mit dem Namensschild, danach lassen Sie es einfach fallen und bewegen sich bitte ganz natürlich. Schauen Sie in die Kamera und lächeln Sie ab und zu. Und nicht nervös werden, am Anfang ist das ganz normal.«

Ich nicke stumm und halte mir verkrampft meinen Zettel vor die Brust. Wer bitte kann sich natürlich geben und auch noch entspannt lächeln, wenn er von gleißend hellem Licht geblendet wird? Die ganze Situation erinnert mich unangenehm an Uwes OP-Beleuchtung. Ich versuche trotzdem zu lächeln.

»Sehr gut. Und jetzt die Schultern noch etwas drehen. Sie machen das wirklich sehr gut.«

Nach diesen aufmunternden Worten lässt meine Nervosität etwas nach. Dann bittet mich die Fotografin, meine Frisur zu lösen, und einer der umstehenden Männer fängt an, mir in den Haaren herumzuwuscheln.

»Was für traumhafte Locken. Sie könnten ein wenig Farbe vertragen, aber ansonsten ist Ihre Haarpracht genau das, was einer unserer Kunden sucht«, erklärt er dann und zuppelt weiter ungeniert daran herum, wie ein Friseur, der nicht glauben kann, dass die Natur schönere Locken als er selbst fabrizieren kann.

Doch nichts stärkt das Selbstbewusstsein so sehr wie Bewunderung. »Ja, ich weiß«, sage ich und grinse geschmeichelt. »Wollen Sie eine fürs Portemonnaie?«

»Nein, vielen Dank«, antwortet er belustigt und stellt sich vor: »Ich bin Armin Döblin, der Veranstalter des Wettbewerbs. Wir sind auf der Suche nach einer reifen Frau mit langen ergrauten Haaren, für eine neue Pflegeserie von L'Oréal«, erklärt er.

Irgendwie kann ich nicht glauben, was er da andeutet. Ich mit Jane Fonda bei derselben Firma!? Ob es unverschämt wäre, gleich nach dem Honorar zu fragen?

Keine zehn Minuten später bin ich »im Kasten«, wie sich die Fotografin ausdrückt.

»Vielen Dank, das war prima, Frau Singer.« Sie streckt mir die Hand hin und entlässt mich. Herr Döblin reicht mir beim Rausgehen noch seine Visitenkarte. »Nun, Frau Singer, falls Sie interessiert sind, melden Sie sich.«

»Das werde ich.« Vergnügt stecke ich die Karte in meine Lieblingshandtasche und schwenke sie möglichst elegant durch die Luft. Eigentlich ist es ja nur ein schlichter Beutel aus dickem schwarzem Leinen, den ich mit vielen bunten Knöpfen bestickt habe. Jeder Knopf ein Glücksbringer – und heute scheinen sie sogar zu wirken.

»War doch eine gute Idee von dir, hierherzugehen«, sage ich mit neuem Selbstbewusstsein zu Patchouli, als ich wieder zu ihr und Jacob in den Empfangsraum komme. »So viele Komplimente habe ich schon lange nicht mehr bekommen. Und wer weiß, vielleicht mache ich, grauhaarig und üppig wie ich bin, doch noch Karriere. Die jungen magersüchtigen Dinger sollen sich schon mal warm anziehen – oder ordentlich was essen.«

»Und das sollten wir drei jetzt auch tun«, sagt Jacob. »Wenn Pat ihre Fotos gemacht hat, würde ich euch gerne zum Italiener entführen.«

13. Nudeln machen auch glücklich

Bei *Marcello*, einem Italiener in der Nähe des Fotostudios, wird Jacob vom Besitzer wie ein alter Freund begrüßt. Vermutlich kriegen wir deshalb trotz der fehlenden Reservierung sofort einen Tisch in dem vollen Lokal. Es ist eines aus der Kategorie Nouvelle Cuisine, wo man nichts auf dem Teller, aber alles auf der Rechnung hat.

In Sekundenschnelle rauschen diverse Kellner an und stellen eine Flasche Wasser und frische, hausgemachte Grissini auf den Tisch. Einer der Kellner bringt außerdem die Speisekarten – ohne irgendwelche Preisangaben.

Patchouli liebt solche Luxusrestaurants. Und ich ahne, dass die preisbefreite Karte, die zu Blüten gefalteten Damastservietten, die polierten Kristallgläser und das Silberbesteck äußerst ansprechend auf sie wirken. Sie wirft mir einen Verschwörerblick zu: *Na, ich hab's dir doch gesagt, Männer mit Geld laden Frauen in Drei-Sterne-Restaurants ein!*

Mich interessieren im Moment aber keine Sterne, sondern nur, was auf der Karte steht. Preise oder nicht, davon werde ich mich jetzt nicht beeinflussen lassen, denn hier gibt es sicher nichts, was mir nicht schmecken würde.

Ein weiterer Kellner mit niedlichem Bubengesicht kommt an den Tisch, verschränkt seine Hände hinter dem Rücken und fragt: »Haben Sie schon gewählt?«

Bringen Sie mir einfach alles!, würde ich gerne sagen, weil ich befürchte, dass die Gerichte hier eher Miniformat haben und ich mindestens drei davon brauche, um satt zu werden. Aber ich überwinde mein Hungergefühl, schaue den Kellner über meine rote Prada-Brille hinweg gelassen an und sage: »Für mich nicht, danke. Ich hatte vorhin eine leckere Zwischenmahlzeit.«

Jacob sieht mich verwundert an. Jetzt, durch meine Brille, erkenne ich, dass er wunderschöne hellgrüne Augen hat. Einen Wimpernschlag lang bilde ich mir ein, dass sein Blick zärtlich ist. Ach ja, seufze ich stumm und schaue ganz schnell zurück in die Karte. Ich sollte dringend eine doppelte Portion Pasta essen. Nudeln machen ja auch glücklich – jedenfalls kurzfristig.

Patchouli bröselt ein handgedrehtes Grissini auf die weiße Damasttischdecke. »Jacob«, schnurrt sie. »Könntest du für mich aussuchen?«

Jacob nimmt die Karte und setzt seine Brille auf. »Ich werde dir vorlesen, was es gibt, und den Wein aussuchen, aber was du essen möchtest, musst du schon selbst entscheiden.«

Ich höre einfach nur fasziniert zu, wie er »Linguini mit Hummerschwänzchen an Currysahnesoße« ausspricht, und es macht mich willenlos. Stopp! Aufs Wesentliche konzentrieren, ermahne ich mich, doch als der Oberkellner wenig später unsere Bestellung aufnimmt, höre ich mich sagen: »Ach, was soll's, ich esse die Linguini.«

Pat bestellt Schwertfisch an Safranbutter mit jungen Erbsenschoten und fragt Jacob anschließend ungeniert aus. »Erzähl doch mal: Was sind das für Geschäfte, von denen du vorhin im Fotostudio gesprochen hast?«

»Ich bin mit dem Veranstalter befreundet, wir kennen uns aus meiner Zeit in der Werbebranche.« Ihre ungebremste Neugier scheint ihn nicht zu stören. »Ich wollte sehen, wie das Casting läuft, denn die Idee dafür stammt zum Teil von mir. Ursprünglich war es nur so eine Schnapsidee, die bei einem Kneipenabend entstand. Aber Armin zieht es jetzt durch.«

Ich würde Jacob gerne fragen, was er macht, wenn er nicht in Kneipen rumsitzt, wovon er lebt, wer seine Kissen aufschüttelt, ihm die Hemden bügelt, sich um den Haushalt kümmert, und, und, und … Leider kann ich vorerst nur zuhören und muss mich zufriedengeben mit dem, was er freiwillig von seinem Leben preisgibt.

»Ich war ja lange Creative-Director bei einer Werbeagentur, und wir haben uns auf die Zielgruppe der Best Ager gestürzt.«

»Und? Als Creative-Director hast du doch sicher ein Glamour-Leben geführt, oder?«, bohrt Patchouli sofort weiter.

Jacob wirft ihr einen fragenden Blick zu. »Also, ich weiß nicht, was an einem Leben im Flugzeug, ständigem Termindruck und hektischen Leuten in Film- oder Fotostudios glamourös sein soll. Abgesehen von den Models natürlich. Einige sind wirklich überirdisch schön.«

Das ist Patchoulis Stichwort: »Und wieso hast du keine dieser Traumgöttinnen geheiratet?«

»Nun, ...« Er lächelt versonnen. »Eine Weile ist es ja ganz amüsant, wenn jemand Tsatsiki mit Sirtaki verwechselt oder den amerikanischen Schauspieler Robert Wagner mit Richard Wagner. Dennoch lautet mein Model-Fazit: zu dünn, zu jung und zu unerfahren.«

Das war sicher scherzhaft gemeint. Aber ich wünsche mir, es wäre die Wahrheit, und er sei tatsächlich verrückt nach älteren, üppigen und lebensklugen Frauen.

Patchouli scheint ihm auch nicht zu glauben, denn sie blinzelt mir zu und sagt: »Nette Geschichte, Jacob. Aber ein Mann, der keine Models mag, ist schwul. Und ich weiß, dass du es nicht bist. Oder hat sich da etwas geändert?«

Jacob schneidet grinsend ein Stück von seinem Koberindsteak ab und tunkt es in die Sherrysoße. »Aber Pat, wie kommst du denn auf die Idee?«

»Na ja, heutzutage ist es doch trendy, ständig seine Veranlagung zu wechseln. Ein bisschen bi schadet nie«, reimt sie feixend, sticht mit der Gabel in ihren Schwertfisch an Safranbutter und häuft junge Erbsenschoten obendrauf. »Aber eigentlich schade, dass du nicht schwul bist«, seufzt Pat, noch bevor sie sich ihre Gabel in den Mund schiebt. »Wir suchen nämlich noch einen schwulen Freund. Jede Frau sollte einen haben. Angeblich sind sie wundervolle Stylingberater, und bei Bettys Kleiderproblem brauchen wir dringend Beratung.«

Ist Pat wahnsinnig geworden?

»Also ich liebe Cowboyhemden und Turnschuhe«, erklärt er dann. »Aber wenn ihr möchtet, spiele ich gerne den Schwulen. Ob ich das aber lange durchhalte, kann ich nicht versprechen.«

Patchouli legt – etwas zu laut für meinen Geschmack – ihr Besteck auf den Teller und säuselt: »Ob wir das aushalten, kann ich auch nicht versprechen …!« Sie strahlt Jacob mit einem verführerischen Lächeln an und beugt gleichzeitig ihren Oberkörper in seine Richtung. »Aber es ist sehr lieb von dir, vielen Dank«, haucht sie.

Pats altbewährte Technik erzielt auch heute wieder die gewünschte Wirkung. Jacob neigt sich seinerseits zu ihr rüber und küsst sie auf die Wange. Zu K5-Zeiten habe ich Patchouli unter Drogeneinfluss mal gebeten, mir diese *Übung* zu zeigen. Wir haben lange probiert, aber ich hab es einfach nicht hingekriegt. Wegen meiner großen Oberweite sah das immer so aus, als würde ich vornüberkippen. Damals dachte ich, es liegt vielleicht am schlechten Dope. Inzwischen glaube ich aber, dass es ein Verführungsgen geben muss, das mir leider fehlt.

Schnell lenke ich das Gespräch wieder auf Jacob und seine Karriere. »Was macht denn so ein Creative-Director, außer mit schönen Models durch die Welt zu jetten?«, frage ich einfältig. Männer reden schließlich am liebsten über sich und ihre beruflichen Erfolge. Und irgendwie müssen wir ja rauskriegen, ob der Mann Geld hat oder nicht!

»Im Moment gar nichts, ich bin sozusagen arbeitslos.« Jacob schaut konzentriert auf seinen Teller, als sei es ihm peinlich.

Oh, oh, das klingt aber gar nicht gut.

»Na ja, mach dir nichts draus«, sage ich fröhlich, um die Stimmung zu retten. »Vielleicht treffen wir uns mal auf dem Arbeitsamt.«

»Aber du kriegst doch bestimmt eine fette Rente oder so was Ähnliches?«, mutmaßt Pat und sieht Jacob lauernd an.

Er schluckt den letzten Bissen runter, legt dann sein Besteck weg und tupft sich den Mund mit der Serviette ab, bevor er antwortet. »Da muss ich dich enttäuschen, Pat.«

»Ich kriege auch keine und bin noch dazu auf Patchoulis Gastfreundschaft angewiesen«, mische ich mich wieder ein und hebe mein Glas. »Wenn das kein Grund zum Anstoßen ist.«

»Na, dann Prost!«, sagt Pat, und Jacob nickt schmunzelnd.

Wir lassen die Gläser klingen. Wie auf Kommando erscheinen zwei Kellner und räumen den Tisch ab. Ein Dritter bringt die Dessertkarte und nimmt unsere Bestellungen auf.

»Du wohnst also bei Pat«, sagt Jacob und sieht mich interessiert an, als wir wieder unter uns sind.

»Im Dachgeschoss«, ergänze ich.

»Na, dann wirst du wohl keine Villa mieten wollen, oder?«

»Was denn für eine Villa?«, platzt Pat aufgeregt dazwischen.

»Na, die Villa in Bogenhausen, in der ich im Moment noch wohne.«

Wie bitte? Er ist arbeitslos, kriegt auch keine Rente und wohnt trotzdem in einer Villa in Münchens teuerster Straße! Ich bin sprachlos. Dass da aber etwas nicht stimmen kann, sagt mir mein Instinkt. Und wer weiß, was der für Leichen in seinem Bogenhausener Keller hat. Plötzlich kommt mir ein absurder Gedanke: Ob Jacob dort vielleicht nur der Hausmeister ist? Sooo abwegig ist das gar nicht – nicht nur wegen seiner ollen Klamotten. Er könnte den Job angenommen haben, weil er Kohle braucht. Und warum sollte ein arbeitsloser Creative-Director nicht Hausmeister werden? Schließlich gab es mal einen Taxifahrer, der zum grünen Außenminister wurde.

Nach einer delikaten Mascarpone-Mousse für mich und Espressi für alle folgt dann der nächste Schock: Jacob besteht darauf, uns einzuladen, lässt die Rechnung aber anschreiben!

»Naturalmente Jacobe, iche weiße Bescheide«, sagt Marcello. Mit italienischem Akzent klingt selbst ein so entlarvender Satz charmant.

Patchouli wirft mir einen Verdammt-er-ist-tatsächlich-pleite-Blick zu. Für mich ist die Situation damit auch geklärt: Einen Mann, der auf Kredit lebt, kann ich mir noch weniger leisten als einen armen Mann.

Was habe ich in den vergangenen Jahren nur Böses getan, dass mein Karma derart miserabel ist? Anders kann ich mir einfach nicht erklären, warum mir immer nur die Männer gefallen, die pleite oder völlig verschuldet sind. Und wenn meine Vermutung zutrifft, dann ist es diesmal ein Hausmeister.

In dieser Nacht murmle ich vor dem Einschlafen stoisch mein neues Mantra: *Nie wieder einen armen Mann! Nie wieder einen armen Mann! Nie wieder einen armen Mann …*

14. Verführerinnen

Am nächsten Morgen wache ich schweißgebadet auf. Das Mantra hat versagt! Im Traum sank ich ohne das kleinste bisschen Gegenwehr in Jacobs Arme. Als ich Pat beim Frühstück von meinem schwülstigen Traum erzähle, hält sie mich für komplett übergeschnappt. »Ihr habt euch noch nicht mal geküsst, und du gehst sofort mit ihm ins Bett? Liebes Lieschen, der hat dir mit seiner charmanten Art aber gehörig den Kopf verdreht.«

Ich fühle mich ertappt und schnappe empört nach Luft. »Quatsch, ich glaube nicht an Liebe auf den ersten Blick. Ich bin doch keine siebzehn mehr!«

»Liebe kennt keine Altersgrenze.« Pat köpft grinsend ihr Ei. »Sogar in Altersheimen soll es schon zu Eifersuchtsdramen mit Toten gekommen sein.«

»Du spinnst ja.« Ich löffle stoisch meinen Kirschjoghurt weiter. »Außerdem passt Jacob nicht in meinen Plan. Ich habe dir gesagt, dass ich reich werden will. Das war kein Witz. Wie soll das denn klappen, wenn ich mir wieder einen armen Mann ans Bein binde?«

Patchouli sieht mich an wie eine Mutter, die ihr trotziges Kind beruhigen will. »Ist ja gut.«

»Nein, ich meine es wirklich ernst. Ich kann ihn mir einfach nicht leisten. Auch wenn ich zugeben muss, dass Jacob mir gefällt.«

»Tja, und du hast ihm auch gefallen, das habe ich gestern ganz deutlich gespürt. Und als er gesagt hat, dass er Cowboyhemden mit Turnschuhen liebt, hat er doch wohl eindeutig dich gemeint.« Sie greift nach der Kaffeekanne: »Möchtest du noch?«

Ich halte ihr meine Tasse entgegen und überlege: Ist Patchouli etwa eifersüchtig? Und womöglich neu entflammt für ihn? Dann wäre er für mich ohnehin tabu. Männer in festen Beziehungen interessieren mich nämlich nicht. Ich bin keine Frau für die Warteliste. Das ist tödlich fürs Selbstbewusstsein. Ich versuche, Pat zu provozieren. »Sonst gibst du doch auch nicht so schnell auf. Was ist mit deiner alten Regel, dass du jeden Mann kriegst?«

»Stimmt«, sagt sie vergnügt. »Einen Versuch ist Mister Sommernacht auf alle Fälle noch wert. Was hältst du davon, wenn ich ihn zum Abendessen einlade und verführe? Allerdings müsstest du dann …«

»… aus dem Haus«, vollende ich den Satz. »Kein Problem, ich könnte mich mit dem Strichbart von gestern treffen und versuchen herauszufinden, ob er zu der Kategorie ›Reicher Mann‹ gehört. Und mich gegebenenfalls sofort bei ihm einquartieren. Dann hättest du sogar sturmfreie Bude!«

»Ach, Lieschen, mit dir möchte ich alt werden«, kichert Patchouli.

»Jetzt wird nicht gealtert. Dafür haben wir keine Zeit. Außerdem muss ich mir langsam Gedanken machen, wo ich mein neues Zuhause einrichte.«

»Na, hier!«, beruhigt mich Pat und steht auf, um den Tisch abzuräumen. »Ich würde dich doch nie auf die Straße setzen. Außerdem lebe ich ja quasi mit einem Hausgeist zusammen. Hugo ist dauernd weg. Und ich habe noch nie gerne alleine gewohnt.«

Mir entwischt ein tiefer Seufzer. »Ach, Pat, das beruhigt mich. Trotzdem finde ich es beängstigend, dass mir wie eh und je nur die Tunichtguts und Habenichtse gefallen. Anscheinend habe ich nichts aus meinen Erfahrungen gelernt.«

Patchouli schüttelt schmunzelnd den Kopf. »Nein, das stimmt nicht. Früher wäre dir das nämlich gar nicht aufgefallen. Du hättest dich Jacob einfach an den Hals geworfen, ohne über die Folgen nachzudenken.«

Ich sehe sie entsetzt an. »Bitte, versprich mir, dass du mich nie wieder in die Arme eines Habenichts laufen lässt.«

»Logo!«

»Schwör es mir, bei den alten Zeiten!«

»Auch das.« Sie hebt nachlässig die Hand. »Ich schwöre. Und jetzt werden wir das Dachgeschoss ausmisten, damit du dich dort richtig einrichten kannst.«

Den Rest des Tages verbringen wir mit Aufräumen, genauer gesagt: Erst mal schaffen wir Chaos. Eigentlich wollte Patchouli schon längst ausgemistet haben. Und da Hugo immer noch nicht von seiner Sause zurück ist, ergreifen wir jetzt die Initiative. Zu zweit macht die Umräum-Leidenschaft auch viel mehr Spaß.

Die vielen Bücherregale im Dachgeschoss sind zuerst dran. Aussortiert ist schnell. Die meisten Bücher gehören nämlich Hugo. Pat steht auf der Leiter und lässt von ganz oben einen Stapel medizinischer Sachbücher in die Kiste fallen.

»Das ist ja richtig therapeutisch!«, ruft sie befreit, als die oberen Fächer leer sind. »Und meine Wut über Hugo kann ich gleich mitverpacken.«

Ich muss schmunzeln. Feng-Shui wirkt mal wieder.

»Hier, das zum Beispiel.« Sie hält mir ein Buch über Geschlechtskrankheiten entgegen. »Das hat Dr. Hugo Wimmer bestimmt seit zwanzig Jahren nicht mehr in der Hand gehabt. Aber aussortieren ist nicht, nicht mal in den Keller räumen durfte ich es bislang. Unser Haus hat die pingelige Ordnung eines Operationssaals. Klammern, Tupfer und Zangen, alles an seinem Stammplatz. Sogar die Aschenbecher, obwohl wir seit Jahren nicht mehr rauchen.«

Bis Mittag hat Pat ihren Frust abgebaut, und Hugos verstaubtes Dachgeschoss-Archiv ist im Hobbykeller eingelagert. Erschöpft schleppen wir uns ins Wohnzimmer, wo wir auf dem riesigen Übereckssofa eine Pause einlegen wollen. Patchouli stemmt die Hände in die Taille und fixiert es missmutig. »Am liebsten würde ich den Sperrmüll anrufen und dieses Monstrum abholen lassen. Aber dann hocken wir auf dem Fußboden wie zu K5-Zeiten.«

Sofort sehe ich einen leeren Raum vor mir, der auf seine Verwandlung wartet. »Ja, mach doch. Ich lade dich dann zu einem neuen Sofa ein.«

Pat schaut mich verwundert an. »Du hast ein Kleider- und kein Sofaproblem, Elisabeth. Investiere dein Geld lieber sinnvoll. Um einen reichen Mann zu finden, brauchst du nämlich repräsentative Garderobe. Mit deinen alten Blümchenfetzen kannst du nicht mal einen Spießer beeindrucken.«

Auch wenn es mir nicht passt, muss ich ihr zustimmen. »Na gut«, schnaufe ich. »Investieren wir sinnvoll.«

Vergnügt breitet Pat zwei türkisfarbene Decken über das Eckenmonster. »Wenn du deinen Goldfasan gefunden hast, kannst du Sofas kaufen, bis die Kreditkarte schmilzt. Aber bis dahin solltest du in den äußeren Schein investieren!«

»Ach Pat, wenn das doch nur immer so einfach wäre.«

»Alles eine Frage der Übung, liebes Lieschen. Wieso rufst du nicht den Dichter vom Casting an? Er ist sicher ein dankbares Übungsobjekt.«

Pat hat recht. Irgendwie muss ich ja mal anfangen. Also, mal sehen, wie flexibel dieser Marvin ist. Seine Visitenkarte finde ich nach einigem Suchen in meiner Knopftasche. Eine Handynummer ist auch drauf. Ich werde ihn also sicher sofort erreichen.

»Frau Singer, welch angenehme Überraschung!«

Das finde ich auch, denn ich bin überrascht von seiner Stimme, die durch den Hörer erstaunlich sinnlich klingt.

Wir führen eines dieser Nonsensgespräche, in denen wenig gesagt, aber viel gelacht wird, und wir gehen schließlich zum »Du« über.

»Darf ich dich zum Japaner einladen?«, fragt Marvin, nachdem ich ihm meine Vorliebe für alles Asiatische verraten habe. »Ich kenne da ein ganz hervorragendes Restaurant mit ausgezeichneter Küche.«

Zwar hat er noch nichts über seinen Job oder seinen Familienstand verraten, aber ein paar Minuten später steht unsere Verabredung für acht Uhr.

»Die Übung ist gelungen! Der Dichter hat mich für heute Abend zum Essen eingeladen«, berichte ich Pat, die bereits auf dem Sofa liegt.

»Na, dann bleibt ja noch Zeit für einen Schönheitsschlaf. Ein ausgeruhtes Gesicht und strahlende Augen sind nämlich genauso wichtig wie die Kleiderfrage.«

Und die heißt dann zwei Stunden vor meiner Verabredung wieder einmal: Was ziehe ich an?

Viele meiner »Blümchenfetzen« – wie Patchouli meine Lieblingsteile nennt – sind ja mit den anderen Sachen in Berlin eingelagert. Die Auswahl ist also bescheiden. Alles anprobieren hilft aber auch nicht weiter. Patchouli, die mir beim Aussuchen hilft, schaut mit strengem Blick meine Sachen durch und greift schließlich nach einem pistaziengrünen Sommerkleid. Der schmale Schnitt ist mir eigentlich zu langweilig. Ich hatte es nur gekauft, weil die Farbe einfach super zu ergrauten Haaren aussieht. »Dazu passen aber meine Cowboystiefel nicht«, protestiere ich.

Pat lacht schallend. »Du kannst doch nicht in Cowboystiefeln zu einer Verabredung gehen! Ich leih dir meine silbernen Sandalen mit den hohen Absätzen.«

Schuhe haben wir schon in der Kommune getauscht. Und wer das weiß, der kann die Besonderheit unserer Freundschaft sicher erahnen.

»Was macht der Typ eigentlich?«, will Patchouli wissen, als ich in Unterwäsche vor dem Badezimmerspiegel stehe und versuche, mich zu schminken.

»Auf der Visitenkarte steht, dass er für eine Generalagentur arbeitet.«

Sie schaut mich im Spiegel an und sagt nachdenklich: »So wie der aussah, könnte es eine Generalagentur für Langstrecken-

Gigolos sein. Wer weiß, vielleicht ist er schon seit Jahrzehnten als Ladykiller unterwegs.«

»Sei doch nicht so streng … Mist!« Mir ist Wimperntusche ins Auge gekommen. Ich bin es aber auch einfach nicht mehr gewöhnt, mich so aufzubrezeln. »Wenn sich Marvin den Bart abrasiert und andere Klamotten trägt, ist er vielleicht ganz vorzeigbar. Seine guten Manieren sind es jedenfalls jetzt schon. Vielleicht stammt er ja von einem alten Landadel ab und besitzt Latifundien.«

»Sicher.«

Pat hilft mir mit dem Make-up und wechselt zum nächsten Thema: Wie bringt man Männer dazu, ihren Kontostand zu verraten? Zu Demonstrationszwecken löst sie ihr hochgestecktes Haar, legt eine Schulter frei und klimpert mit den Wimpern. »Wie ist das?«

Ich presse die Lippen aufeinander und verkneife mir ein Lachen, während ich ins Kleid schlüpfe.

»Lach ruhig«, sagt sie und zieht den Ausschnitt ihres hellblauen Oberteils wieder zurecht. »Aber ich finde es gemein: Bis Anfang vierzig ist alles erlaubt. Und jenseits der fünfzig wirkt fast alles peinlich.«

Auch wenn ich kein Verführungsprofi bin, weiß ich, was sie meint. »Dazu kommt, dass ich mich bis vor wenigen Tagen noch nie für Bankkonten interessiert habe. Noch nicht mal für mein eigenes. Ich begebe mich also auf unbekanntes Gebiet. Und das erfordert neue Strategien und neue Waffen«, prophezeie ich und steige in ihre Stilettos. Sie passen perfekt.

Patchouli legt den Kopf etwas schräg und lächelt zufrieden. »Aber Lieschen, du wirst doch nicht so kurz vor der Rente noch ein richtiges Miststück werden, oder?«

15. Die Asiatin in mir

Pünktlich zur verabredeten Zeit höre ich ein dumpfes Röhren auf der Straße. Als ich aus dem Fenster schaue, sehe ich, dass mein Kavalier in einem nachtblauen Porsche-Cabriolet vor dem Haus hält. Er trägt einen ebenso nachtblauen Anzug, darunter ein blau-weiß-gestreiftes Hemd plus dunkler Krawatte und verschmilzt förmlich mit seinem Wagen. Der Panama-Hut auf seinem Kopf und die dicke Zigarre in seinem Mund vervollständigen das Bild. Ja, auf den ersten Blick könnte man ihn tatsächlich für einen Langzeit-Gigolo halten. Aber warum nicht mal ein paar Klischees ausprobieren. Schließlich ist er mein erstes Übungsobjekt. Aber eines werde ich heute Abend garantiert nicht überprüfen: ob des Porschefahrers bestes Stück tatsächlich nur so groß wie eine Rolle Cent-Münzen ist.

Marvin begrüßt mich mit Handkuss, hält mir die Tür auf und hilft mir in den Wagen. »Betty, du siehst atemberaubend aus.«

»Danke«, hauche ich damenhaft.

Als er hinterm Steuer sitzt, fragt er höflich: »Stört es dich, wenn ich rauche?«

»Nicht, wenn das Verdeck offen bleibt«, erteile ich großzügig meine Erlaubnis. Schließlich will ich nicht als militante Nichtraucherin erscheinen, auch wenn ich dafür während der rasanten Fahrt mein offenes Haar festhalten muss, damit ich bei der Ankunft nicht wie ein Wischmopp aussehe.

Irgendwie erinnert Marvin mich an Fritz, unseren Haarwasser-Prinzen. Als der zu uns in die Kommune kam, merkten wir sofort, dass er was Besseres war. Es gab zahlreiche Indizien für den »guten Stall«. Sehr zum Bedauern von uns Frauen vergaß Fritzchen seine exklusive Internatserziehung aber bald, und auch sein vorbildliches Benehmen hielt nicht lange an. Schon nach kurzer Zeit pinkelte unser Prinz nämlich neben die Klobrille wie ein echter Bauarbeiter. Doch wir waren tolerant. Denn wer in seiner Vor-K5-Zeit vierundzwanzig Stunden am Tag vornehm sein musste, durfte bei uns sein inneres Schweinchen ausleben. Und Fritzchen hatte reichlich nachzuholen.

Das *Mifune* muss das beste japanische Restaurant der Stadt sein, denke ich beim Betreten des Edellokals. Dezente, exquisite Ausstattung aus dunklem Holz, rotgerahmte Kalligraphien an den Wänden und eine Japanerin (ich nehme jedenfalls an, dass sie eine ist), die wie aus dem Nichts plötzlich vor uns steht. Lächelnd verbeugt sie sich.

»Ich habe für Olbrich reserviert«, sagt Marvin zu der ganz in Schwarz gekleideten jungen Frau mit dem blutrotgeschminkten Mund.

Sie lächelt stumm, verbeugt sich erneut und führt uns dann durch den vollbesetzten Raum zu einem Zweiertisch.

Als wir Platz genommen haben, schiebt Marvin das zartduftende Ikebana-Gesteck zur Seite. »Ist es hier genehm, Betty?«, fragt er galant.

»Vielen Dank, sehr angenehm, in jeder Beziehung«, lächle ich huldvoll.

Wenn es sein muss, kann auch ich vornehm sein. Ich blicke mich unauffällig im Raum um und bin froh, dass Marvin keine der Nischen reserviert hat, wo man an niedrigen Tischen auf den Knien sitzen muss. Auch wenn ich Asien sehr liebe, meine Gelenke sind immer noch europäisch.

Sekunden später schwebt eine weitere Kimono-Schönheit heran. Anmutig hält sie eine weiße Schale in den Händen, darin liegen feuchtheiße, nach Eukalyptus duftende Tücher. Eine zweite Geisha bringt die Speisekarte. Und eine Dritte holte die benutzten Tücher wieder ab. Alle drei sind so schön, dass mir vor Neid ganz heiß wird – na, hoffentlich ist das keine Hitzewallung! Neben diesen zarten Rehfrauen mit den Puppenfigürchen wirke ich mit meiner großen Oberweite wie eine europäische Milchkuh, die gut genährt auf einer saftigen Alm wohnt. Aber ich weiß genau, tief in mir drin wohnt eine kleine zierliche Asiatin, mit aalglatten glänzenden Haaren und schrägen Mandelaugen – die auch niemals Probleme mit den Wechseljahren hat.

»Auf was hast du Appetit, Betty?«, erkundigt Marvin sich nach einigen Minuten andächtiger Speisekartenlektüre.

»Würdest du für mich aussuchen?«

War das jetzt die kleine zierliche Asiatin in mir, oder kann es sein, dass Patchouli souffliert hat? Was bei Jacob nicht ankam, scheint Marvin jedenfalls zu gefallen.

»Sehr gerne«, sagt er mit vibrierender Stimme und bestellt mit weltmännischer Gestik: »Wir nehmen den Fliegenfisch-Kaviar, das Algengemüse sowie die Bento-Maki-Platte, dazu eine Flasche französisches Wasser und einen spritzigen Riesling.«

Während Marvin fachmännisch bestellt, überlege ich, wie eine *unselbständige* Frau das Gespräch auf das Thema Geld bringen würde.

Sie bewundert sein Auto, höre ich Patchouli im Geiste.

Sie bittet um finanziellen Rat, piepst die kleine Asiatin in mir.

Sie fragt, was es mit der Generalagentur auf sich hat, denke *ich* mir.

»Sag mal, Marvin, was bedeutet eigentlich UVA auf deiner Visitenkarte?«, frage ich, als wir wieder alleine sind.

»Oh«, antwortet er überrascht, und sein Strichbart kräuselt sich. »Es bedeutet: Unabhänge Versicherungs-Agentur. Es sieht ausgeschrieben ziemlich albern aus, daher die Abkürzung.«

Heiliges Karma: Ein Versicherungsverkäufer! Die Wahrscheinlichkeit, dass ich gerade mit einem Millionär esse, geht gegen null, und auch die Chance, dass er in einem Elite-Internat erzogen wurde, schwindet. Salem wäre längst bankrott, wenn da nur Vertreter rauskämen.

Aber was soll's, davon lasse ich mir den Appetit nicht verderben. Eine Weile höre ich also lächelnd zu, was Marvin mir über die elementare Wichtigkeit von Versicherungen erzählt. Bis er geradezu euphorisch über ein angeblich besonders begehrtes Produkt seiner Branche spricht: Sterbeversicherungen!

Die kleine Asiatin in mir kippt fasziniert den Kopf zur Seite und will gerade zustimmend nicken, als die alte Betty dazwischenfährt. Die Frau, die schon immer gegen alles Genormte und Konventionelle war.

»Wieso sollte ich meinen eigenen Tod versichern?«, frage ich provokant.

»Nun, mal angenommen, du bist alleinstehend …« Er sieht mich lauernd an. Aha! Es geht hier also primär um meinen Familienstand! Ich muss zugeben, dass mir sein Interesse schmeichelt, doch ein bisschen muss er noch warten. Patchouli hat mir nämlich geraten, unbedingt geheimnisvoll zu bleiben und auf keinen Fall unüberlegt loszuplappern, wie das sonst so meine Art ist.

Da ich also keine Regung zeige, fährt er fort: »Mit einer Sterbeversicherung könntest du verhindern, in einem Armengrab zu landen und –«

»Meine Asche wird im Englischen Garten verstreut«, unterbreche ich ihn. »Heimlich natürlich. Das habe ich mit meiner Tochter so verabredet. Es sei denn, du verrätst mich …«

In dem Moment wird mir bewusst, dass ich mich selbst verraten habe. Zumindest weiß er jetzt, dass ich eine Tochter habe.

Marvin wirkt tatsächlich enttäuscht. Fürchtet er, ich sei auch verheiratet?

»Aber Betty, wie kannst du so etwas von mir denken. Ich würde dich doch nie verraten! Im Gegenteil, wenn deine Familie mir Bescheid gibt, streue ich noch Rosen auf dein heimliches Grab.«

»Na ja, außer meiner Tochter habe ich eigentlich keine Familie, jedenfalls nicht im klassischen Sinn. Dafür aber viele Freunde, sozusagen Wahlverwandtschaft«, erlöse ich ihn.

Seinem Zwinkern nach zu urteilen freut er sich zu hören, dass er doch keinen Nebenbuhler fürchten muss. Er wird mutig. »Darf ich fragen, wie alt deine Tochter ist?«

Bestimmt will er eigentlich nur mein Alter wissen. Also Schluss mit diesen blödsinnigen Fragespielchen. »Ich bin achtundfünfzig. Und du?«

»Äh, gerade sechzig geworden«, gesteht Marvin und streicht sich verlegen über sein schmales Bärtchen.

Sein Alter wäre also passend. Blöderweise kann ich jetzt nicht einfach nach seinem Bankauszug fragen. Also erzähle ich von meiner wilden Hippiezeit, der K5 und dass wir ständig pleite waren. Vielleicht kann ich so auf das Thema Geld umlenken. Doch alle Raffinesse bleibt vergebens, Marvins Lieblingsthemen sind nun mal Versicherungen. Und bis zur Nachspeise hat er mir verklickert, dass ich vollkommen unterversichert bin.

»Aber mach dir nichts draus, Betty.« Er zwinkert mir frech zu. »Aus meiner Sicht ist jeder unterversichert …«

Seine charmante Offenheit bringt mich jetzt doch zum Lachen. Und in der folgenden Stunde erzählt Marvin mit so viel Humor und Begeisterung von den abstrusen Geschichten aus seinem Berufsalltag, dass ich mich köstlich amüsiere. Nie hätte ich gedacht, dass ein so langweiliges Thema so unterhaltsam sein kann.

Ein wirklich gelungener Abend, noch dazu mit äußerst leckerem Essen, denke ich mir, als Marvin schließlich die Rechnung begleicht. Wenn er sich jetzt noch schnell den Bart abrasieren würde, wäre ich geneigt, dieses Potenzgerücht über Porschefahrer doch schon heute Abend zu überprüfen.

Gegen elf verlassen wir das Restaurant. Marvin reicht mir den Arm und drückt auf dem Weg zum Auto zärtlich meine Hand. Am nachtblauen Himmel blinken die Sterne um die Wette, und die seidige Luft wirkt plötzlich verführerisch wie ein durchsichtiges Negligé.

»Bereit für eine Überraschung?«, unterbricht Marvin meine romantischen Gedanken, als wir im Wagen sitzen.

Ich kichere albern. »Au ja.«

Er startet den Wagen und braust durch die Stadt, während leise Musik aus dem Radio dringt. Mein Haar flattert im Wind – und ich bin beschwipst.

»Wohin fahren wir?«, frage ich neugierig, als es stadtauswärts geht. Er wird doch keine Spritztour nach Salzburg mit mir machen wollen wie Uwe damals, als wir uns gerade kennengelernt hatten? Das ging nämlich ziemlich in die Hose. Unser Ausflug endete auf einer Autobahnraststätte bei übersäuertem Filterkaffee und labberigen Käsesemmeln. Und die Romantik landete gleich mit der Semmelverpackung im Müll.

Marvin legt mir sanft eine Hand auf die Schulter. »Nur Geduld, Teuerste, wir sind gleich da. Du wirst nicht enttäuscht werden.«

Ich lehne mich in die weichen Polster zurück – bequem ist so ein Angebergeschoss ja schon. Zehn Minuten später halten wir vor einem Einfamilienhaus. Die Gegend riecht nach biederer Anständigkeit. Will er mir etwa sein Eigenheim zeigen? Lebt er in einem Häuschen am Stadtrand? Mit Scheibengardinen, Tischläufer und Toilettenumrandung aus Plüsch? Ich ahne nichts Gutes.

»Wohnst du hier?«, frage ich besorgt.

»Nicht doch«, beruhigt er mich. »Ich wohne natürlich in Schwabing. Über meinem Büro. Das hier ist mein Club.«

Kegelclub?, will ich fragen, beherrsche mich aber. Schließlich habe ich noch Hoffnung auf eine wirklich aufregende Überraschung.

An der Haustür steht einfach nur: Schneider. Marvin klingelt, und ich blicke nach unten auf die Fußmatte – weder ein aufgedruckter Kegel noch sonst etwas Eindeutiges. Der Ton ist kaum verhallt, da wird die Tür von einer Frau mit Achtziger-Jahre-Dauerwelle im schwarzen Lackmini und weißem Häkelpulli geöffnet. Wenn Pat das sehen könnte: Von wegen Schwarz-Weiß geht immer …

»Marvin, schön dich zu sehen!«, quiekt die Mittvierzigerin und küsst ihn schmatzend auf die Wange.

Marvin stellt sie mir als Elisabeth vor. Ich lächle höflich und folge den beiden dann durch den engen Flur. Jetzt bin ich wirklich neugierig.

Hinter einer dunkelgepolsterten Tür öffnet sich ein noch dunklerer Raum mit einer Bar. Auf dem langen Tresen stehen belegte Brötchen und Käsehäppchen, dazwischen Obst und Getränke. Auf den Barhockern tummeln sich, ordentlich aufgereiht, die Gäste – alle ungefähr in unserem Alter. Als ich mich an die Dunkelheit gewöhnt habe, traue ich meinen Augen kaum: Sie sind alle halbnackt! Formlos gewordene Körper, bekleidet mit knappen Höschen, betätscheln gegenseitig ihre Cellulitis-Schenkelchen oder begrabbeln ihr Tannenbaumsyndrom.

Ich bin in einem Swinger-Club!

Nicht zu fassen! Dieser lausige Versicherungsverkäufer hat mich in eine schmierige Bums-Bude verschleppt! Es riecht nach Vorstadtkneipe, abgestandenem Leben und Menschen, die von ihrem Deo verlassen wurden. Doch bevor ich etwas sagen kann, will Elisabeth mir die Umkleideräume zeigen.

Ich starre nachdenklich auf ihren weißen Lochpulli, durch den sich jetzt erkennbar ihre Brustwarzen bohren, und überlege, ob es hier wohl Postkarten zu kaufen gibt. »Grüße aus dem Swinger-Club« hätte ich zu gerne in meiner Sammlung. Aber ich sollte diesen Stadtrandtempel der traurigen Lüste besser schnellstens verlassen.

»Vielen Dank, ich möchte lieber gehen«, sage ich forsch, drehe mich auf meinen geliehenen Absätzen um und marschiere Richtung Ausgang. Denn eines weiß ich jetzt ganz sicher: Marvin ist kein Millionär, sondern nur ein lüsterner alter Sack!

Noch im Flur hole ich mein Handy aus der Tasche und rufe mir selbst ein Taxi. Ob der lachende Buddha schon beim Kauf des Geräts geahnt hat, in welcher Situation ich das Handy schnellstens brauchen würde? Wahrscheinlich hat er sich vorab schon mal schlappgelacht.

»Betty, was hast du denn?«, höre ich Marvin jetzt hinter mir jammern. Mit einer qualmenden Zigarre in der Hand steht er da und sieht mich fragend an. Aber ich ziehe es vor, nicht zu antworten. Der Mann ist kein grauer Wolf, wie ich anfangs dachte, sondern ein räudiger Hund, und zwar einer von der miesesten Sorte. Und seine raue Stimme ist lediglich das Ergebnis jahrelanger Qualmerei. Im Grunde ist er nicht besser als ein Versicherungsbetrüger!

»Betty, komm doch, das wird bestimmt lustig«, verspricht er.

»Was denkst du eigentlich von mir?«, blaffe ich ihn an und bin kurz davor, ausfallend zu werden.

»Na ja, ich dachte, so was würde dir gefallen. Weil du mir doch so viel von deiner Zeit als wilde Hippiefrau erzählt hast. Freies Leben, freie Liebe und so.«

»Ach, weißt du, Rudelbumsen fand ich damals schon nicht witzig«, antworte ich mit nasalem Unterton, öffne die Haustür und trete auf die Straße.

»Es gibt auch Séparées«, hechelt er und bläst einen Rauchkringel in die Luft.

In dem Moment kommt auch schon mein Taxi angerauscht. Ich steige schleunigst ein und rufe Marvin über die Schulter zu: »Ich suche keinen Mann, der sein Hirn in der Hose hat!«

16. Kein Millionär weit und breit

Während der Heimfahrt überfällt mich eine düstere Ahnung. Wenn meine Suche nach einem reichen Mann mit einem derartigen Fehlgriff beginnt, muss sie dann nicht zwangsläufig in einem völligen Desaster enden?

Zum Glück stellt der Taxifahrer keine blöden Fragen und scheint nur auf seine Jazzmusik konzentriert zu sein. Also, warum nach Problemen suchen? Fürs Erste sollte ich lieber die Fakten zusammenzählen: Ich bin seit zwei Tagen in München und war bereits zwei Mal in einem unanständig teueren Restaurant zum Essen eingeladen. Gar kein übler Schnitt. Wenn es so weitergeht, muss ich vielleicht nie wieder kochen! Diese Aussicht stimmt mich versöhnlich.

Als das Taxi vor Patchoulis Reiheneckhaus hält, ist es bereits Mitternacht. Cinderella kehrt in die Wirklichkeit zurück. In dieser Version der Geschichte hat sie ihren Prinzen aber nicht getroffen. Pat scheint noch wach zu sein, es brennt nämlich Licht in der Küche.

»Hallo Pat, ich bin's«, rufe ich beim Reingehen.

Keine Antwort.

Nanu, was ist denn hier los?

»Hugo ist ausgezogen …«, schluchzt sie mit leisem Stimmchen, als ich sie mit verheultem Gesicht am Küchentisch sitzend finde. Der Rest geht in ihrem Schniefen unter.

»Wieso ausgezogen? Er war doch angeblich nur mit dem Oldtimer unterwegs.« Ich fand zwar von vornherein, dass es nach Ausrede klang, aber dass Hugo sie tatsächlich verlassen hat, kann ich kaum glauben.

Pat zuckt mit den Schultern. »Ich weiß auch nicht. Es ging alles so schnell. Er kam, kurz nachdem du weg warst. Zusammen mit zwei Möbelpackern, raffte seine Sachen zusammen, und bevor ich richtig kapiert habe, was los ist, war er wieder draußen. So, als wäre nichts geschehen. Aber wir waren aber doch immerhin fast dreißig Jahre verheiratet!«

»Damit sind wir jetzt zwei Frauen über fünfzig, ohne Job und ohne Mann. Feng-Shui-philosophisch gesehen eine positive Ausgangssituation«, behaupte ich einfach und hoffe, sie damit trösten zu können.

»Ach, Betty, gut, dass du da bist«, seufzt sie, wirft die gebrauchten Papiertücher in den Müll und wäscht sich das Gesicht mit kaltem Wasser. »Aber wieso kommst du eigentlich schon so früh nach Hause?«

»Eine längere Geschichte ...«

»Na, dann koche ich uns jetzt erst mal einen Schafgarbentee, darin kann ich meinen Kummer und du deine Abenteuer ertränken.«

»Ich fürchte, Tee wird nicht reichen. Hast du noch eine Flasche von dem leckeren Rosmarinwein?«, frage ich und eile nach einem Nicken von Pat ins Dachgeschoss, um mich umzuziehen.

Abgeschminkt, in Schlabberklamotten und mit Decken und Kissen bewaffnet, machen wir es uns auf dem Eckmonster bequem und kippen den Wein in homöopathischen Mengen hinunter.

Pat besteht darauf, dass ich ihr alles haarklein erzähle. Und nachdem ich ihr meine unsägliche Namensvetterin Elisabeth, ihren Häkelpulli und die restlichen Traurigkeiten detailliert beschrieben habe, laufen uns vor Lachen die Tränen übers Gesicht. Und ich bin froh, meine alte Pat wiederzuhaben.

Eine Weile überlegen wir noch, ob es nicht doch ein erfolgreicheres System für die Suche nach reichen Männern gibt. Auf noch mehr »Überraschungen« haben wir nämlich keine Lust mehr. Doch die beruhigende Wirkung des Rosmarinweins lullt unsere Gedanken bald ein und lässt uns in dieser Nacht wenigstens gut einschlafen.

Als mich die Sonne weckt, zwitschern draußen bereits Meisen den Tag herbei. Und obwohl es Samstag früh ist und ich höchstens fünf Stunden geschlafen habe, stehe ich auf. Nach einer flüchtigen Wäsche schleiche ich leise in die Küche. Mein Mund ist völlig ausgetrocknet, und ich habe Lust auf etwas Salziges. Australischer Riesling und Rosmarinwein vertragen sich offensichtlich nicht.

Eine halbe Stunde später steht alles auf dem Tisch, was einen Kater vertreiben kann, inklusive saurer Gurken.

»Was ist denn hier los, mitten in der Nacht?«, höre ich Pat auf der Treppe schimpfen. Kurz danach steht sie in der Tür.

»Tut mir leid, wenn ich zu laut war und dich geweckt habe.«

Patchouli streicht sich die zerzausten Haare aus dem Gesicht und gähnt. Trotz der Strubbelfrisur und der Schlaffalten quer über der linken Wange sieht sie in ihrem türkisfarbenen Hemdchen unerwartet gut aus.

»Du hast mich nicht geweckt, sondern der Kaffeeduft. Ich habe geträumt, Hugo ist zurück und macht Frühstück …«

»Ach, Pat!«, seufze ich und nehme sie in den Arm. »Geh doch wieder ins Bett, es ist erst halb acht«, schlage ich vor.

»Nee, wenn der Kaffee schon fertig ist, bleibe ich auf. Wir können uns doch nachher nochmal hinlegen. Oder haben wir was vor?«

Ich schüttle den Kopf. »Nichts, was wir nicht verschieben könnten.«

Mit diesem Spruch haben wir uns früher oft vor unangenehmen Dingen gedrückt. Frei nach dem Motto: Was man auf morgen verschieben kann, lässt sich erst recht auf übermorgen oder gleich auf die nächste Woche verschieben!

Patchouli nickt und geht dann vor die Tür, um die Zeitung zu holen.

»Was willst du essen?«, frage ich, als sie wieder in die Küche geschlurft kommt.

»Mir ist nach in Butter gebratenen Eiern. Und viel Kaffee.«

Während ich mich am Herd zu schaffen mache, blättert sie die *Süddeutsche* von der Rückseite aus durch. »Hast du schon mal Kontaktanzeigen studiert?«, fragt sie unvermittelt.

»Nur, wenn mir langweilig war«, gestehe ich und schlage vier Eier in die Pfanne. »Und du?«

»Ich bin doch verheiratet! Äh … Ich war es zumindest die letzten Jahre.« Sie schnauft betont entrüstet, vertieft sich wieder in die Zeitung und sieht erst wieder hoch, als ich ihr die Eier hinstelle. »Warum geben wir nicht selbst eine Anzeige auf?«, fragt sie und blickt mich dabei herausfordernd an.

Ich kapiere nicht sofort. »Was denn für eine Anzeige?«

»Na, eine Millionär-Suchanzeige!« In ihren blaugrünen Augen funkelt wieder das mir gutbekannte, männerverschlingende Patchouli-Leuchten. »Wir sollten schließlich alle Möglichkeiten nutzen, und das wäre eine davon.«

»Eine Anzeige?« Ich zögere. »Ist das nicht total altmodisch? Und was schreibt man rein, damit auch die Richtigen antworten, falls sie es überhaupt lesen?«

»Hm«, murmelt Patchouli. Sie zieht die Stirn kraus und überlegt. Plötzlich ruft sie: »Wir fragen einen Mann! Nur ein Mann kann uns sagen, wovon Männer träumen – mal abgesehen von Sex.«

Ich denke sofort an Jacob, doch das geht natürlich nicht. Und Marvin kommt erst recht nicht in Frage. Der käme garantiert auf dumme Gedanken.

»Wen willst du denn fragen?«, erkundige ich mich. »Ich kenne in München keine Männer, mit denen ich nur platonisch befreundet bin. Du vielleicht?«

Patchouli schaut mich belustigt an, als hätte ich behauptet, sie sei noch Jungfrau. Dann legt sie auf einmal die Zeitung zur Seite und kramt ihr Adressbuch hervor. Noch während wir nach geeigneten Textern suchen, ruft überraschend Greta an.

»Betty! Ich wollte mal hören, ob du gut angekommen bist und wie es dir geht?«

Ich freue mich, ihre Stimme zu hören. »Den Umständen entsprechend gut. Pat hat mich gleich in Beschlag genommen. Ihr geht es allerdings auch nicht so gut. Hugo hat sie verlassen! Aber wir werden nicht lange Trübsal blasen, kennst uns doch! Was machst du denn heute? Vielleicht können wir uns zum Essen treffen? Das bringt Pat und mich bestimmt auf andere Gedanken.«

»Habt ihr Lust auf einen Nachmittagsbesuch?«, fragt sie.

»Ja, ist dir das denn nicht zu kurzfristig?« Ich bin völlig irritiert. Meine Tochter ist doch sonst nicht so spontan. Sie ist zwar mit vielen Bezugspersonen, völlig frei und ohne Zwänge in Kommune und Kinderladen aufgewachsen, aber Spontaneität war bisher einfach nicht ihr Ding.

»Nö!«, erklärt sie kurzerhand und verspricht, uns in ein paar Stunden abzuholen.

Ein Wunder! Ob ihr neuer Freund das vollbracht hat? Ich bin gespannt, ihn endlich kennenzulernen. Pat will allerdings nicht mitkommen. »Macht ihr erst mal ein Mutter-Tochter-Treffen. Ich bleibe lieber hier, ordne meine Gedanken und feile schon mal an einem Wie-angelt-man-sich-einen-Millionär-Text. Schließlich habe ich ja versprochen, dass ich dir helfe, reich zu heiraten.«

Am frühen Nachmittag holt Greta mich mit einem weißen Kombi ab, der wie die Designer-Inkarnation eines Hippieautos aussieht. Er gehört Norman, ihrem neuen Freund, wie ich an der von pastellfarbenen Blüten umrankten Silberschrift erkennen kann. Er ist Florist. »Aber keiner, der nur Blumensträuße bindet«, hatte sie mir schon am Telefon ganz stolz erklärt.

Und besonders gespannt bin ich auf das Häuschen, das Norman vor kurzem geerbt hat und das die beiden jetzt an den Wochenenden mühevoll renovieren.

»Hi, Betty!« Greta umarmt mich mit der typischen Energie

einer Frischverliebten. Fröhlich hüpft sie vor mir her zum Auto. In ihren grasgrünen Capri-Hosen, dem bauchfreien Streifenshirt und den weißen Zehensandalen hat sie etwas von einem Frosch mit Pferdeschwanz und Sonnenbrille, der sich auf den Urlaub im Nachbarteich freut.

»Wir fahren gleich zu Normans Häuschen, ja? Heute ist so schönes Wetter, da können wir im Garten grillen«, plaudert sie während der Fahrt nach Nord-Schwabing.

»Grillen? Du isst Fleisch?« Ich staune. Seit Greta als Kind auf einem Bauernhof bei befreundeten Hippies miterleben musste, wie ein Huhn geschlachtet wurde, ist sie Vegetarierin. Mein armes Kind war damals von dem archaischen Ende des Hühnchens – Kopf ab mit einem Beil – so geschockt, dass sie seitdem nie wieder Fleisch oder Wurst essen wollte. Nicht mal Eier durfte ich noch kaufen. Und mit mir war sie wochenlang böse, weil ich das arme Tier nicht gerettet habe.

»Wir essen nur ganz selten Fleisch, und es muss natürlich aus artgerechter Stroh- und Weidehaltung sein«, erklärt sie mir.

Das viele »Wir« lässt mich vermuten, dass es mit Norman bereits ziemlich ernst sein muss. Ich wünsche ihr, dass daraus eine wirklich glückliche und dauerhafte Beziehung wird. Und wer weiß, vielleicht blicke ich im nächsten Jahr bereits in ein niedliches Babygesicht und werde eine glückliche Großmutter. »Oma Betty«, hört sich doch hübsch an. Ich muss mich sehr beherrschen, um nicht sofort nach einer möglichen Schwangerschaft zu fragen.

Norman empfängt uns an der Haustür, an der er gerade die Scharniere ölt. Er stellt das Ölfläschchen weg, wischt sich die Hände an seiner Jeans ab und kommt auf uns zu. Sichtbar stolz stellt mir Greta den gutaussehenden Mann vor: »Das ist Norman. Und das ist meine Mutter.«

»Norman Grawe. Guten Tag, Frau Singer«, sagt er förmlich und reicht mir die Hand.

Nicht nur Falten und graue Haare machen alt, auch junge Leute, die einen zu höflich behandeln.

»Ich bin Betty«, erkläre ich daher locker. »Freut mich, dich kennenzulernen. Die Förmlichkeiten lassen wir aber weg, ja?«

»Gerne«, lacht er befreit.

Rein äußerlich ist Norman ein lupenreiner Traummann: groß, schlank, brünettes Haar, kluge Augen und eine sehr sympathische, ruhige Ausstrahlung. Mit der honigfarbenen Hornbrille würde ich ihn allerdings eher in einem Architekturbüro vermuten als zwischen Blumen und Pflanzen.

Greta dagegen ist aufgeregt wie ein Kind, das ein neues Spielzeug hat. »Willst du gleich das Haus anschauen?«

»Selbstverständlich. Du weißt doch: Häuseranschauen gehört zu meinen Lieblingsbeschäftigungen.«

Mit leuchtenden Augen und rührendem Besitzerstolz führt sie mich Hand in Hand mit Norman durch die Räumlichkeiten. Es ist eines dieser typischen Satteldachhäuser, die in den fünfziger Jahren viel gebaut wurden: Küche, Toilette und Wohnzimmer im Erdgeschoss und oben zwei winzige Räume mit schrägen Wänden und einem niedrigen Giebel. Insgesamt hat das Häuschen vielleicht gerade mal siebzig Quadratmeter, den Keller nicht mitgezählt.

»Es ist das Haus meiner Großmutter«, erklärt Norman und nimmt Greta zärtlich in den Arm. »Wir müssen zwar noch jede Menge renovieren, aber das macht uns beiden unglaublich viel Spaß.«

Greta hängt an seinen Lippen und schmachtet ihn hingebungsvoll an.

Ich verkneife mir jeden Kommentar. Denn das Erbe ist in Wahrheit eine windschiefe Hütte, in die man ein kleines Vermögen stecken muss, bevor sie wieder gerade steht und bewohnbar ist. Es gibt kein warmes Wasser und auch keine Zentralheizung. Und im Winter müssten die beiden Holz hacken und Kohlen schleppen. Anders sind der angerostete gusseiserne Kanonenofen im Wohnzimmer und der alte Küchenherd mit dem Wassertank an der Seite nicht zu beheizen. Ich weiß, wovon ich spreche. Ein ähnliches Monstrum hatten wir in der Kommune.

Norman scheint meine Gedanken zu erahnen. »Bis wir hier wohnen können, wird es zwar noch eine Weile dauern. Aber zum Glück ist das Dach inzwischen dicht, dank deiner Finanzspritze, Betty«, sagt er und lächelt mich dankbar an.

»Dafür nachträglich noch ein dickes Bussi, Mama!«, kichert meine Tochter übermütig und küsst mich auf die Wange.

»Prima, dann ist es hier zumindest schon mal trocken. Der Rest findet sich mit der Zeit«, muntere ich das junge Paar auf und beschließe, meinen zukünftigen Millionär als Erstes zu einer weiteren Renovierungsbeihilfe zu überreden.

»Voriges Wochenende haben wir hier schon mal eine Nacht Probe geschlafen.« Greta kuschelt sich wieder verliebt an Norman. »Das hat mich an meine Kindheit erinnert.«

Ich weiß, dass sie die K5-Zeit meint. Und ihr verklärter Gesichtsausdruck bestätigt, dass Verliebte Platz in der kleinsten Hütte haben.

»Erinnerst du dich an die vielen Morgenausflüge in den Keller, wo du mir geholfen hast, die Heizung in Gang zu bringen?«, frage ich Greta, während wir unseren Rundgang beenden.

»Ja, ich hab immer schrecklich gefroren. Wieso mussten wir das eigentlich machen?«

»Das gehörte zu den diversen Hausmeisterdiensten, die ich für eine günstige Miete ausgehandelt hatte. Die Hausbesitzerin mochte uns. Sie war ja schon um die achtzig, aber in ihren Ansichten war sie eine sehr moderne Frau. Ich glaube, sie wollte unsere ›alternative Lebensart‹, wie sie sich ausdrückte, unterstützen. Die Wohnung jedenfalls war unglaublich billig.«

Als wir dann den hinterm Haus liegenden Garten betreten, bin ich völlig verzaubert: Im Verhältnis zum Haus ist er richtig romantisch. Und Platz für Sandkasten oder Schaukel wäre ebenfalls – stellt Oma Betty insgeheim fest.

»Wirklich sehr schön«, lobe ich und freue mich für das offensichtlich gute Karma meiner Tochter. Ob die beiden jetzt auch so schnell wie möglich heiraten wollen und Nachwuchs planen? Ich weiß doch, wie wichtig das für mein Gretelchen ist. Doch ich beherrsche meine Neugier, denn offensichtlich schwimmt meine Tochter im Glück wie ein Mandelkeks im Milchkaffeeschaum. Und das macht auch mich glücklich. Glück hat eben viele Gesichter.

»Wollt ihr was trinken?«, unterbricht Norman meine Gedanken und holt einen Picknick-Korb und ein paar Flaschen Bier, die unter einem Strauch im Schatten stehen.

Während Greta selbstgemachten Nudelsalat, eingesalzene Radieschen und gebutterte Schnittlauchbrote auspackt, setze ich mich auf einen der alten Gartenstühle, die auf der kleinen Terrasse des Häuschens stehen. Sogar an Papierservietten sowie Salz- und Pfefferstreuer hat sie gedacht. Dabei strahlt sie, wie das nur Frischverliebte tun.

Norman hilft ihr ganz selbstverständlich beim Verteilen der Brettchen und Messer und macht sich danach am Grill zu schaffen. Und einen Moment lang fühle ich mich wie eine Figur aus einer Rosamunde-Pilcher-Verfilmung.

»Ach, Betty«, seufzt Greta und wischt die Gläser mit einer Serviette aus, bevor sie einschenkt. »Wenn erst mal der erste Auftrag meiner Agentur erfolgreich über die Bühne gegangen ist und der Kunde den Rechnungsbetrag überweist, wird alles gut.«

Norman hört stolz lächelnd zu.

»Ja, ich weiß genau, was du meinst. Rechnungen schreiben ist auch eine meiner Lieblingsbeschäftigungen.« Darauf nehme ich einen Schluck Bier und proste den beiden zu. Meine eigenen Zweifel, ob ich jemals wieder eine Rechnung schreiben, geschweige denn kassieren werde, behalte ich vorerst für mich.

Meine missliche Lage ist mir nämlich egal, wenn ich sehe, wie gut die zwei zusammenpassen und wie glücklich sie sind. Nun mache ich mir auch nicht mehr so viele Gedanken über meine schlampige Erziehung. So schrecklich war es wohl doch nicht. Greta ist eine erfolgreiche junge Frau geworden und hat sogar ihren Pellkartoffel-Look überwunden. Früher war alles an ihr beige: Haare, Klamotten und sogar die Wände ihrer kleinen Zwei-Zimmer-Wohnung waren beige gestrichen. Nach der Enttäuschung mit dem amerikanischen Austauschstudenten hat sie sich einfach hinter dieser Farbe versteckt. Zum Glück ist diese farblose Zeit jetzt vorbei. Und soweit ich das nach unserem kurzen Zusammensein beurteilen kann, ist Norman keiner von den Männern, die bei Frauen nur ihre Probleme abladen, aber keine feste Beziehung wollen. Auf diesen Typ Mann ist meine kleine Greta zu oft reingefallen. Denn ich kann mir nicht vorstellen, dass ihre bisherigen Beziehungen immer nur an ihrem Heiratswunsch zerbrachen. Es soll schließlich Männer geben, die durchaus heiraten wollen, besonders wenn eine Frau jung und hübsch ist. Auch wenn ich damals keinen kannte. Mich hat in den frühen siebziger Jahren, als ich genau das richtige Alter, das richtige Gewicht, rosige Babyhaut und glänzendes Haar hatte, nämlich keiner gefragt. Nicht mal einer, den ich nicht wollte. Okay, damals war Heiraten auch spießig. Und heute? Heute müsste er stinkreich sein, mir einen Brilli in der Größe einer Kirschtomate an den Finger stecken und eine Hochzeitsfeier in einem Luxushotel ausrichten. Für die Flitterwochen wäre dann Ascot passend …

Aber Pat hat recht: Ich muss zunächst meine Hippie-Ideale über Bord werfen – und vielleicht sogar meine geliebten Hippiekleider in die Altkleidersammlung geben.

Greta scheint sich allerdings gar nicht zwischen Geld *oder* Liebe entscheiden zu müssen. Norman ist nämlich nicht nur optisch ein Traummann, er verdient auch gut, wie er beinahe schüchtern gesteht. »Mein erlernter Beruf als Florist hat sich in den letzten Jahren mehr und mehr zum Dekorateur gewandelt«, erklärt er, während er die Bio-Würstchen auf den Grill wendet. »Unter meinen Auftraggebern sind mittlerweile auch Hotels, Restaurants und Nobelboutiquen. Doch die wirklich lukrativen Jobs sind die Engagements als Chefdekorateur bei Dreharbeiten für Film und Fernsehen.«

Der Nachmittag vergeht dann mit Geschichten, die in der Vergangenheit beginnen und in der Gegenwart enden. Als Greta mich nach meiner Zukunft fragt, reagiere ich ausweichend.

»Ach, weißt du, mein letzter Job war dermaßen anstrengend, dass ich dringend eine Feng-Shui-Pause brauche. Und ich hab dir ja schon erzählt, dass ich Pat aufmuntern muss. Na ja, eigentlich ist das gegenseitig. Irgendwie sind wir ja in der gleichen Situation. Es ist fast ein bisschen wie früher in der Kommune«, sage ich und schwärme von nächtlichen Teestunden und albernen Gesprächen. Von meinen Heiratsplänen erzähle ich erst mal lieber nichts.

Als es dunkel wird, verabschiede ich mich schweren Herzens. Greta möchte mich nach Hause fahren, aber ich bestehe auf einem Taxi. Die zwei Turteltäubchen sollen lieber den lauschigen Abend genießen. Das festigt die Beziehung.

Auf der Heimfahrt schmunzle ich über das glückliche Paar. Wenn es stimmt, was die chinesische Philosophie über Normans Beruf sagt, ist er eine Garantie für Glück: *Willst du einen Tag glücklich sein, öffne eine Flasche Wein. Willst du eine Woche glücklich sein, schlachte ein Schwein. Willst du aber ein Leben lang glücklich sein, musst du ein Gärtner sein!*

17. Reiche Männer zum Aussuchen!

»Betty, das musst du dir ansehen«, ruft Patchouli aus dem Wohnzimmer, als sie mich ins Haus kommen hört.

Mit einem kurzen »Hallo« und »Ich will mir nur schnell etwas Bequemes anziehen« stecke ich den Kopf durch die Tür. Pat sitzt in einem enganliegenden bordeauxroten Zweiteiler aus Shirt und dreiviertellanger Hose gemütlich vor dem Fernseher. Sie scheint sich mit ihrer neuen Situation schon angefreundet zu haben.

Wenig später lasse ich mich in meinem grünen Schlafshirt und roten Socken neben sie aufs Eckmonster fallen, das hat ihr Hugo nämlich dagelassen. Sie hält mir eine Schüssel mit kleingeschnittenen Karotten, Gurken und Zucchini hin sowie ein Glas Joghurtdip. »Gemüse?«

Ich bin noch satt von den Würstchen und lehne dankend ab. Eigentlich wollte ich Pat von Greta, Norman und dem Häuschen erzählen, doch sie schaut hochkonzentriert in den Fernseher.

»Was gibt's denn so Spannendes?«, frage ich neugierig. Dem Bild nach könnte es alles Mögliche sein.

»Eine Doku über eine Alten-WG. Menschen über fünfzig, die nicht alleine leben wollen und …«

»… und Männer, die nicht alleine putzen wollen«, falle ich ihr ins Wort. »Das sind doch bestimmt Alt-68er, die sich zurück in die Vergangenheit sehnen. Jemand dabei, den wir kennen?«

»Weiß nicht«, sagt Pat und zuckt mit den Schultern. »Erkannt habe ich bislang niemanden.«

Wir schauen eine Weile gebannt zu, wie eine Gruppe mehr oder weniger grauhaariger Frauen und Männer nacheinander zwei Wohnungen besichtigen: Es sind WG-taugliche Altbauwohnungen mit Wohnküche und gleich großen Zimmern. Dazu erzählt eine Stimme im Off, dass diese »jungen Alten« sich über eine Anzeige des Senders kennengelernt hätten. Das Projekt scheint allein für diese Dokumentation konstruiert worden zu sein. Aber ob es auch jemals realisiert wurde? Die Fragen der Männer zeugen jedenfalls von echtem Interesse. »Sind genügend Badezimmer vorhanden?«, will einer wissen. »Gibt es Haus- und Pflegepersonal?«, fragt ein anderer. Und eine der Frauen entwirft schon mal einen Küchenplan.

In meinem Kopf entstehen beim Zusehen düstere Visionen. »Wer so etwas plant, muss mit Alt-Hippies rechnen oder mit Kerlen, denen die Frau weggestorben ist und die jetzt einen gemütlichen Platz suchen, wo sie wie eh und je danebenpinkeln können – ohne es selbst wegwischen zu müssen.«

Patchouli schaut mich amüsiert an. »Ich glaube, du hast eine Pinkel-Phobie.«

»Quatsch, das sollte ein Witz sein«, knurre ich und gebe ihr einen freundschaftlichen Schubs. »Aber mal im Ernst. Wir beide wissen doch genau, was ein WG-Leben bedeutet: Die einen machen die Arbeit und die anderen mopsen sich durch. Und so eine Alten-WG wird schneller zum Pflegeheim, als du ›Rente‹ sagen kannst. Es braucht doch nur jemand die Treppe hinunterzufallen, schon muss ein Lift eingebaut oder die Türschwellen für einen Rollstuhl beseitig werden.«

Pat interessieren meine Bedenken nicht. »Aber es waren doch auch schöne Zeiten damals in der K5«, sagt sie vergnügt und verdreht schwärmerisch die Augen. »Immer tolle Partys und viele Leute im Haus.«

»Hmm, wenn man die ungerechte Verteilung der Hausarbeit und der Verantwortlichkeiten mal vergisst, war es schön. Da hast du recht. Das ganze Kommen und Gehen, das ständige Ein- und Ausziehen, die vielen interessanten Menschen … Moment mal. Das ist es!«, rufe ich. »Jetzt weiß ich, was wir machen.«

»Und was?«, fragt Pat gespannt.

»Wir geben keine Kontaktanzeige auf, sondern eine WG-Gründungs-Anzeige!« Meine Stimme überschlägt sich vor Aufregung. »Also pass auf: Wir behaupten einfach, eine Luxus-WG für solvente Leute in unserem Alter gründen zu wollen. Auf diese Weise kriegen wir die alleinstehenden Männer direkt ins Haus geliefert. Und damit sich kein Nassauer einschleicht, erkundigen wir uns nach der wirtschaftlichen Situation, wie bei jeder normalen Wohnungsbesichtigung.«

»Klasse, Lieschen! Und wo empfangen wir die Jungs? Hier, in meiner niedlichen Reiheneckhütte, in der jetzt die Hälfte der Möbel fehlen?«

»Mist«, stöhne ich aus der tiefsten Ecke meiner sprühenden Kreativseele.

»Das kannst du laut sagen, denn ich finde deine Idee phantastisch: reiche Männer zum Aussuchen«, sagt sie verträumt und schaut mich dann ernüchtert an. »Doch leider wird das wohl nur ein Traum bleiben.«

Ich nehme jetzt doch von dem Gemüse und knabbere konzentriert daran herum. Nach der dritten Karotte habe ich die Lösung: »Wir halten das erste Treffen einfach in einem Café ab. Quasi auf neutralem Boden.«

Patchouli schüttelt den Kopf. »Mit einem Tässchen Kaffee wirst du niemanden aus dem Haus locken. Wenn du wahrhaft solvente Interessenten haben willst, musst du etwas vorzeigen können. Ein herrschaftliches Anwesen mit großem Garten.«

Mir fällt meine Tochter ein und ihre Agentur. »Möglicherweise kann Greta uns etwas Passendes vermitteln. Sie kennt doch Leute, die ihre Wohnungen oder Häuser an Fotografen oder für Dreharbeiten vermieten.«

»Das hört sich aber nicht gerade billig an«, wendet Patchouli ein. »Also wenn ich so ein vorzeigefähiges Objekt hätte, würde ich mir das Durchlaufen einer Horde Fremder teuer bezahlen lassen.«

»Hm, war vielleicht doch keine so gute Idee. Aber wer würde uns sein Haus schon kostenlos zur Verfügung stellen?«

»Kostenlos gibt's wahrscheinlich nur Schrott. Wir brauchen aber etwas Außergewöhnliches. Eine Villa in Münchens Nobelviertel Bogenhausen, beispielsweise. Aber außer Jacob kenne ich niemanden, der in einer wohnt.«

»Pat, du bist genial!« Ich falle ihr begeistert um den Hals, wobei die Gemüseschüssel umkippt und sich die restlichen Karotten und Gurken übers Monstersofa verteilen. »Wir fragen einfach Jacob, ob er mitmacht. Wo er doch arbeitslos ist und wahrscheinlich seine Miete nicht bezahlen kann, könnte das für ihn sogar ganz lukrativ werden.«

Patchouli wischt sich erst mal den Joghurtdip von der Hose, sammelt das restliche Gemüse ein und sieht mich dann verwirrt an. »Wieso denn das? Ich denke, wir wollen keine WG gründen, sondern nur so tun als ob.«

»Ja sicher, aber könnte man Jacob nicht trotzdem fragen? Vielleicht findet er auf diese Weise sogar einen Nachmieter. Er hat doch gesagt, dass er einen sucht.«

Pat kaut nachdenklich an einem Stück Zucchini.

»Hmm, ja warum eigentlich nicht … Wir müssen ihn ja nicht mit der vollen Wahrheit verwirren. Und wenn wir einen reichen Mann gefunden haben, lassen wir den WG-Plan einfach platzen. Wir könnten behaupten, die Interessenten würden unseren Ansprüchen nicht genügen, oder den Bewerbern wären die Kosten doch zu hoch. Da fällt uns dann schon was Plausibles ein.«

»Am besten ist, du rufst Jacob gleich an und lädst ihn zum Essen ein« schlage ich eifrig vor. »Oder noch besser: Wir laden uns bei ihm ein! Dann können wir auch gleich die Räumlichkeiten begutachten …«

»Betty Singer, du hattest schon immer die besten Ideen! Morgen fängt ein neues Leben an! Deshalb sollten wir auch gleich mit deinem Yoga-Programm beginnen. Du wirst sehen: Es wird dir gefallen!«

Am nächsten Morgen steht Patchouli bereits vor Sonnenaufgang in der Tür zu meinem Zimmer. Ihr enganliegender weißer Sportanzug und die hochgezurrten Koboldhaare lassen keinen Zweifel an ihren Absichten.

»Ab heute jeden Tag mindestens eine halbe Stunde verjüngendes Yoga«, erklärt sie und stemmt die Hände in die Taille. »Und zwar noch vor dem Frühstück!«

Erbost ziehe ich mir die Decke über den Kopf und brumme: »Es ist mitten in der Nacht, und ich bin noch viel zu müde für Körperverdrehungen.«

Doch Pat bleibt hart. »Raus jetzt! Ich verspreche dir, dass mit jeder Übung deine Hitzewallungen weniger werden; deine Haut wird glatter, und die Pfunde werden nur so dahinschmelzen. Denk einfach an deinen Millionär. Reiche Männer lieben gutaussehende Frauen.«

Da muss ich ihr wohl recht geben, und ich wollte ja sowieso meine Hippie-Ideale über Bord werfen. Also *springe* ich sogar aus dem Bett und bin knapp zehn Minuten später bereit, meinen Körper für meinen zukünftigen Millionär zu quälen. Meine Schlabberhosen und das Long-Shirt sind zwar lange nicht so kleidsam wie Pats zweite Haut, aber noch ist ja kein reicher Mann in Sicht.

Im Keller, wo Patchouli einen Yogaraum eingerichtet hat, liegen wir auf dicken weißen Unterlagen und beginnen bei leiser Meditationsmusik mit Atemübungen und den »Fünf Tibetern«. Eine Stunde lang verdrehe ich meine Glieder bei Übungen, die vielversprechend »Sonnengruß« oder »Die Heldin« heißen. Danach liegen Pat und ich in der »Krokodilstellung« auf dem Bauch und entspannen uns. Pat atmet ruhig und gleichmäßig. Ich dagegen bin schweißgebadet und keuche wie nach einem Dauerlauf. Doch es ist ein erhebendes Gefühl, den inneren Faulpelz überwunden zu haben. Und mindestens so schön wie die Freude auf das wohlverdiente Frühstück, das jetzt natürlich etwas üppiger ausfallen kann. Yoga verbrennt schließlich Millionen von Kalorien – weiß doch jeder.

Während des Frühstücks schreiben wir bei Müsli und Rote-Bete-Saft schon mal Stichworte für den Anzeigentext auf.

»Das Wort *Villa* muss unbedingt drinstehen, und vielleicht auch *noble Adresse*«, erklärt Patchouli und schneidet uns noch ein paar Erdbeeren klein.

Unter dem Einfluss der morgendlichen Yogastunde diktiere ich: »*Körperlich und geistig fit.*«

Pat notiert es mit zustimmendem Kopfnicken und kichert dann: »So ein richtig alter Faltenarsch könnte aber auch Vorteile haben.«

Vor Schreck verschlucke ich mich an meinem Saft und huste ein »Wie bitte?« heraus.

»Na ja«, gluckst sie. »Denk doch mal an das Busenwunder Anna-Nicole Smith, die hat von ihrem vergreisten Hutzelmännlein schon nach kurzer Zeit ein paar nette Milliönchen geerbt. Dass der beim Kennenlernen bereits mit einem Bein in der Grube stand, fand sie bestimmt nicht tragisch. Leider konnte die Arme dann selber nicht so viel davon verprassen.«

Ich muss lachen, und mir fällt wieder ein, wieso Patchouli unter all den K5-Frauen meine beste Freundin wurde: Mit ihr kann man so herrlich rumspinnen und einfach mal dummes Zeug reden, egal, ob dabei was Brauchbares entsteht oder nicht.

»Aber ich will mir nach Uwe einfach keine Krankengeschichten mehr von Männern anhören müssen. Davon hatte ich in den letzten Jahren mehr als genug. Wenn ich mich noch einmal auf das Abenteuer Beziehung einlasse, dann muss der Mann gesund und fit sein und eine akademische Bildung haben.«

Patchouli legt den Stift weg und sieht mich verwundert an. »Einen Studierten? Die fandest du früher doch immer stinklangweilig und viel zu kopfgesteuert.«

»Tja, die Zeiten ändern sich«, sage ich betont weise. »Überleg mal. Wo wird wirklich gut verdient? Wo sind die Abfindungen und Renten unmoralisch hoch?«

»Bei den Chefärzten, in den Chefetagen und natürlich im oberen Management«, antwortet Pat und notiert es gleichzeitig.

»Genau, und für solche Jobs muss man studiert haben. Solche Männer sind in unserem Alter aber oftmals schon wieder geschieden, weil sie vor lauter Arbeit, Karriere und Geldscheffeln ihre Familien vernachlässigt haben. Und jetzt kommen wir um die Stress-Kurve und bieten diesen armen Ausgebrannten ein gemütliches Nest, wo sie sich vom kräftezehrenden Erklimmen der Karriereleiter erholen können. Sie müssen ihre Abende nicht mehr alleine verbringen. Wir sind die Rettung vor der Vereinsamung!«, doziere ich wie die Moderatorin eines TV-Shopping-Senders.

»*Rettung vor der Vereinsamung* wäre eine sehr schöne Überschrift für die Anzeige. Jammerschade eigentlich, dass aus dieser WG nichts werden wird«, grinst Pat und schaut auf die Uhr. »Halb elf … eine zivile Zeit, um Jacob anzurufen.«

»Aber was willst du sagen?«, frage ich besorgt.

Patchouli zupft Jacobs Visitenkarte, die er uns im Restaurant gegeben hat, unter dem Marienkäfermagnet am Kühlschrank hervor. »Wenn's um Männer geht, agiere ich aus dem Bauch heraus. Ich werde ihm einfach erklären, dass ich eine prima Vermarktungsidee für seine Villa hätte. Da müsste er doch anbeißen, *Vermarktung* war schließlich mal sein Geschäft.«

Doch Jacob ist gar nicht zu Hause. Patchouli hat die Freisprechanlage eingeschaltet, und ich kann mithören, wie eine piepsige Frauenstimme in gebrochenem Deutsch lautstark säuselt: »Tschacob nischt ier, weiß nischt, wann surüüück.«

Als Patchouli höflich nachfragt, ob sie den Haushalt führt, reagiert sie pampig: »No, no, no, isch nischt Maitresse de Maison.«

Pat bleibt nur, sich zu bedanken und die Nicht-Maitresse zu bitten, liebe Grüße von uns auszurichten.

»Komisch«, sage ich zu Pat, als sie aufgelegt hat und wir im Wörterbuch nachlesen, dass Maitresse de Maison Hausherrin heißt. »Wenn sie das nicht ist, was ist sie dann? Eine normale Maitresse?«

»Schon möglich.« Sie gießt sich einen Rest Rote-Bete-Saft ein. »Bei Männern weiß man doch nie. Vielleicht gibt es doch eine Frau in Jacobs Leben.«

»Na, hoffentlich täuschst du dich. An so einer Frau könnte unser Vorhaben nämlich scheitern.«

»Probieren wir es halt später nochmal.«

Kurz darauf klingelt der Postbote und lenkt uns ab. Er hat zwei Briefe für Pat und keinen für mich. Ob mein Nachsendeantrag überhaupt funktioniert?

Pat legt den Brief vom Scheidungsanwalt zur Seite und reißt erst mal einen violetten Umschlag auf.

Beim Öffnen fallen ihr getrocknete Veilchen entgegen. Auf einer blasslila Karte steht in silbernen Buchstaben: *Tutis letzte Party!* Auf der Rückseite lädt Tutis Tochter Debbie zu einer Abschiedsparty ein. Um Antwort und bunte Kleidung wird gebeten.

Es dauert einige Sekunden, bis wir bereit sind zu glauben, was dieser lila Brief bedeutet: Tuti ist gestorben!

Mir wird so heiß wie seit Tagen nicht mehr. Ich habe Tuti zwar schon ewig nicht mehr gesehen, und soweit ich weiß, lebte sie seit vielen Jahren in Bali, dennoch gehört sie zu meinen liebsten Wahlverwandten.

Pat und ich werden ganz melancholisch. »Glaubst du, wir kommen langsam in das Alter, wo wir mehr Freunde und Bekannte auf dem Friedhof als im Adressbuch haben?«, frage ich sie, nachdem wir den ersten Schock überwunden haben.

Patchouli putzt sich geräuschvoll die Nase, bevor sie antwortet. »Irgendwann ist das bestimmt der Fall. Halte mich jetzt nicht für pietätlos: Aber selbst Todesfälle bringen neue Chancen.«

Ich weiß, was sie mir sagen will. Als meine Eltern damals tödlich verunglückten, stand ich plötzlich alleine mit einem Baby da. Aber ohne den Tod meiner Eltern hätte ich die Kommune vielleicht nie gegründet; Pat und ich wären nie so dicke Freundinnen geworden; und es hätte weder den Bio- noch den Kinderladen gegeben. Und wer weiß, wie mein Leben dann verlaufen wäre …

Auch mir kommen jetzt die Tränen. Einige Minuten schniefen wir wortlos vor uns hin. Dann siegt Pats Optimismus: »Irgendwie freue ich mich aber auch auf Tutis letzte Party. Da werden doch sicher viele von den alten K5-Bewohnern auftauchen.«

»Also, einen möchte ich dort bestimmt nicht wiedersehen«, sage ich, und ohne seinen Namen auszusprechen, weiß Patchouli sofort, wen ich meine: Bob. Aber trotz der immer undeutlicher werdenden Erinnerung an ihn muss ich mir eingestehen, dass er nun mal der Vater meiner Tochter ist – und der Mann, mit dem ich einmal mein ganzes Leben verbringen wollte.

»Ja, darauf verzichte ich auch gerne«, stöhnt sie gequält und klemmt die blasslila Karte mit einem Margeriten-Magnet an den Kühlschrank.

Den Rest des Tages wühlen wir in verstaubten Fotoschachteln, frönen nostalgischen Gefühlen und erinnern uns an die alten Zeiten – und natürlich an Tuti. Sogar Dope hätten wir besorgt, wenn wir gewusst hätten, wo.

»Tuti hätte unser WG-Projekt bestimmt gefallen«, sagt Pat nachdenklich, als wir abends auf dem Eckmonster sitzen, Doors-Platten hören und uns als Joint-Ersatz eine Schachtel Pralinen reinziehen.

»Hmmm.« Ich lasse mir ein Blätterkrokantstückchen auf der Zunge zergehen. »Wie Tuti ihre Verehrer immer hingehalten hat … Einfach super! Zur ersten Verabredung ging sie ja grundsätzlich nicht hin. Und nur wer hartnäckig blieb, bekam vielleicht noch eine zweite Chance.«

Pat seufzt: »Manche schrieben ihr sogar seitenlange Briefe, um ans Ziel ihrer Begierden zu gelangen.«

»Ja, damals hatten die Jungs noch Ausdauer und waren romantisch. Es gab keine schnell dahingeschriebenen E-Mails, keine kurzen SMS und nicht mal einen Anrufbeantworter«, erinnere ich mich wehmütig.

Pat dreht die Platte um und summt dann mit: *Riders on the Storm …*

»Vielleicht war diese Haltung aber auch Tutis Verhütungsmittel«, stupse ich Pat an. »Sie wollte nicht noch einmal unverheiratet schwanger werden, wie bei ihrer Tochter Debbie.«

Auch Pat erinnert sich an Tutis Einstellung zu Pille oder Kondomen. Wie alle K5-Frauen war auch Tuti für die Natur und fürs Natürliche. Wir rasierten uns weder die Achseln noch die Beine, und wir verhüteten auch nicht. Wir wollten Kinder und einen Vater dazu – und Tuti wollte außerdem auch geheiratet werden.

Aber leider waren Heiratsanträge in Hippiekreisen so selten wie Blumenwiesen im Januar. Die Institution der Ehe roch für die meisten von uns genauso muffig wie unsere bestickten Schaffelljacken aus Afghanistan. Insgeheim wären wir sicher alle gerne gefragt worden – und sei es auch nur, um ablehnen zu können. Bobs Antrag hätte ich allerdings sofort angenommen …

18. Das Rad der Zeit

Am Tag von Tutis Abschiedsparty präparieren wir uns mit einem späten, aber extra üppigen Brunch.

»Es kann nicht schaden, auf Tutis Lieblingsgetränk vorbereitet zu sein«, erklärt Patchouli und bereitet eine doppelte Portion Rühreier mit fettem Speck zu. Außerdem stehen schon eine Dose Ölsardinen, Toast und Schoko-Croissants auf dem Tisch, die eine absorbierende Grundlage für Tutis Lieblingsdrink sein werden.

»Ganz sicher werden wir mit Southern Comfort mit Ginger Ale auf ihre letzte große Reise anstoßen.« Pat verzieht das Gesicht, als ich eine Zitrone über meinem Ölsardinentoast ausdrücke.

»Dieser Drink war doch das Wodka-Red-Bull der Siebziger! Ein Teufelszeug. Schmeckt wie süße Limo und haut rein wie Hochprozentiges. Doch ganz egal mit welchen Drogen wir heute Abend unseren Abschiedsschmerz lindern, Betty, ab morgen ist es vorbei mit sentimentalen Erinnerungen, Trennungsschmerzen, Ausreden und Ablenkungen. Dann steuern wir wieder mit voller Kraft auf unsere Ziele zu.«

»Hmm«, brumme ich und wage einen Einwand: »Die Yogastunde lassen wir aber ausfallen, oder? Ich bezweifle nämlich, dass ich morgen pünktlich wach werde.«

Doch Pat bleibt hart. »Keine Sorge, ich wecke dich.«

Gegen drei Uhr nachmittags werden wir von Greta und Norman abgeholt. Auch sie hat einen lila Brief bekommen. Norman sitzt in einem bunten Hemd am Steuer, Greta neben ihm auf dem Beifahrersitz. Sie hat sich eine bestickte Bluse mit weiten Ärmeln angezogen, dazu eine alte Schlaghose, die mal mir gepasst hat. Pat und ich setzen uns schweigend auf die Rückbank. Wir tragen beide Blümchenkleider, haben die Haare zu Zöpfen gebunden und mit kleinen Rosenblüten aus Patchoulis Garten geschmückt.

Meine Gedanken rasen mindestens so schnell durch die Vergangenheit wie Normans Kombi durch die kitschig-schöne Landschaft. Am Horizont heben sich die dunkelgrünen Berge gegen einen milchigblauen Föhn-Himmel ab. Tuti hat Postkartenwetter für ihren letzten Trip, stelle ich insgeheim fest. Eigentlich ist es ein Wunder, dass ich überhaupt etwas mitbekomme. Normalerweise hat längeres Autofahren auf mich nämlich eine einschläfernde Wirkung – weshalb ich auch keinen Führerschein habe. Aber heute halten mich die Erinnerungen wach.

»Schläfst du?« Patchouli schubst mich an, als wir von der Starnberger Autobahn runterfahren und auf die am bayrischen See entlangführende Landstraße einbiegen.

»Nee, ich hab nur überlegt, wen von den alten Freunde wir wohl treffen werden.«

Für Pat scheint der Anlass unseres Ausflugs kein Grund für wehmütige Betrachtungen, sondern eher für harten Realismus zu sein. »Na, hoffentlich wird es nicht eines dieser Wiedersehen, wo neben der Toten auch geplatzte Träume beweint werden. Dieses nervige Weißt-du-noch-Geschwätz und Früher-war-alles-so-viel-schöner-Gelaber kann ich mir heute nicht geben. Und erst recht nicht den dummen Spruch, dass man doch noch ganz gut aussehen würde, für sein Alter.«

»Tust du aber«, sage ich und lächle Pat aufmunternd an. Gemeinsam betrachten wir dann erstaunt den weißen Flachdachbungalow, zu dem Norman jetzt abbiegt. Dass wir hier aber durchaus richtig sind, verrät uns das signalgelbe Auto mit der giftgrünen Aufschrift: *Schadstoffarm!* Alle anderen Autos, besonders der feuerrote Spritfresser daneben, wirken beinahe unanständig.

Tutis Abschiedsparty findet also nicht wie vermutet auf einem alternativen Bauernhof statt, sondern in einem weißen Flachdachbungalow aus den Sechzigern, der das Titelbild einer Architekturzeitschrift schmücken könnte. Auch wenn nach meinem Empfinden Blumenbeete fehlen und ein bisschen Feng-Shui hier guttun würde, wirkt das Haus geschmackvoll renoviert. Ich bin gespannt, wem dieses Schmuckstück gehört.

Als wir das Gartentor in der akkurat gestutzten Thujenhecke öffnen, kommt uns eine junge Frau in einem weitschwingenden weißen Kleid entgegen. Mir stockt der Atem. Die ehemals rotzverschmierte Debbie ist zu Tutis Ebenbild herangewachsen. Wie ihre Mutter ist sie eine strahlende Schönheit, die ihre von Natur aus platinblonden Haare mit einem blauen Stirnband gebändigt hat. Debbie erkennt zuerst Greta. Nacheinander fallen wir uns in die Arme: Küsschen, Beileid und – wie von Tuti gefordert – keine traurigen Mienen, sondern fröhliches Lachen.

»Schön, dass ihr gekommen seid«, sagt sie und führt uns zur hinteren Seite des Hauses.

Das weitläufige Grundstück fällt sanft zum Seeufer ab und hat einen privaten Steg ins Wasser. Auf dem kurzgeschorenen Rasen wurden buntgeschmückte Tische und Stühle verteilt, und die »Gastgeberin« selbst ruht in einer nachtblauen, sternenbesetzten Urne auf einem Sockel in der Mitte. Im lichten Schatten einer Birke und umrahmt von Blumen und Kränzen, kann sie ihre zahlreichen Gäste begrüßen und mitfeiern.

Als wir das von Norman kunstvoll gefertigte Moosherz mit den cremeweißen Rosen dazulegen, spüre ich, wie meine Augen feucht werden.

»Lass es dir gutgehen, meine Schöne«, flüstere ich und drehe mich dann schnell zu Debbie um.

»Wie hast du es denn nur geschafft, ihre Urne hierherzubekommen?«, erkundige ich mich. »Es ist doch verboten, die Asche eines Verstorbenen mit nach Hause zu nehmen.«

»Nicht, wenn man die richtigen Leute kennt«, lächelt Debbie geheimnisvoll und zeigt auf einen Mittvierziger in hellen weiten

Hosen, rosa Kaftan und runder John-Lennon-Brille, der wie ihr Zwilling aussieht: genauso blond und schlank und nur unwesentlich größer.

»Das ist Joe. Er hat von seinem Vater ein kleines Beerdigungsunternehmen übernommen. Ihm gehört übrigens auch das Haus.«

Aha, deshalb die Friedhofshecke. Anscheinend will Debbie aber nicht mehr verraten, sondern bittet uns zurück zum Haus, wo auf der Terrasse ein Büfett aufgebaut ist und Greta ihren selbstgebackenen Zwetschgendatschi abliefern kann. Also freue ich mich einfach, dass wir dank Joe Tutis letzten Wunsch erfüllen können: ihre Asche auf dem See zu verstreuen – aber erst nachdem ausgiebig gefeiert wurde und es dunkel geworden ist.

Anfangs scheint es schwierig, unter den faltig gewordenen Frauen und den vielen kahlen Männern die alten Bekannten wiederzufinden. Doch schon beim zweiten Hinsehen erkenne ich hinter den grauen Strähnen und unter den Hüten vertraute Gesichter. Und kaum habe ich den ersten Southern Comfort à la Tuti intus, ist mir, als wäre ich mit der K5 auf einer fröhlichen Landpartie. Das anfängliche Fremdeln vergeht schneller, als die Eiswürfel in unseren Getränken schmelzen.

Die Doors singen: *Break on through to the other side*, wir tanzen barfuß im Gras und versuchen das Rad der Zeit zurückzudrehen. Doch wie von Patchouli befürchtet, kuscheln viele mit einer glorreichen Vergangenheit, die sie eigentlich nie hatten und der sie genau deshalb nachweinen.

Einige der alten Weggefährten mischen aber auch schon in der Zukunft mit: Bertie und Conny, unser Anti-Atomkraft-Pärchen, macht jetzt in erneuerbaren Energien. Die beiden gehörten zu den ersten Greenpeace-Mitgliedern und wanderten vor zwanzig Jahren nach Kanada aus, um Wale zu beobachten.

»Wir sind seit einem halben Jahr zurück. Es gibt in Deutschland wieder Bedarf an Leuten mit innovativen Ideen«, erklärt mir

Conny und schaut mich aus ernsten (und natürlich ungeschminkten) Augen mahnend an. Ihr Freund Bertie (langhaarig geblieben und weißhaarig geworden) blinzelt mich durch seine Nickelbrille an und nickt, wie er es schon immer getan hat. Wenn die zehn Jahre ältere Conny zu neuen Ufern aufbricht, schwimmt Bertie einfach hinterher, ohne sich zu fragen, ob er in reißende Strudel oder sonstige Untiefen geraten könnte.

»Wir haben eine Agentur für Energieberatung gegründet«, verkündet Conny stolz und schaut mich prüfend an. »Wie sieht denn deine Energiebilanz aus, Betty?«

»Och, in Bilanzen war ich schon immer schlecht«, sage ich abwiegelnd, weil ich mich noch gut daran erinnere, wie nervig diese Frau werden kann, wenn sie für eine neue Aufgabe brennt.

Conny strafft die Schultern, als müsse sie eine Prüfung bestehen. »Aber wie steht's denn mit Urlaubsflügen ins Ausland? Unternimmst du Städtereisen und unterstützt Billigflug-Airlines? Fährst du kurze Strecken mit dem Auto? Oder hast du bereits ein umweltfreundliches, wie wir?«

»Ach, da bellst du den falschen Baum an«, unterbreche ich sie und greife nach einem weiteren Glas Southern Comfort. »Ich habe nämlich Angst vorm Fliegen, fahre nur mit der Bahn und besitze gar kein Auto.«

Als die ersten Takte von *Moon Shadow* erklingen, rufe ich schwärmerisch: »Oh, Cat Stevens! Da muss ich unbedingt tanzen. Bis später.«

Nichts wie weg, bevor sie noch wissen will, ob ich auch immer das Licht im Flur ausmache, wenn ich in der Küche sitze. Und wenn sie dahinterkommt, dass ich sogar Vollbäder nehme, steht sie morgen bestimmt vor der Tür und fordert die Herausgabe des Wannenstöpsels. An jedem anderen Tag wäre Energie und Umwelt ein spannendes Thema, aber heute finde ich es unpassend. Conny wurde nicht zu Unrecht »Unser schlechtes Gewissen« in der Kommune genannt.

Plötzlich steht Patchouli neben mir und reißt mich aus dem Takt. Sie krallt ihre Hand in meinen Arm, zerrt mich zur Seite und zischt mit bedrohlichem Unterton: »Er ist hier!«

»Wer?«

»Gretas Erzeuger!«

Ein Sprung in ein Eiswasserbecken hätte mich weit weniger ernüchtert. Verstört drehe ich mich langsam um die eigene Achse und schaue mich um. »Wo?«

»Persönlich habe ich ihn zwar noch nicht gesehen. Aber bei den Gestecken und Blumen liegt ein riesiger Kranz mit Namensschleife«, informiert sie mich aufgeregt. »Den musst du dir ansehen!«

Als ich vor dem opulenten Kranz in Angebergröße XXL stehe, bleibt mir die Spucke weg. Neben diesem Monstrum aus Orchideen sehen alle anderen Kränze irgendwie armselig aus. »Der muss ein Vermögen gekostet haben. Ob Bob inzwischen zu Geld gekommen ist?«, frage ich Tuti in ihrer Urne leise.

Meine Zwiesprache wird von einem attraktiven Mann unterbrochen, der einen niedlichen kleinen Rosenstrauß dazulegt. Die Form erinnert an ein Hochzeitsbouquet. Moment, das ist doch …

»Fritz von Wetterberg, unser Haarwasser-Prinz!«, rufe ich erfreut. Soweit ich weiß, war er mal unsterblich verliebt in Tuti. Heiraten wollte er sie aber auch nicht. Außerdem war da ja noch seine Marla …

»Betty?« Er schaut mich stirnrunzelnd an und fällt mir dann um den Hals. »Meine Güte, ich hätte dich beinahe nicht erkannt.«

Auch wenn das kein Kompliment ist, drücke ich ihn an mich. »Und woran hast du mich doch erkannt?«

Fritz lässt seinen Blick über mein geblümtes Kleid wandern: »Das stammt doch noch aus Kommunenzeiten! Aber damals hat's geschlabbert …«

Wir stoßen mit Southern Comfort an, und auf der Suche nach einem freien Platz überschüttet er mich mit Fragen. Doch eigentlich will er gar keine Antworten, sondern nur von sich erzählen.

»Ich habe so gelitten, als ich nach dem Tode meines Vaters die Kommune verlassen musste. Mein Leben änderte sich brutal. Plötzlich hieß es, jeden Morgen früh aufstehen, ins Büro gehen und den ganzen Tag am Schreibtisch sitzen. Es war einfach grauenvoll!«, erklärt er und verdreht die Augen. »Deshalb habe ich sofort verkauft, als sich ein großer Konzern für meine Haarwässerchen interessierte.«

Anscheinend ist unser Fritzchen doch nicht enterbt worden, sondern musste innerhalb von Stunden vom Hippieland der Illusionen an die Front der Realität wechseln. Und mit derselben glühenden Begeisterung, mit der er sich während der K5-Zeit von Papas Geld losgesagt hatte, erzählt er jetzt von seinem »Golden-Age-Zertifikat«, in das er vor kurzem an der Börse investiert hat. »Wir Alten sind unsere eigene Zukunft!«, predigt Fritz, ohne mal eine Pause einzulegen.

Ich werde hellhörig: Fritzchen würde nämlich ziemlich gut in meine neuen Zukunftspläne passen. Nicht nur sein Verhältnis zum Geld, auch sein Aussehen hat sich radikal geändert. Damals war er ein mickriges Männlein mit vielen ungewaschenen Haaren auf dem Kopf und machte sich nichts aus Geld. Heute sieht er nach regelmäßigen Besuchen im Fitnessstudio aus, ist glatt rasiert und riecht sogar frisch gewaschen.

»Wie geht's denn eigentlich Marla und eurem Sohn?«, erkundige ich mich unauffällig. »Sind sie auch hier?«

»Sebastian studiert in England«, antwortet er knapp, und seiner Miene nach zu schließen, will er Marla nicht erwähnen. Dafür zieht er jetzt ein Foto aus seiner Jackentasche, auf dem ich ein entsetzlich junges Mädchen erkenne – schnurdünn und traumschön. »Das ist meine neue Lebensabschnittspartnerin. Aus ihr mache ich die nächste Claudia Schiffer!«

Das klingt aber nicht nach romantischer Liebe. Eher nach einer Aktieninvestition, die eine fette Rendite abwerfen muss, falls das mit dem Golden-Age-Zertifikat nicht klappt.

Später, als Fritz mich endgültig mit seinen Börsengeschichten eingelullt hat, vernehme ich plötzlich eine männliche Stimme hinter mir: »Patchouli hat mir schon gesagt, dass ich dich hier treffen werde.«

In meinen Ohren höre ich das Blut rauschen. Oh nein, Bob ist also tatsächlich hier. Ich drehe mich langsam um, bereit, meiner größten Hassliebe in die Augen zu schauen.

Doch es ist Jacob!

Den Impuls, ihm erleichtert um den Hals zu fallen, kann ich gerade noch unterdrücken – nicht aber mein verzücktes Lächeln. Verwaschene, löchrige Jeans, Cowboystiefel und bunte Hawaiihemden ließen mich schon immer schwach werden.

»Jacob! Wie schön dich zu sehen!«, piepse ich.

»Dito«, sagt er und strahlt mich an wie der Haarwasser-Prinz das Foto seiner zweibeinigen Lebensversicherung. Wo ist er überhaupt? Hat sich wohl schnell aus dem Staub gemacht, als Jacob kam. Soll mir recht sein.

Aber, Sekunde … Jacob auf dieser Party?

»Was machst du denn hier?«, frage ich verwundert.

»Dasselbe wie du: Tuti feiern und verabschieden«, grinst er und setzt sich neben mich. »Sie hat mal als Fotomodel für meine Werbeagentur gearbeitet. Und damals haben wir uns angefreundet.«

»Ja, an Tutis Modeljobs kann ich mich noch gut erinnern. Wenn sie Aufträge hatte, konnten wir den Kühlschrank auffüllen oder die Schulden bezahlen.«

Jacob sieht mich lächelnd an. »Dann müsstest du dich eigentlich auch noch an das Polaroid-Happening erinnern.«

»Aber natürlich!«

»Und an den Mann, der es an die Zeitung verkauft hat?«

»Ja, aber frag mich jetzt bloß nicht, wie der hieß …«

Einen Moment sieht Jacob mich lauernd an. Dann sagt er frech grinsend: »Jacob Sommernacht!«

Ich schweige schockiert. Das hieße ja, wir hätten uns früher schon begegnen können. Oder sind es vielleicht sogar? Aber ich kann mich partout nicht an Jacob erinnern.

»Du erinnerst dich also nicht.«

Ich schüttle beschämt den Kopf und merke, dass mir der Alkohol schon ganz schön zugesetzt hat.

»Das habe ich auch manchmal. Ich nenne das: *Sometimer*, eine Vorstufe von Alzheimer. Mal merke ich mir was, mal vergesse ich es.«

Unser Geplänkel wird von einem sanften Klingeln unterbrochen. Debbie geht mit kleinen Glöckchen herum und bittet alle Gäste mit hinunter an den See zu kommen. Es wird tatsächlich schon dämmerig.

Und während sich die Sonne allmählich zwischen türkis-rosa Wölkchen verzieht, wandern unzählige buntgekleidete Althippies ans Ufer, lassen Teelichter in Kokosnussschalen zu Wasser und werfen Blumen hinterher. Debbie streut Tuti in den Wind. Es ist sehr ergreifend, und von den Anwesenden lacht plötzlich keiner mehr wie gewünscht, sondern alle weinen sie leise in ihre Drinks. Unsere Blicke folgen Tuti, die sich in Begleitung eines Lichtermeers auf den Weg ins Nirwana macht. Wehmütig schauen wir hinterher, bis die Lichter kleiner und unsere Tränen weniger werden. Und um der alten Zeiten willen ziehe ich an einem der Joints, die jetzt die Runde machen, und inhaliere sogar den Rauch, was ich früher oft nicht getan habe.

Als die Trauergemeinde am Ufer sich auflöst, schleppe ich mich erschöpft zum Haus zurück. Mein ganzer Körper ist so schwer, als wäre ich mit Tuti ein Stück über den See geschwommen. Meine Beine wollen plötzlich nicht mehr so, wie ich will. Der Joint hat mein Bewusstsein nämlich kein bisschen erweitert, sondern nur meinen Kreislauf geschwächt. Ich brauche jetzt unbedingt etwas Süßes, damit ich zurück in die Realität finde.

Auf der Terrasse beim Büfett nehme ich mir ein extra großes Stück Bananenkuchen – nach Tutis Rezept – und mache mich auf die Suche nach Debbie. Sie müsste schließlich wissen, ob Bob, der Mistkerl, höchstpersönlich hier aufgetaucht ist oder nur diesen Großkotz-Kranz geschickt hat.

Im Haus ist sie nirgends zu finden. Ich spaziere also zurück ins Dunkel des Gartens, stolpere über ein Pärchen, das knutschend im Gras liegt, und stoße mit jemandem zusammen, dem ich beinahe den Kuchen übers Hemd kippe. Trotz meiner schnellen Reaktion fällt mir der Teller aus der Hand und zerbricht an dem bestimmt einzigen Stein auf dem sonst so perfekten Rasen.

»Wieder mal unterzuckert?«, fragt eine vertraute Stimme.

Jacob!, zwitschert es in meinem Kopf.

Er sieht mich amüsiert an und nimmt meinen Arm. »Komm, wir holen dir ein neues Stück.«

»Hmm«, murmle ich total benommen. Mein Gehirn hat seit mindestens zwanzig Jahren keinen Alkohol-Drogen-Cocktail mehr verdauen müssen. Alles dreht sich im Kreis wie bei einer Dauer-Karussellfahrt. Ein Glück, dass es dunkel ist und ihm mein flackernder Blick nicht auffallen wird.

Mit einem neuen Stück Kuchen und untergehakt wie ein Paar, führt Jacob mich an einen Tisch. Alles, was dieser Mann tut, wirkt so unendlich normal und selbstverständlich, dass ich mir wünsche, Däumelinchen zu sein und für immer in seiner Jackentasche wohnen zu können. Kurz bevor ich in meinem benommenen Zustand diesen naiven Wunsch aussprechen kann, erscheint Greta mit Norman an der Hand.

»Das ist meine Tochter mit ihrem Freund«, sage ich voller Mutterstolz. »Und das ist Jacob.«

»Hallo Greta. Freut mich sehr.« Jacob schüttelt ihre Hand und bietet den beiden etwas vom Kuchen an.

»Nein danke«, sagt meine Tochter. »Wir wollen gerade gehen.«

Ich überlege noch, ob ich Greta eben überhaupt namentlich vorgestellt habe, da fordert sie mich liebevoll, aber bestimmt auf: »Los, Betty, jetzt ist es genug. Wir fahren nach Hause.«

Wer ist hier eigentlich die Mutter und wer das Kind?

»Ach bitte, darf ich noch bleiben?«, gluckse ich albern. »Pat und ich kommen schon irgendwie heim. Sie organisiert uns bestimmt einen Chauffeur.«

»Aber bitte einen, der nüchtern ist.« Greta grinst und verabschiedet sich mit einem Küsschen von mir. Arm in Arm verschwindet sie mit Norman in der Dunkelheit. So würde ich jetzt auch gerne mit Jacob ... Stopp! Dergleichen ruinöse Träume kann ich mir nicht mal unter Drogeneinfluss leisten!

Ich sollte ein unverfängliches Gespräch anfangen.

»Was macht eigentlich die Bogenhausener Villa?« Das war jetzt total unverfänglich. Ich bin stolz auf mich.

»Na ja, geht so«, sagt er beiläufig, als wäre Bogenhausen eine Schrebergartensiedlung. Dann bringt er mich zum Lachen, indem er weiter rumalbert: »Hauptsache, die Fenster schließen, die Heizung funktioniert, es steigt kein Grundwasser in den Keller, und das Haus ist frei von Ungeziefer ...«

Bei »Ungeziefer« sehe ich meine Chance gekommen, etwas mehr über ihn herauszufinden. Denn alles, was er bis jetzt gesagt hat, bestätigt nur meine Hausmeister-Vermutung. »Nicht mal ein paar klitzekleine Silberfischlein? Du wohnst da ganz allein?«

Jacob sammelt mit den Fingern die letzten Krümel vom Teller auf. »Ja, mutterseelenallein. Und manchmal fürchte ich mich ganz schrecklich. Besonders im Dunkeln.«

Ah, da ist er wieder, dieser ironische Unterton. Vielleicht kann ich mit ein bisschen Übermut hinter sein Geheimnis kommen, denke ich und erkläre: »Ich hätte da so eine Idee, wie du das ändern könntest.«

»Du ziehst zu mir?«

Auch wenn ich ziemlich benebelt bin, weiß ich doch, dass er so etwas nicht mal zum Spaß sagen würde, wenn er nur Hausmeister wäre.

»Au ja, sofort!«, sage ich also und kichere wieder albern.

Jetzt schaut Jacob mich verblüfft, ja beinahe erschrocken an.

»Ein Scherz, nur ein Scherz«, beteure ich.

Aber seinem fragenden Blick nach zu schließen, scheint Jacob neugierig geworden zu sein. »Welche Idee hast du denn?«

»Also, du weißt doch, dass ich mit Patchouli die K5 gegründet habe. Ich habe also WG-Erfahrung«, hole ich aus und überschütte ihn dann mit Infos aus meiner Berlin-Vergangenheit: der Trennung von Uwe, dem Rausschmiss aus der Wohnung, dem Ende meiner beruflichen Karriere und der Tatsache, dass ich meine Antiquitäten verkaufen musste und in München einen neuen Anfang wagen möchte. Jetzt müsste Jacob eigentlich klar sein, dass wir beide in der gleichen Situation sind: arbeitslos und verschuldet! Dann betone ich die Vorteile des Zusammenlebens, besonders der finanziellen, bevor ich ihm in blumigen Worten von einer Nobel-WG für über Fünfzigjährige vorschwärme.

Jacob kapiert sofort, worum es geht. »Aha, und dafür wäre also meine armselige Hütte geeignet?«

Er ist ja so süß, stöhne ich sehnsüchtig in mich hinein und muss mich sehr beherrschen, um ihm in meinem Zustand nicht einfach durch die Haare zu strubbeln. Stattdessen flüstere ich: »Ja, genau«, und hoffe, es möge wie ein erotisches Versprechen klingen.

Tut es aber leider nicht.

»Ja, ähm, klingt interessant … doch so spontan und mitten in der Nacht … da muss ich erst einmal nachdenken … wird sicher schwierig, die geeigneten Leute zu finden.« Jacob kratzt mit der Gabel auf dem leeren Teller rum. »Und dann bei Tageslicht und in nüchternem Zustand …«

»… sind die schönsten Träume nichts mehr wert«, unterbreche ich seine Grübeleien, ehe er sich das Ganze noch selbst miesredet und jetzt gleich »nein« sagt. »Wie wär's, wenn ich dich morgen anrufe und wir nochmal drüber reden? Bei Tageslicht, nüchtern und mit klarem Verstand.«

»Warum nicht. Beim Telefonieren kann ja nichts Schlimmes passieren«, flachst er.

Und bevor sich die freundschaftliche Leichtigkeit zwischen uns wieder auflöst, verabschiede ich mich lieber schnell, um Pat zu suchen. Hoffentlich hat sie uns schon eine Mitfahrgelegenheit organisiert. Ich möchte nämlich nur noch nach Hause – und möglichst im Trockenen, denn es fängt bereits an zu regnen.

Kurz darauf hocke ich in Embryostellung auf dem schmalen Rücksitz eines winzigen italienischen Wagens. Meinen Beinen und vor allem meinem Magen gefällt das gar nicht. Wie lange ich diese Position aushalte, ohne mich zu übergeben, ist fraglich. Außerdem zieht es furchtbar durch alle Ritzen. Aber inzwischen ist es drei Uhr morgen – das behauptet jedenfalls die Uhr am Armaturenbrett –, es regnet in Strömen, und ich bin mittlerweile genauso schlaff wie die Blumen in meinem Haar; wie immer, wenn die Wirkung von Alkohol und Joints nachlässt. Auch daran erinnere ich mich noch.

Patchouli hängt ebenfalls durch und will einfach nur schnell ins Bett. Und zwar mit Holger, unserem südländisch aussehenden Chauffeur. Angeblich hat der glutäugige Holger mal für drei Wochen in der K5 gewohnt. Und angeblich mochte ich ihn nicht. Aber er ist sicher ein geeigneter Kandidat, um Pat über Hugo hinwegzutrösten. Zumindest heute Nacht. Und wenn er will, kann er in die neue WG mit einziehen – falls er Kohle hat.

Doch plötzlich fängt der Wagen an zu ruckeln und reißt mich aus meinen Gedanken. Meine Güte, jetzt phantasiere ich schon. Immer wieder vergesse ich, dass es ja gar keine WG geben wird.

»Sorry!«, schnauft Holger, als der kleine Italiener nach einigen Metern tuckernd ausrollt. »Ich fürchte, der Tank ist leer.«

Patchouli schüttelt fassungslos den Kopf. »Du Blödmann«, fährt sie ihn auf einmal an. »Weißt du denn nicht, dass man auf die Benzinuhr schaut, *bevor* man losfährt und nicht erst, wenn die Karre schon stottert?«

Holger erträgt ihren Wutausbruch zunächst schweigend. Was soll er auch sagen? Aber dann fällt ihm offensichtlich doch noch was zu seiner Verteidigung ein. »Bei der Abfahrt sah es so aus, als sei er voll.«

»Was hast du denn eingenommen?«, schnauft Pat bissig.

Ich grinse in mich hinein. Hätte ich ein Auto, würde mir das sicher ständig passieren. Es ist schließlich auch eine Frage des vorhandenen Kleingelds …

»Und?« Patchoulis Stimme klingt lauernd. »Hast du wenigstens einen Reservekanister?«

Holger schüttelt den Kopf und schaltet wortlos die Warnblinkanlage ein.

»Dann ruf den ADAC an«, zetert Pat weiter.

»Ich bin kein Mitglied«, gesteht Holger kleinlaut.

Patchouli fängt an, überspitzt zu lachen. »Ha! Keinen Sprit und dann nicht mal ADAC-Mitglied sein. Typisch Hippie!«

Jetzt mische ich mich ein. »Ach, Pat, ist doch kein Grund, sauer zu werden. Wir sollten erst mal abwarten. Vielleicht kommt jemand von Tutis Freunden vorbei.«

Doch wie immer in solchen Situationen kommt niemand. Aber die Verzweiflung gebiert bekanntlich die größten Helden. Nach einer Weile eisigen Schweigens wird Holger kühn: »Und wenn ich einfach behaupte, Mitglied zu sein?«

Pat nickt gnädig und reicht ihm ihr Handy. Bei seinem Gerät ist nämlich der Akku leer … Dummerweise hält auch ihre Batterie die vielen Versuche, eine Verbindung zu bekommen, nicht lange aus – in Regennächten herrscht bei den gelben Engeln

Hochbetrieb. Zu meiner Schande muss ich gestehen, dass mein Handy zu Hause auf dem lachenden Buddha sitzt. Ich dachte, es wäre stillos, zu einer Beerdigungsfeier im Siebziger-Jahre-Stil ein Handy mitzunehmen.

Ungerührt schickt Patchouli den armen Holger in den Regen hinaus zur nächsten Notrufsäule. Und kaum ist unser Held in Schlaghosen, Stehkragenhemd und Stirnband in der Dunkelheit der nächsten Kurve verschwunden, leuchten Scheinwerfer auf. Wenige Sekunden später hält ein Wagen hinter uns an.

Patchouli kurbelt das Fenster auf ihrer Seite runter, steckt neugierig den Kopf in die Regennacht und brüllt begeistert: »Jacob!«

Mit nassen Haaren und Regentropfen im Gesicht sieht unser Retter einfach verwegen sexy aus, als er den Tank des kleinen Italieners auffüllt. Jacob hat nämlich einen vollen Reservekanister. Als Holger im Laufschritt zurückkommt, ist er klatschnass und niest bereits heftig. Pat ignoriert das eiskalt. Dennoch besteht sie darauf, dass Holger sie nach Hause fährt. Die Gelegenheit will sie sich nicht entgehen lassen, gibt sie mir zu verstehen.

Ich dagegen wechsle den Wagen und sitze wenig später neben Jacob in einer komfortablen Limousine aus dem Schwabenland – mit viel Platz für meine Beine. Hätte ich etwa weiter meine Knie unters Kinn klemmen und »nein« sagen sollen, als Jacob mir einen bequemeren Platz anbot? Obwohl ich mich natürlich schon frage, wie ein Arbeitsloser mit Mietschulden sich so einen protzigen Wagen und dazu noch einen vollen Reservekanister leisten kann. Vielleicht ist er ja gar kein Hausmeister, sondern Autohändler. Eine wirklich plausible Erklärung fällt mir aber nicht ein, was an meinem immer noch leicht benebelten Zustand liegen könnte. Doch Hauptsache, ich schlafe jetzt nicht ein. Das sanfte Motorengeräusch und die kuschelige Wärme im Wagen wirken gefährlich beruhigend. Ich spüre, wie meine Lider schwer werden, und kurz bevor mir die Augen zufallen, höre ich Jacobs Stimme.

»Im Handschuhfach ist übrigens eine Notfallration Müsliriegel, falls du deinem Kreislauf wieder auf die Beine helfen willst.«

Wahrscheinlich ist es die Müdigkeit, die mich jetzt kindisch glucksen und vor mich hinträumen lässt. Ist es nicht verrückt, wie das Leben manchmal so spielt? Wäre Tuti nicht von uns gegangen, hätte es diese Party nicht gegeben, und ich würde jetzt nicht neben Jacob sitzen. Für das Glück, mit Jacob Sommernacht durch eine verregnete Sommernacht fahren zu dürfen, werde ich dem Antihelden Holger ewig dankbar sein. Hoffentlich entpuppt er sich als besserer Liebhaber denn als Autofahrer! Vielleicht sollte ich die beiden auch heute Nacht nicht stören. Dafür müsste ich mich allerdings woanders einquartieren. … Plötzlich bin ich hellwach.

Es ist kurz vor Sonnenaufgang, und am Horizont zeichnen sich bereits die Zwiebeltürme der Frauenkirche dunkel ab. Viel zu schnell erreichen wir München. Ich brauche dringend einen Geistesblitz! Als Jacob von der Autobahn abfährt, fällt mir endlich etwas ein.

»Ich wollte dich doch morgen, also heute, anrufen …«, beginne ich.

Jacob muss an einer roten Ampel halten und dreht sich zu mir. Im diffusen Morgenlicht sieht er mit den sprießenden Bartstoppeln auf erotische Weise übernächtigt aus. »Ja?«, sagt er, und es klingt ernsthaft interessiert.

»Na ja, und jetzt ist doch schon morgen. Wie wär's also, wenn wir den Anruf überspringen und gleich … äh …«

Seinem Blick nach zu urteilen, nimmt er mich doch nicht besonders ernst. Überraschenderweise fragt er dann: »Zu mir oder dir?«

Mit niedergeschlagenen Augen flüstere ich verschämt: »Zu dir.« So jung und begehrenswert habe ich mich seit Jahren nicht mehr gefühlt.

Schmunzelnd biegt Jacob kurz darauf an einer Tankstelle ab.

»Mein Kühlschrank ist leer, und wir brauchen jetzt ein üppiges Frühstück. Hier gibt's rund um die Uhr frische Brötchen.«

Noch ehe er den Motor abgestellt hat, bin ich schon halb draußen. »Ich gehe«, sage ich bestimmt. Er soll nicht das Geld für mich ausgeben, das er gar nicht hat.

Er schaut mich erstaunt an. »Ich weiß nicht, auf eine ganz seltsame Art bist du, na ja …«

Ich grinse verzückt. »Du kannst es ruhig aussprechen: verrückt! Und du hast wahrscheinlich recht. Solltest du mich jemals suchen, findest du mich in der Schublade für ›Verrückte Hühner‹!«

Er sieht unverwandt geradeaus. »Dann hole ich mir also gerade ein verrücktes Huhn ins Haus?« Dass er sich anscheinend über mich amüsiert, kapiere ich, als er noch hinzufügt: »Kriege ich dann auch ein Überraschungs-Ei?«

19. Konkurrenz im Badetuch

Während Jacob den Wagen in der Garage parkt, stehe ich mit Herzklopfen vor seinem Haus, als hätte ich eine Diamantmine entdeckt. Die *armselige Hütte* entpuppt sich nämlich als opulente Jugendstilvilla! Genau die richtige Basis für eine Frau, die hoch hinaus will auf der Leiter des Lebens. Das Haus ist zwar nicht renoviert, aber in gutem Zustand. Der Garten scheint eine parkähnliche Größe zu haben, und eine dichte Hecke aus rosablühenden Rhododendren schützt vor neugierigen Blicken. Geradezu ideal für Partys und Gartenfeste. Die Münchener Immobilienpreise sind mir zwar nicht geläufig, aber schätzungsweise ist dieses Anwesen Millionen wert. Die Miete muss schwindelerregend hoch sein. Mal sehen, ob ich zwischen Hörnchen und Kaffee rausfinden kann, wie tief der Pleitegeier schon über dem Haus kreist.

»Nettes Häuschen«, sage ich bemüht gleichgültig, als Jacob die mit Ornamenten verzierte Metalltür aufschließt.

Er brummt zustimmend und schiebt mich sanft in eine große Eingangshalle. Mit großen Augen sehe ich mich um. Schon beim Anblick der vielen Facettentüren – blitzschnell zähle ich sieben –, weiß ich: Es muss traumhaft sein, hier zu wohnen. Aber am besten gefällt mir der Geruch. Wie jedes Haus hat auch dieses seinen Eigengeruch. In diesem Fall: Edelpatina.

Jacob weist mit einer Handbewegung die Richtung an. »Da geht's in die Küche.«

Ich bezwinge meine Neugier und folge ihm, denn viel lieber würde ich mir natürlich das Haus ansehen. Als er mir die Tür öffnet, entfährt es mir: »Hui, ist das aber weiß hier!«

Der Raum ist schätzungsweise 20 Quadratmeter groß, hat einen ramponierten schwarz-weißen Fliesenboden, langweilig weiße Schränke und wirkt auch durch die kahlen weißen Wände klinisch sauber. Wie eine Kantinen-Küche. Daran ändern auch der elektrische Mixer, die leere Glasschüssel und das Netz mit Zwiebeln nichts, die verloren auf der Arbeitsfläche rumstehen. Feng-Shui tut not! Hier müssten dringend ein paar Dinge verrückt und positives Chi versprüht werden. Zunächst einmal würde ich gerne die Schüssel mit bunten Bonbons füllen und pinkfarbene Kissen auf die zwei schneeweißen Korbstühle verteilen. Etwas Farbe im Raum ließe auch den weißen Marmortisch weniger kühl wirken. Aber der romantische Blick aus den hohen Flügelfenstern ist überwältigend. Von der Terrasse führt eine bemooste Steintreppe in den Garten auf einen schmalen Weg, vorbei an lila Iris und rosa Gladiolen, hin zu einem von weißen Rosen umrankten Pavillon. Das könnte auch ein Titelbild von *House and Garden* sein. Ich bin vollkommen hingerissen.

Als Jacob eine Flasche Wasser aus dem Kühlschrank holt, bin ich schlagartig wieder ernüchtert. Mit geübtem Hausfrauenblick konnte ich nämlich sehen, dass der bis auf ein Glas saure Gurken vollkommen leer ist. Ein Glück, dass ich in dunkler Vorahnung nicht nur Hörnchen, sondern auch Kaffee, Milch, Eier, Butter, Käse und sogar Wurst gekauft habe.

Erstaunt sieht Jacob mir jetzt beim Auspacken der prallgefüllten Tüten zu. »Kommt noch jemand?«

Oh, oh, hoffentlich denkt er nicht, dass ich ihn bemuttern will. Es soll Männer geben, die das hassen.

»'tschuldigung«, murmle ich geistesgegenwärtig. »Kommunengeschädigt. Seit der K5 bin ich gewohnheitsmäßiger Vielkäufer. Wenn mich keiner stoppt, wird's immer mehr als beabsichtigt.«

»Na, dann solltest du unbedingt wieder eine WG gründen. Wäre doch schade, so ein Talent verkümmern zu lassen.«

»Siehst du! Und genau das möchte ich ja mit dir besprechen.«

Als wir dann in den Korbstühlen vor einem reichgedeckten Marmortisch sitzen, fabuliere ich mir das WG-Projekt einfach zusammen. Was nicht allzu schwer ist, schließlich habe ich genug Erfahrung – selbstverständlich berichte ich dabei nur von den positiven Aspekten des Zusammenwohnens: gemütliche Abende, gemeinsames Kochen, im Sommer Gartenpartys und im Winter Schneemann bauen und dergleichen. Jedenfalls vereinsamt man nicht. Und immer wieder betone ich den Kostenfaktor.

Während Jacob sein Überraschungsei auspackt und eine der Schokohälften isst, hört er aufmerksam zu. Dann wird er konkret: »Wann soll's denn losgehen? Und an wie viele Bewohner hast du gedacht? Gibt es auch bereits Interessenten?«

Anscheinend war ich überzeugend.

»Also, Pat und ich sind natürlich die ersten Interessenten. Die Idee stammt ja von uns. Aber für einen konkreteren Plan brauchen wir erst mal das passende Objekt. So etwas will ja gut durchdacht sein! Auch wenn ich dir bisweilen etwas verrückt vorkommen mag, bin ich im Grunde doch sehr bodenständig.«

Eigentlich führen wir hier gerade eine ganz normale Unterhaltung, mal abgesehen von der Tatsache, dass ich Jacob eigentlich gar nicht richtig kenne und nicht besonders viel über ihn weiß. Aber er benimmt sich so, als wären wir schon jahrelang befreundet. Hoffentlich merkt er nicht, dass alles nur ein Hirngespinst ist.

Nach dem Frühstück zeigt Jacob mir dann endlich das Haus. Und zu meinem Erstaunen muss ich feststellen, dass er kaum Möbel besitzt. Die unteren fünf Räume sind ziemlich leer, bis auf zwei große Regale. Ich frage mich, ob er vielleicht bereits etwas von seinen Möbeln verkauft hat, um die Miete bezahlen zu können. Vielleicht hat er sie wie ich an einen Händler gegeben? Aber für meinen Plan ist nur eines wichtig: Die Villa ist leer, und vielleicht ist Jacob deshalb noch empfänglicher für Verwendungs-Ideen.

»Das Erdgeschoss war bis vor einem Monat an eine Werbeagentur vermietet«, erklärt Jacob, als könne er meine Gedanken lesen.

»Warst du dort beschäftigt?«, frage ich möglichst beiläufig.

»War ich«, erklärt er knapp, und seinem Ton entnehme ich, dass er dazu nicht mehr sagen will.

»Die Villa ist auch ohne Einrichtung beeindruckend«, beginne ich zu schwärmen. »Ich liebe diese Facettentüren, die zur Begrüßung leise knarren, und solch hohe Sprossenfenster, die malerische Muster auf das alte Stabparkett werfen, und ganz besonders gefallen mir die verspielten Stuckdecken. Ich kann dir versichern, Jacob, das Haus hat ein spürbar glückliches Chi. Jeder, der es betritt, wird hier wohnen wollen.«

»Ja, und jetzt zeige ich dir, wo ich wohne«, sagt Jacob und schiebt mich die Treppe rauf. »Ein Dachgeschoss gibt's natürlich auch noch. Aber das wird im Moment nur als ...«

»'allo, Tschacob?«, ertönt plötzlich eine Stimme hinter einer der Türen, und heraus kommt ein sehr junges Mädchen – das fast nichts anhat! Verdammtes Karma!

Aufgekratzt und verstört komme ich gegen zehn zurück ins Reiheneckhaus. Um mich zu beruhigen, gönne ich mir erst mal ein Bad – dank Conny ab sofort nur noch halbvoll und mit schlechtem Gewissen. Als ich mir die Beine rasiere, kommt Patchouli im knappen Hemdchen hereingeschlurft.

»Holger schon weg?«, erkundige ich mich.

»Ha«, lacht sie abfällig und streckt sich dann ausgiebig. »Den habe ich doch lieber nach Hause geschickt. Mir war das Risiko zu groß. Ein Mann mit leerem Tank könnte auch eine leere Hose haben.«

Wir sind wohl beide ziemlich fertig – das erinnert mich an die alten Zeiten. Genau wie heute leistete mir Patchouli damals oft Gesellschaft, wenn es Wichtiges zu berichten gab. Und jetzt gibt es etwas sehr Wichtiges zu berichten. Pat lauscht gespannt meinem Katastrophenbericht.

»Jacob hat also wirklich eine Frau?« Inzwischen sitzt Pat auf dem Klodeckel und bürstet sich nachdenklich die Haare.

»Ja, und zwar eine ekelhaft junge!«, klage ich und fahre mit dem Rasierer am Bein entlang. Ich kann das Drama auch noch nicht richtig fassen. »Und sie sieht aus wie Brigitte Bardot – und hat natürlich eine Topfigur.«

Pat verdreht die Augen, schüttelt den Kopf und stöhnt: »Ein Sexbömbchen! Das ist der Super-GAU für unseren Plan.«

»Ja, das befürchte ich auch. Dabei fing es so gut an. Jacob und ich verstanden uns so gut, und es fehlte jegliche Peinlichkeit. Vielleicht weil wir *nicht* miteinander geschlafen haben. Du weißt ja, wie sonst in so einer Nacht immer die Erwartungen im Raum stehen. Stattdessen waren wir beide völlig gelassen: Er bastelte die Plastikmonster aus den Ü-Eiern zusammen, und ich konnte ihm die WG-Idee wie eine gute Freundin als Möglichkeit zum Schuldenabbau schmackhaft machen. Er wollte zwar nicht ausführlich über Geld reden, auch nicht über die Höhe seiner Miete, wirkte aber dennoch sehr angetan von der Idee. Seiner Meinung nach hätte das Finanzielle ja noch Zeit, bis die Sache konkreter werden würde.«

»Heißt das, du hast weiter nichts aus ihm rausgekriegt?«

»Nein, ich … Autsch!«, jammere ich und blicke auf die Schnittwunde. »Mist, vor lauter Aufregung bin ich mit dem Rasierer abgerutscht. Alle Versuche, über Geld oder Miete zu reden, hat er abgeblockt. Auch über seine Arbeitslosigkeit oder diese Werbeagentur wollte er nichts sagen. Anzunehmen, dass es ihm peinlich ist. Und ich hielt es für klüger, nicht länger zu bohren.«

»Tja, wenn uns Mademoiselle Bardot da mal keinen Strich durch die Rechnung macht.«

»Noch wissen wir nicht, wer oder was sie ist«, versuche ich mehr mich selbst als Pat zu beruhigen.

»Du bist vielleicht naiv, Betty. Hast du vergessen, dass er uns bei *Marcello* von seinen Affären mit Models erzählt hat? Und nun kam eins nackt aus seinem Bad.«

»Im Badehandtuch!«, verbessere ich sie.

»Meinetwegen«, sagt Pat unwirsch. »Für mich ist das Beweis genug. Verdammt, ich hab's doch geahnt, dass es eine Frau in seinem Leben gibt.«

Geahnt habe ich zwar nichts, aber enttäuscht bin ich dennoch. Und ich ärgere mich, dass auf meine sonst so gute Menschenkenntnis offensichtlich kein Verlass mehr ist. Ich habe Jacob für einen ganz besonderen Mann gehalten. Nie hätte ich vermutet, dass auch er mit einer jüngeren Frau sein Alter vertuschen will. Wieso merken Männer eigentlich nie, wie alt so eine junge Frau sie tatsächlich macht?

Pat reißt Klopapier ab und reicht es mir, um die Blutung zu stillen. Dann legt sie noch einen Scheit auf mein Frustfeuer: »Du hättest nicht wegrennen sollen, Lieschen.«

Ich sehe sie verblüfft an. »Aber ich war so geschockt, als hätte sie uns in flagranti erwischt. Hätte ich vielleicht mit ihr Kaffee trinken sollen, nachdem er uns vorgestellt hat?«

»Logo, dann hättest du herausfinden können, wie lange das schon läuft und wie ernst die Sache ist. Jetzt wissen wir nur, dass sie Natalie heißt und wie Brigitte Bardot aussieht. Wir können also davon ausgehen, dass sie Französin ist. Und wie männerverschlingend die sind, ist ja weltweit bekannt!«

Patchouli reicht mir ein Pflaster. Ich habe mich schon wieder geschnitten! Die Ereignisse der letzten Nacht und die Begegnung mit der französischen Konkurrenz im Badetuch waren einfach zu viel für mich. Erschöpft steige ich aus dem Wasser, wickle mich in meinen Bademantel und setze mich auf den Wannenrand.

»Vielleicht läuft da ja gar nichts. Sie kam schließlich nur aus dem Bad.«

»Ha, ha. Das nennt man Zweckoptimismus!«

Ja, ich bin eben ein Optimist. Mittlerweile denke ich allerdings auch, dass es tatsächlich klüger gewesen wäre, dazubleiben. Mein Weglaufen war eine Kurzschlussreaktion. Ich habe mich von der knisternden Stimmung zwischen Jacob und mir zum Träumen verleiten lassen. Ich hatte mir eingebildet, er würde mich genauso attraktiv finden wie ich ihn. Aber wenn ich jetzt so darüber nachgrüble, wird mir klar, dass diese Natalie eigentlich im passenden Moment kam. Nun muss ich keine Skrupel mehr haben, Jacob wegen der WG zu täuschen. Genaugenommen wird er ja auch keinen Schaden davontragen. Abgesehen vielleicht von dem Trubel, der entsteht, wenn Leute durchs Haus laufen und das Parkett verkratzen. Aber wenn ich erst mal reich bin, spendiere ich ihm eine Runde abschleifen und neu versiegeln.

Somit wären jetzt auch die letzen Bedenken beseitigt. Ich sehe mein Ziel wieder klar vor mir. Entschlossen rubble ich mich trocken und nehme eine extra Portion von der Jane-Fonda-Creme.

»Nächste Woche rufe ich Jacob nochmal an und starte einen neuen Versuch.«

Patchouli deutet Beifall an. »Sehr gut, Lieschen, niemals aufgeben!«

Den restlichen Tag können wir aber unmöglich ohne Nickerchen überstehen. Durchtanzte Nächte und gefährliche Konkurrenz im Badetuch sind in unserem Alter nicht mehr so einfach wegzustecken. Auch Pat hat kaum geschlafen und ist fürs Hinlegen, bevor sie zu den »Fünf Tibetern« in den Yogakeller gehen will. Also, ab aufs Eckmonster.

»Weißt du«, murmelt Pat und zieht sich die Decke hoch, »wir können uns doch auch ohne Männer ganz gut auf den Keks gehen, oder?«

Ich brumme zustimmend und entferne einige Brösel von der Sitzfläche, bevor ich mich in die andere Ecke kuschle. »Und noch besser können wir zusammen krümeln …«

20. Durchstarten

Ein schrilles Geräusch weckt mich wenige Stunden später. Schlaftrunken sehe ich Patchouli zum Telefon greifen und höre sie leise mit jemandem sprechen.

»Das war Hugo«, grummelt sie, als sie auflegt. »Er möchte mich in einer Stunde treffen, um die Scheidung zu regeln. Ich habe zugesagt.«

»Soll ich dich begleiten?«, frage ich besorgt.

»Nein, danke, ich glaube, es wird keine großen Probleme geben. Er klang ziemlich versöhnlich und will die ganze Angelegenheit genau wie ich einfach nur schnell über die Bühne bringen.« Sie steht auf und faltet nachdenklich ihre Decke zusammen.

»Und ich hatte gerade den seltsamsten Traum meines Lebens«, erzähle ich, um sie ein wenig auf andere Gedanken zu bringen. »Ich flog in einem grellen Kleid und mit wehenden Haaren auf einer Rakete zum Einkaufen.«

Pat schaut mich an, als wäre ich übergeschnappt.

Plötzlich bin ich hellwach. »Eine Traumdeuterin würde wahrscheinlich sagen: Ich muss schnellstens mein Kleiderproblem lösen! Du hast ja auch gesagt, dass ich eines habe. Und gerade eben habe ich vom Shoppen geträumt. Ich bin sozusagen mit Raketenantrieb in meine Zukunft durchgestartet!«

»Hört sich gut an«, sagt sie und geht Richtung Küche.

»Kommst du mit und berätst mich?«, frage ich und folge ihr.

»Na klar. Aber heute geht's wohl nicht.« Pat nimmt Brot aus dem »Backrohr« (ihrem Brotkasten) und holt Milch, Butter und Käse aus dem Kühlschrank. »Mach doch erst mal eine Art Informationsrunde durch die Läden. Morgen gehen wir dann gemeinsam los.«

Ich muss mich verhört haben. »Du meinst, ich soll die Klamotten nur anschauen und nichts kaufen?«, frage ich irritiert nach und nehme nur ein Glas Wasser und ein nacktes Knäckebrot. Der Bananenkuchen gestern war die letzte Kaloriensünde – jedenfalls bis ich meine Hochzeitstorte anschneide. »Unmöglich, Pat, das schaffe ich niemals. Genauso gut könntest du von mir verlangen, ich solle nie wieder Stühle rücken.«

»Na gut, kauf, was du willst, und wenn's dann das Falsche ist, gehen wir es halt wieder umtauschen«, schlägt sie vor.

Dass meine Entrüstung unnötig war, merke ich zwei Stunden später bei einem Bummel durch Schwabing. Früher habe ich in diesem Viertel nur in kleinen Trödelläden und individuellen Boutiquen eingekauft. Doch die sind inzwischen den großen Ladenketten gewichen. In dem heutigen Einheitsramsch finde ich nichts, was ich auch nur anprobieren möchte. Oder liegt das an meinem festgefahrenen Geschmack? Habe ich ein so verstaubtes Bild von mir? Könnte etwa mein Aussehen das Erreichen meines Ziels verhindern?

Wenn ich an das herausgeputzte Publikum auf der Pferderennbahn in Dahlwitz denke, heißt die Antwort: Ja! Keiner der Männer dort, die nach Geld rochen, war in Begleitung einer Frau in Hippiekleidern. Die Damen trugen Edles aus feinen Stoffen, kreiert von großen Namen. Also muss ich mich wohl oder übel in Designerteile hüllen, damit Mr. Reich bei meinem Anblick aus seinen handgenähten Budapestern kippt.

Was ich für meinen Millionärsfang brauche, gibt's vor allem in der Maximilianstraße, Münchens Prachtboulevard. Hier reiht sich ein Designer an den anderen. Aber ich muss feststellen, dass ich ein noch viel größeres Problem als die leidige Geschmacksfrage habe: Optische Veränderungen kosten ein Vermögen! Aber es hilft nichts, man muss in ein Unternehmen investieren, bevor es Gewinn abwirft.

Wild entschlossen betrete ich den Armani-Laden. Der klassisch-nüchterne Stil des italienischen Designers wäre eine Totalveränderung für mich – aber wahrscheinlich gibt's hier sowieso nichts in meiner Größe.

»Kann ich Ihnen helfen?«, fängt mich eine überschlanke Verkäuferin schon am Eingang ab.

»Äh. Guten Tag. Ich bin auf der Suche nach etwas Repräsentativem«, sage ich und füge erklärend hinzu: »Aber leider brauche ich Größe 42.«

Wider Erwarten ist die junge Frau mit den dunkel umrandeten Katzenaugen nicht entsetzt, sondern präsentiert mir freundlich lächelnd drei Modelle in der gewünschten Größe.

»Wie für Sie gemacht«, schmeichelt sie mir, als ich schließlich in einem roten Kleid vor dem Spiegel stehe. Das Kompliment, das sonst meist nur ein verkaufsfördernder Spruch ist, trifft diesmal tatsächlich zu. Die Farbe sieht toll zu meinen Haaren aus, und der Schnitt zaubert meine überflüssigen Pfunde weg. Das schafft auch die schwarze Leinenhose mit der dazugehörigen weißen Jacke. In der Kombination passe ich auf jede Luxusyacht.

Hätte mir Helga, unsere Kommunenhexe, damals prophezeit, dass ich eines Tages ein paar Tausend Euro für Designerklamotten ausgeben würde, ich hätte sie ausgelacht. Heute kann ich es mir zwar auch nicht leisten, verlasse den Laden aber vollbepackt und mit einem Lächeln. Das Geld muss schließlich in Umlauf gebracht werden. Kaum bin ich draußen, klingelt mein Handy.

»Hallo?«, melde ich mich vornehm leise.

»Sommernacht.«

Jacob? Woher hat der meine Handy-Nummer? Noch bevor ich fragen kann, höre ich: »Wo bist du?«

»Äh. In der Maximilianstraße, beim Shoppen.«

So muss sich Ivana Trump fühlen, wenn sie durch New York zieht und ihre Millionen in Umlauf bringt.

»Oh, warum hast du mich nicht angerufen? Ich wäre gerne mitgegangen. Als dein schwuler Berater! Das sind doch angeblich so wundervolle Styling-Berater …«

Ein Mann, der tatsächlich gerne einkaufen geht? Er scherzt! »Willst du mich veräppeln?«

»Nein, wieso? Frauen sollten niemals ohne Beratung einkaufen gehen. Und die besten Berater sind doch wohl Schwule. Außerdem lieben wir Shopping!«

»Äh … ich versteh überhaupt nichts mehr.«

»Hier ist Jacob, dein schwuler Freund. Du wolltest doch einen, oder?«

Ich kichere verunsichert. »Deshalb rufst du doch nicht an. Und woher hast du überhaupt meine Nummer?«

»Von Patchouli. Eigentlich wollte ich dir nur sagen, dass ich deinen Glücks-Cent gefunden habe.«

»Meinen was?«

Ich habe keinen Glücks-Cent, und wenn, würde ich ihn niemals irgendwo liegen lassen. Aber er lässt nicht locker und möchte jetzt wissen, wann und wo ich eine Kaffeepause einlege.

Zwanzig Minuten später sitze ich bei herrlichstem Sonnenschein in der *Kulisse*, einem Theater-Café in der Maximilianstraße, mit Jacob zwischen den Schönen und Reichen dieser Stadt. Die meisten sehen aus, als wären sie direkt aus den Schaufenstern gesprungen. Und ich sitze mittendrin! In meiner orange-pink-rosa Kombination aus Rock, Bluse und Jacke und den grünen Schuhen sehe ich sicher wie ein Paradiesvogel mit Prada-Brille aus. Wie ein Paradiesvogel, der sich verflogen hat. Aber es fühlt sich einfach himmlisch an: Ich bin in meiner Zukunft gelandet! Und Jacob in seinem gutsitzenden hellbeigen Sommeranzug mit dem weißen Hemd darunter wäre eigentlich genau der Mann, den ich suche – rein optisch natürlich.

»Ich hoffe, du hast gefunden, was du suchst«, sagt Jacob und legt mir eine glänzende Münze hin. »Hier, der lag in meiner Küche. Er muss dir gehören.«

Ich bin sprachlos. Aber eines weiß ich sicher: Das ist nicht meine Münze. Will Jacob mich testen? Oder provozieren? Sollte ich so tun, als sei überhaupt nichts passiert?

Ich stecke den Cent ein und entscheide mich, Jacob von nun an so zu behandeln, wie er sich angeboten hat: als meinen schwulen Freund, bei dem ich mir Modeberatung hole.

»Vielen Dank, du Stilberater. Dann sag mir doch mal deine ehrliche Meinung zu meinem Kleidungsstil.«

Für einen ganz kurzen Moment blitzt Unsicherheit in seinen hellgrünen Augen auf. Und bevor er antwortet, schluckt er heftig. »Äh …, also, dein Stil ist ungewöhnlich und …«

Die Bedienung tritt an unseren Tisch. Ich bestelle Kaffee und Mineralwasser, Jacob eine Cola.

»Du wurdest unterbrochen«, stelle ich fest, als die Kellnerin weg ist, und schaue ihn erwartungsvoll an.

Mit einer affektierten Handbewegung sagt er übertrieben kichernd: »Na ja … Ungewöhnlich eben.«

Ich fordere ihn zu absoluter Ehrlichkeit auf und drohe, mir ansonsten einen anderen Schwulen zu suchen. Doch bis auf ein »Ich mag deinen blumigen Stil« kann ich ihm keine wirkliche Beurteilung entlocken.

»Wieso fragst du mich eigentlich so aus?« Jacob mustert mich neugierig.

»Na ja, mit unwesentlichen Veränderungen laufe ich seit den Siebzigern so rum«, erkläre ich. »Es ist höchste Zeit für eine Veränderung.«

Ungeniert schaue ich einem Pärchen hinterher, das bei Cartier stehen bleibt. Die Frau flüstert dem Mann etwas zu, dann gehen beide hinein.

»Mmh, bisher bist du ja keine große Hilfe, Jacob«, werfe ich ihm scherzhaft vor, als er nicht antwortet. »Den schwulen Freund hast du jedenfalls noch nicht richtig drauf.«

»Veränderungen finde ich grundsätzlich gut. Es sei denn, man versucht vor sich selbst wegzulaufen.«

Unsicher geworden, rühre ich in meiner leeren Tasse. Ich spüre, dass Jacob mich dazu bringen kann, Probleme zu suchen. Dennoch fängt unser Gespräch an, mir Spaß zu machen. Es fühlt sich einfach berauschend an, mit einem Mann, der so perfekt in mein Beuteschema passt, auf Münchens Nobelstraße herumzusitzen und meine goldene Zukunft auszuprobieren.

»Möglicherweise rennt man ja in neuen Schuhen besser als in den alten«, sage ich trotzig.

»Au ja, gehen wir Schuhe kaufen!« Er sieht mich begeistert an, und ich verkneife mir ein Lachen.

»Sag mir lieber, wie du dich in Sachen WG entschieden hast«, versuche ich das Thema zu wechseln. Vielleicht kriege ich damit auch die Kurve zu Natalie. Ich muss wissen, wie gefährlich die französische Konkurrenz für unsere Pläne ist. Jacobs untadelige Vorstellung »Das ist Natalie« verrät über sein Verhältnis zu ihr genauso viel wie ein Politiker über seine wahren Absichten.

Gelassen greift Jacob nach seinem Glas, trinkt es aus und gibt der Bedienung ein Zeichen. »Wieso besprechen wir dieses Thema nicht lieber vor Ort?«

Er hat angebissen! Vor Freude würde ich am liebsten quietschen und sofort mit ihm zur Villa fahren. Aber eine distinguierte Frau von Welt akzeptiert nie sofort, sie ziert sich erst mal – das hat mir meine männerverschlingende Freundin Patchouli schon vor Jahren gesagt. »Würde ich ja liebend gerne, aber Pat wartet mit dem Abendessen«, behaupte ich.

Jacob sieht mich erstaunt an. Glaubt er mir etwa nicht? Nur jetzt keinen Fehler machen, denke ich und hole schnell mein Handy aus der Tasche. »Ach was, ich sag ihr einfach Bescheid, dass ich später komme.«

Er nickt nur und schmunzelt vor sich hin.

Während ich telefoniere – mit Pats Mailbox –, bezahlt Jacob unsere Getränke.

»Was serviert unsere Pati denn heute?«, erkundigt er sich, als wir im Auto Richtung goldene Zukunft fahren.

»Äh ...«, stottere ich, und da mir nichts einfällt, sage ich nur: »Salat.«

»So ein Glück, den kann man ja aufwärmen.« Er sagt das völlig ernst.

Ich nicke und versuche ebenfalls ernsthaft zu bleiben, muss dann aber doch kichern.

»Tut mir leid, das mit dem Salat war gelogen. Aber ich habe wirklich versprochen, zum Abendessen wieder zurück zu sein. Apropos Essen, wer kocht eigentlich für dich? Die bezaubernde Natalie?«

Statt einer Antwort lacht Jacob jetzt, als hätte ich den Witz des Jahres gemacht. Erst an der nächsten roten Ampel sieht er mich wieder an und schüttelt belustigt den Kopf.

So ein Blödmann! Ich fand meine Frage ziemlich geschickt, aber ich werde eben einfach nicht schlau aus ihm.

»Bist du deshalb so schnell weggerannt? Du dachtest, Natalie wäre ...« Er bricht ab und lacht wieder. Diesmal klingt es noch höhnischer.

»Na ja, ich hatte eben plötzlich das Gefühl, zu stören«, antworte ich so gelassen wie möglich.

»Vielen Dank, Betty, wirklich sehr schmeichelhaft. Aber Natalie ist die Tochter eines Freundes aus Paris, mit dem ich Kommunikationswissenschaften studiert habe. Sie kam vor zwei Wochen nach München, um hier zu studieren. Und solange sie noch keine eigene Wohnung gefunden hat, wohnt sie eben bei mir. Ich helfe ihr, hier Fuß zu fassen. Sie hat es nicht leicht, weil ihr Deutsch noch so lückenhaft ist. Besonders beim Telefonieren wird sie leicht nervös.«

Ach so, dann war das wohl Natalie vor ein paar Tagen am Telefon. Mmh, ich muss zugeben, das klingt alles plausibel.

Jacob sieht mich kurz an. »Zufrieden?«

Für den Rest der Fahrt verzichte ich auf weitere Fragen.

Doch wenig später zweifle ich erneut an den Verhältnissen, und diesmal noch heftiger. Aus der Küche kommt uns nämlich keine hilfsbedürftige Studentin entgegen, sondern eine barfüßige Natalie mit zerzausten Haaren, die in einem superkurzen Volantrock und aufreizendem Hemdchen lasziv an einem Eis leckt. Die personifizierte Selbstsicherheit. Sie nimmt die Hörer ihres MP3-Spielers aus den Ohren, mustert mich feindselig und begrüßt Jacob mit einem süßlichen »Allo Tschacob!« plus Umarmung. Als sie ihn dann auch noch küsst – wenn auch nur auf die Wange – und um Geld bittet, weiß ich, dass zwischen den beiden was läuft. Von wegen Tochter eines Studienfreundes. Ha! Glaubt er wirklich, dass ich ihm diese dünne Story abkaufe?

Natalie bedankt sich bei Jacob mit einem weiteren Küsschen, greift nach einem winzigen Louis-Vuitton-Täschchen, in das sie das Geld hineinsteckt, und durchbohrt mich mit einem bösen Blick. Dann schlüpft sie in ein paar strassbesetzte Riemchen-Stilettos und verlässt, neckisch winkend, mit federndem Schritt und wippendem Volant das Haus.

Als sie draußen ist, bin ich drauf und dran, erneut die Flucht zu ergreifen. So was muss ich mir nicht bietenlassen!

»Ist sie nicht bezaubernd? Wenn das so weitergeht, bin ich schon morgen total pleite. Aber ich kann ihr einfach keinen Wunsch abschlagen«, erklärt Jacob in dem Moment.

Nichts – absolut gar nichts – macht eine Frau älter als ein Mann, der eine viel, viel jüngere Frau attraktiv findet. Nur mit übermenschlicher Anstrengung gelingt es mir zu nicken.

»Ja, ja«, murmle ich und stecke Jacob zu den anderen Mistkerlen in die Lügnerschublade. Für mein WG-Projekt ändert sich dadurch aber nichts. Im Gegenteil: Nun kann ich völlig skrupellos auf mein Ziel zusteuern.

Doch Jacob sieht mich misstrauisch an. »Du glaubst mir nicht, Betty?«

»Selbstverständlich glaube ich dir. Jedes Wort«, sage ich bemüht lässig. »Aber eigentlich wollten wir doch über das WG-Projekt sprechen. Im Grunde geht es ja um deine und meine Zukunft.« Zu spät bemerke ich die Bedeutung meiner Worte.

Er schaut mich neugierig an. Nach einer unerwartet langen Pause sagt er: »Also geht es quasi um unsere gemeinsame Zukunft?«

Die Besprechung dieser »gemeinsamen Zukunft« dauert dann bis spät in die Nacht und verläuft vollkommen anders als geplant.

21. Neue Perspektiven

Erst weit nach Mitternacht komme ich mit dem Taxi nach Hause. Im Erdgeschoss brennt noch Licht.

»Lieschen?«, ruft Patchouli aus dem Wohnzimmer. »Wo warst du denn so lange?« Aufgeregt legt sie ihren Stift zur Seite, als ich den Kopf durch die Tür stecke. »Ich muss dir von meiner neuen Idee erzählen!« Vor ihr auf dem Tisch liegen unzählige bunte Papiere und Stifte.

»Äh, ich war nach dem Shoppen noch bei Jacob«, sage ich so harmlos wie möglich.

»Also doch!« Ihr Blick ist vielsagend. »Ich hab mir schon so etwas gedacht, als er anrief und nach deiner Handy-Nummer gefragt hat. Und? Hast du was herausgefunden?«

»Na ja, dass im Erdgeschoss überhaupt keine Möbel stehen, die erste Etage der Villa sehr puristisch eingerichtet und er offensichtlich wirklich pleite ist und …«

Pat sieht mich lauernd an. »Und was?«

»Dass Jacob ein phantastischer Liebhaber ist!«

»Wie bitte?« Pat springt vom Eckmonster auf.

Ich lächle verträumt. »Na ja, ich musste ihn doch überzeugen, dass es durchaus Vorzüge haben kann, mit einer Frau im besten Alter zusammenzuleben …«

»Du bist verrückt!«, kichert Pat.

»Das hat Jacob auch gesagt, als ich ihn aufs Bett zog. Aber dann war er bereit, mitzumachen – bei der WG. Ich habe es geschafft!«

Pat wird mindestens so euphorisch wie ich.

»Müssen wir das nicht feiern? Ich glaube, im Kühlschrank steht noch ein Fläschchen Schampus.«

Und während sie sich an der Flasche zu schaffen macht, plappert sie munter weiter. »Wie gut, dass ich zu Hause war. Hugo hat unser Treffen nämlich kurzfristig abgesagt. Er musste für einen Kollegen einspringen. Sonst wäre ich womöglich gar nicht zu Hause gewesen und hätte Jacob deine Handy-Nummer nicht geben können. Und wer weiß, wie dein Tag dann verlaufen wäre …«

»Ja, wer weiß«, murmle ich und komme ins Grübeln. War es nun Zufall, dass Pat zu Hause war? Oder Schicksal? Oder war es beides – und das hieße: Bestimmung?

»Jetzt erzähl schon«, drängelt Pat und schenkt jedem von uns ein Gläschen ein. Sie will Einzelheiten wissen, wie früher, als wir uns alles erzählten. Doch die Zeiten der sexuellen Unbekümmertheit sind vorbei – in jeder Beziehung. Heute schweige ich irgendwie lieber. Ein wenig fürchte ich mich aber auch davor, meine Gefühle dieser Nacht in Worte zu fassen. Ich sollte besser schnell vergessen, dass es verwirrend schön war, in Jacobs Armen zu liegen, sollte vergessen, dass Van Morrison *And you, my brown-eyed girl* sang und Jacob mir ins Ohr flüsterte, das wäre unser Song. Und ich darf nicht mehr daran denken, dass ich am liebsten für immer dageblieben wäre – egal, ob er nun Hausmeister, Autohändler oder total pleite ist. Aber ich darf mich jetzt einfach nicht von Gefühlen ablenken lassen, schließlich lautet mein Ziel: Reich heiraten! Da kann ich mir romantische Gefühle für einen armen Mann wie Jacob Sommernacht nicht erlauben.

»Ach, Pat«, sage ich seufzend und versuche, nur noch an mein Ziel zu denken. »Ich habe ein schlechtes Gewissen bekommen, weil Jacob bereits anfing, imaginäre Bäder einzubauen, weil das Haus ja nur zwei hätte und ältere Menschen doch nachts rausmüssten und Staus entstehen könnten … Ich war richtig gerührt von so viel Begeisterung für unser Hirngespinst. Teilweise hatte ich sogar das Gefühl, er würde am liebsten gleich die Handwerker bestellen oder selbst zum Hammer greifen. Ich schlug vor, erst mal die richtigen Leute mit dem nötigen Kleingeld zu suchen und dann neue Bäder einzubauen. Zu meiner Erleichterung stimmte er mir zu.«

»Das hört sich ja sehr motivierend an«, erklärt Pat. »Und wie geht's jetzt weiter?«

»Ganz nach Plan. Wir geben so schnell wie möglich eine Anzeige auf. Vielleicht schaffen wir es ja noch in die Freitagsausgabe der *Süddeutschen.*«

»Ach, das trifft sich gut. Dann kann ich auch anfangen, nach einem passenden Objekt zu suchen«, erklärt Pat und hält mir ein knallrotes Blatt hin:

BEST AGER FITNESS CENTER
CALLANETICS
PILATES
YOGA
Anmeldung unter …

»Was ist das denn? Müssen wir da auch noch hin? Reichen nicht schon unsere morgendlichen Verrenkungsübungen?«, frage ich panisch.

»Nein, nein«, beruhigt sie mich und sagt voller Stolz: »Das ist eine Idee, die ich schon länger mit mir rumtrage. Das ist mein Yogastudio für gutsituierte Menschen über fünfzig. Und der Beginn meiner neuen Karriere!«

Ich bin sprachlos. Also, dass Pat immer noch biegsam wie eine frischgekochte Nudel ist, konnte ich ja beim Yoga sehen. Aus der Position »Kerze« lässt sie die Beine über den Kopf nach hinten bis auf den Boden sinken und schafft es sogar noch, dabei zu atmen. Unglaublich! Aber ein Folterzentrum für alte Menschen?

»Tja, Betty, du suchst einen Millionär, und ich mache eben Karriere! Männer interessieren mich nämlich vorerst überhaupt nicht mehr. Ich muss erst Hugos Auszug verdauen. Und in nächster Zeit möchte ich unabhängig sein – von Männern, Komplimenten und allem, was damit zusammenhängt.« Patchouli grinst verträumt. »Natürlich brauche ich für meinen Plan aber noch die entsprechenden Räumlichkeiten.«

Sie scheint es tatsächlich ernst zu meinen.

»Dann helfe ich dir bei deinem Yogazentrum und du mir beim Reich-Heiraten. Wir sind wieder das alte Traumpaar!«, verkünde ich und hebe mein Glas.

Vom Champagner beflügelt, machen wir uns gleich ans Werk. Wenig später steht der Text für die *WG*-Anzeige:

Sie sind über fünfzig und fühlen sich wie zwanzig und sind außerdem gutsituiert? Dann könnte eine WG mit Gleichgesinnten in einer Bogenhausener Luxus-Villa genau das Richtige für Sie sein!

Freitagmorgen klingelt das Telefon dann quasi im Halb-Stunden-Takt. Das Interesse ist überwältigend! Die Interessenten hoffentlich auch ... Allerdings fragen fast alle zuerst nach der Miete, die wir absichtlich nicht angegeben hatten. Reiche Menschen kümmern sich schließlich nicht um derlei Nichtigkeiten. Dachten wir jedenfalls. Falsch gedacht.

Also geben wir ab sofort folgende Antwort: Das Luxusleben in der Villa kostet monatlich zweitausend Euro. Dafür gibt's ein eigenes Zimmer mit Bad, biologisch-dynamische Verköstigung, kultiviertes Miteinander, einen großen Garten und natürlich himmlische Ruhe. Ein Angebot, das man eigentlich nicht ablehnen kann.

Bis zum Abend steht eine Auswahl der vielversprechendsten Interessenten auf unserer Liste – und zwar derjenigen, die nicht zuerst nach der Miete gefragt haben. Darunter ein Zahnarzt, ein Hochschulprofessor, ein Wirtschaftsexperte, wie er sich selbst titulierte, und zur Tarnung zwei Frauen. Als die Anrufe weniger werden, rufe ich Jacob an, um den bereits vereinbarten morgigen Samstag für die Besichtigung zu bestätigen.

»Wie viele Oldies werden das Haus denn stürmen?«, erkundigt er sich nach einer kurzen Begrüßung. Seine Stimme klingt dabei unangenehm neutral. Für eine Sekunde bedaure ich das, doch dann bin ich froh, dass er unseren Ausrutscher ins Tal der Begierde nicht allzu ernst zu nehmen scheint. Seine eher emotionslose Stimme klingt jedenfalls nicht so, als verzehre er sich in endloser Sehnsucht nach mir.

»Sind elf zu viel?«, frage ich diplomatisch.

»Deine Glückszahl?«, fragt er neugierig.

Das klingt doch schon mal ganz positiv. »Erraten. Und sie kommen im Halb-Stunden-Takt, wie wir es besprochen haben.«

Damit scheint für Jacob alles geklärt. »Na gut, dann sehen wir uns also morgen. Ich sorge noch dafür, dass Natalie den Tag über nicht auftaucht, damit es keine Verwirrung über den Altersdurchschnitt der Mitbewohner gibt.«

Schick sie lieber in die Wüste, denke ich und verabschiede mich bemüht höflich.

Samstagvormittag nehme ich mir besonders viel Zeit im Bad. Eine Dusche mit Rosmarinduft beruhigt meine Nerven, und Johny Cash singt *Walk the Line.* Das macht mir Mut, mein Ziel zu verfolgen. Als ich dann mit frischgewaschenen Haaren, dezentem Make-up und in meinem neuen roten Kleid vor dem Spiegel stehe, habe ich tatsächlich schon eine gewisse Ähnlichkeit mit einer Villenbesitzerin.

Pat und ich wollen gerade gehen, als das Telefon klingelt. Wir tauschen einen erschrockenen Blick. Vermutlich denkt sie dasselbe wie ich: Jacob könnte die ganze Sache in letzter Sekunde noch abblasen …

Pat nimmt den Hörer ab, und ich krame nach meinem Fächer, um die aufsteigende Hitze nicht zum Schweißausbruch werden zu lassen. Das Gespräch ist verdächtig wortkarg und relativ schnell beendet.

»Das war Hugo«, informiert Pat mich, als sie auflegt. »Er hat gerade zwei Stunden Zeit und würde mich gerne wegen der Scheidungsregelung treffen. Tut mir leid, aber du musst dein Abenteuer alleine beginnen. Vielleicht kann ich ja später noch nachkommen.«

»Na, hoffentlich bleibt das der einzige Zwischenfall heute«, sage ich nur mäßig erleichtert. »Dann muss ich meinen Traummann wohl alleine aussuchen.«

Pat lächelt mir aufmunternd zu. »Also in diesem tollen Kleid wirst du ihn ganz bestimmt finden.«

Das muss ich auch, denn obwohl das Kleid wegen der schlechtverkäuflichen Übergröße reduziert war, bin ich mittlerweile fast völlig pleite. Und jetzt muss ich mir auch schon wieder ein Taxi leisten …

Während der Fahrt beschleichen mich erneut Zweifel, ob ich mein hochgestecktes Ziel jemals erreichen werde. Den Telefonaten nach zu urteilen, könnte es sein, dass ich mir einen Goldfisch aus einem Krötenteich angeln muss, und das gleicht einem Zauberkunststück.

Doch Jacob schafft es, meine Bedenken im Nu zu zerstreuen.

»Oh, là, là!«, sagt er, als er die Tür aufreißt und sich wie ein englischer Butler verbeugt, wenn die Queen kommt.

Einen Atemzug lang sieht es so aus, als wolle er mich küssen, doch dann gibt er mir nur förmlich die Hand und tritt zur Seite.

»Selber, là là«, gebe ich das Kompliment zurück und betrachte ihn dann weiter ungeniert: nackte Füße in dunkelblauen Slippern und ein farblich passender Pulli mit V-Ausschnitt zu Jeans. Die Farbe des Oberteils lässt das helle Grün seiner Augen noch intensiver leuchten. Bei diesem italienisch lässigen Outfit kommt bestimmt keiner auf die Idee, Jacob könne seine Miete bald nicht mehr bezahlen. Ja, wir sind ein nettes altes Gaunerpärchen in schicken Klamotten. Nur, dass Jacob nichts Böses ahnt.

Freundschaftlich untergehakt, führt er mich in die Küche, wo auf dem Tisch eine Flasche Champagner in einem silbernen Eiskübel steht.

»Setz dich doch. Möchtest du ein Glas?«, fragt er höflich und öffnet die Flasche, ohne meine Antwort abzuwarten.

Es ist die Sorte Schampus, die in vielen Restaurants gar nicht auf der Karte steht und die Normalsterbliche nie zu sehen kriegen. Allein das Etikett sieht obszön teuer aus. Den Namen *Taittinger* kenne ich zwar, aber getrunken hab ich diese Sorte noch nie.

Wie ein zu früh gekommener Partygast halte ich mich am Glas fest und gebe die peinlichste aller Floskeln von mir: »Das wäre doch nicht nötig gewesen.«

»Selbstverständlich ist das nötig. Es geht doch um unsere Zukunft!«, sagt er feierlich und sieht mich herausfordernd an. »Die Flasche habe ich übrigens letztes Jahr zu meinem sechzigsten Geburtstag von einem Freund bekommen. Doch bis heute gab es keinen Grund, sie zu öffnen.«

Wir stoßen mit Champagnerschalen aus glänzendem Kristall auf die Zukunft an, und ich grinse verzückt vor mich hin. Ja, so hätte ich es gerne: exquisiten Schampus schlürfend, in einem Designerkleid, mit einem stilvollen Mann in meiner eigenen Immobilie … Dass meine Schuhe und die Ohrringe geliehen sind, verdränge ich einfach, denn jetzt klingelt es an der Haustür. Es geht los.

Der erste Bewerber ist der Hochschulprofessor. Er entpuppt sich als griesgrämiger Kauz mit Knautschgesicht um die sechzig und wirkt kein bisschen goldig. Sein kleiner Mops – er nennt ihn liebevoll Marcel und trägt ihn die ganze Zeit auf dem Arm – dagegen schon eher. Mein Körper reagiert mit heftigem Niesen, und ich behaupte, ich hätte leider eine schreckliche Tierhaarallergie. Also, wenn schon ein Tier, dann höchstens eine Katze.

»Natürlich kann man auch ohne Mops leben«, schnauft der

Herr Professor enttäuscht, als Marcel ihn wenig später an der Leine hinauszerrt, »aber es ist *kein* schönes Leben.«

Na, das ging ja schnell. Jacob hat sich aus der Hundefrage vornehm rausgehalten. Erst als jetzt die erste Bewerberin erscheint, die am Telefon so nett klang, mischt er sich in die Auswahlgespräche intensiv ein und wird geradezu geschwätzig, als er ihren französischen Akzent bemerkt. Also, mir ist die Frau mit ihrer spitzen Nase und dem sicher nur antrainierten Akzent ja eher unsympathisch. Genau wie ihr tiefschwarzes Haar, das gefärbt aussieht. Der samtige Haarreif, mit dem sie ihre Mähne zu bändigen versucht, ändert daran wenig.

Zuvorkommend führt Jacob sie in einen der leeren Räume, als es erneut an der Tür klingelt. Verdammt! Da ist wohl jemand aus Übereifer zu früh losgefahren. Aber es bleibt mir nichts anderes übrig, als zur Tür zu gehen und die beiden sich selbst zu überlassen. Aus der Entfernung höre ich die Spitznasige kichern. Das affektierte Lachen dieser Frau – vielleicht ganz nah an Jacobs Ohr – ärgert mich. Es klingt blechern und gekünstelt. Jacob parliert jetzt auch noch auf Französisch! Obwohl ich außer »Merci« und »Château« kein Wort verstehe. Aber ich werde mich revanchieren und mich dem nächsten Kandidaten an den Hals werfen.

»Dr. Danzer«, stellt sich ein attraktiver, faltenfreier Mann Mitte sechzig vor, als ich die Tür öffne. Er präsentiert ein Strahlegebiss, graue Schläfen und erstaunlich feingliedrige Hände.

Ah, der Zahnarzt!

Dr. Danzer muss ein guter Zahnarzt sein, denke ich, als er meine Hand zwischen seine nimmt und sie sanft drückt. Nur seine Mimik wirkt irgendwie seltsam eingefroren. Botox?

Bei der Führung durchs Haus – Jacob und Madame Spitznase grüßen wir nur im Vorübergehen – erzählt der Doktor von seiner riesigen Dachterrassenwohnung, in der er sich sehr einsam fühlt. Das ist Musik in meinen Ohren. Und was er von seiner Praxis erzählt, klingt genauso melodiös. Dr. Danzer behandelt in der Residenzstraße nämlich *nur* Privatpatienten. Bingo! Diese Straße ist eine der angesehensten und teuersten Adressen, mitten in der Innenstadt. Ganz nah beim Nationaltheater und quasi die Verlängerung der Maximilianstraße. Ich sehe meine Zukunft genau vor mir: Erst ausführlich durch die Boutiquen shoppen, dann zur Premierenfeier ins Theater …

Nach der Miete erkundigt der Doktor sich erst, als ich ihn zu einem Glas Champagner in die Küche bitte.

»Oh!«, entfährt es ihm erstaunt, nachdem er mit elegant abgespreiztem kleinem Finger einen Schluck von dem prickelnden Getränk genommen hat. Seine Überraschung gilt aber nicht dem teuren Tropfen, sondern der stattlichen Summe von 2000 Euro pro Monat.

Milde lächelnd lege ich die Hände mit einer vornehmen Geste übereinander. »Nun, ein Leben in diesem luxuriösen Palast gibt es leider nicht zu Schnäppchenpreisen.«

»Verstehe«, murmelt er und räuspert sich mehrmals. Nach einer längeren Pause springt dann endlich der Frosch aus dem Hals. »Ich könnte Ihnen da ein Arrangement vorschlagen«, beginnt er und unterbreitet mir *seinen* Finanzierungsplan für den gemütlichen Lebensabend: Er bietet Bohren und Instandhaltung sämtlicher Zähne und Brücken aller WG-Bewohner zum Materialpreis. Und als plötzlich Natalie durch den Flur hüpft (Jacob hat sein Versprechen also nicht gehalten! Oder lassen Französinnen sich nicht so leicht abwimmeln?), legt Dr. Danzer noch eine Zahnspange fürs *Kind* obendrauf.

»Oh, wie außerordentlich großzügig. Wirklich ein verlockendes Angebot«, sage ich und klimpere mit den Wimpern. »Aber bohren würden Sie doch sicher in Ihrer Praxis, oder?«

»Nun … äh … dazu muss ich Ihnen … äh, einiges erklären.« Trotz seiner effektvollen Spannungspausen schafft er es nicht, mich zu täuschen. Am Ende seiner Erklärung habe ich kapiert: Dr. Danzer besitzt eine Privatpraxis mit nagelneuer Ausstattung –

aber leider keine Kassenzulassung. Und jetzt leidet er unter dem allgemeinen Sparkurs.

Für mich kommt er nicht einmal mehr als Provisorium in Frage. Und die Wohnung mit Dachterrasse? Die hat seine Exfrau bei der Scheidung kassiert. Gut gemacht, Frau Doktor!

Als es erneut klingelt, schiebe ich Danzer entschuldigend vor die Tür und begrüße einen verlegen grinsenden Mittfünfziger. Seine verknitterte braune Jacke-Hose-Kombination mit dem verwaschenen Hemd und der albernen roten Fliege um den ungebügelten Kragen passt nicht gerade zu seiner Behauptung, ein erfolgreicher Wirtschaftsexperte zu sein. Auch sein Aktenkoffer mit unübersehbaren Gebrauchsspuren sieht weder nach großer akademischer Anerkennung noch nach viel Geld aus. Doch das alles wird bedeutungslos, als er meine Hand drückt und mir tief in die Augen schaut. Dieser unverschämt jugendlich wirkende Mann mit der hamsterfarbenen Strubbelfrisur macht mit einem Blick aus seinen goldbraunen Augen aus meiner plötzlichen Hitzewallung ein flammendes Inferno.

»Ein wunderschönes Haus!«, schwärmt er begeistert, als wir in einem der großen Zimmer am Fenster stehen und ich mir zum wiederholten Male Einzelheiten über das ausgedachte WG-Leben aus den Fingern sauge.

Aber nach einigen tiefen Blicken und oberflächlichen Sätzen bestätigt sich mein Verdacht: Diese verwirrend charmante Fünfzig-Plus-Testosteronbombe in der Knitterhülle kann mich vielleicht um den Verstand bringen, aber höchstens zu einem Kaffee einladen. Später gibt er zu, Angestellter einer Steuerkanzlei zu sein und kurz vor der Frühpensionierung zu stehen. Und dass seine Rente leider, leider nicht für die WG-Miete ausreichen würde, bedauert er sehr. Und ich erst! Arme Männer haben mich schon immer magisch angezogen, stöhne ich, als er weg ist.

Der nächste Interessent kommt aus der »Beauty-Branche«. Es ist ein überdreht plappernder Friseur, der darauf besteht, *Coiffeur* zu sein, und mich sofort mit einem Gratis-Schnitt bestechen will. Frechheit! Nicht nur billig wohnen wollen, sondern mich auch noch meines ganzen Stolzes berauben. Dieser Mann ist nicht mal als schwuler Freund geeignet. Obwohl ich zu gerne einen schwulen Friseur, pardon Coiffeur, in meinem Bekanntenkreis hätte.

Im Laufe der nächsten Stunden schleuse ich noch so manche skurrile Erscheinung durch die Villa. Aber es ist kein geeigneter Mann dabei.

Einer der Herren kann mich wenigstens kurzzeitig erheitern. Dass er Physiker ist, hatte er mir schon am Telefon verraten und sich dabei ziemlich ungehobelt angehört. Aber als er mir dann keuchend im Flur gegenübersteht, bestätigt er jedes Vorurteil, das ich Naturwissenschaftlern gegenüber habe. Mürrisch knurrt er: »Ich suche eine WG, in der es egal ist, wie man aussieht und rumläuft.« Sein unrasiertes Gesicht, das fettige Haar, die schmutzigen Fingernägel und der muffige Geruch, der von seinem schmuddeligen Jogginganzug ausgeht, erklären seinen Wunsch.

»Ach, das tut mir unendlich leid, da sind Sie bei mir dreißig Jahre zu spät dran«, komplimentiere ich den kurzatmigen Schmierlappen – ohne Schlossführung! – hinaus. Wieso bekomme ich eigentlich nur die Pappnasen ab? Und wo ist überhaupt Jacob?

Kurz darauf entdecke ich ihn, wie er sich gerade von Madame Spitznase verabschiedet und sie auch noch zu ihrem Wagen bringt. Fast zwei Stunden hat er sich mit ihr unterhalten! Verärgert sehe ich ihr hinterher. Wie kann man nur Frauen in anthrazitfarbenen Zopfmusterwesten mit wadenlangen Aufschlaghosen und flachen Slippern mit Goldschnallen attraktiv finden? Ich jedenfalls finde, dass ihr Ensemble kein gelungenes Beispiel für die weltberühmte französische Eleganz ist. Wenn sie überhaupt eine echte Französin ist!

Gegen achtzehn Uhr ist die Bewerberliste bis auf einen abgearbeitet. Keiner der Kandidaten war ein echter Volltreffer – es sei denn, man möchte ein Männer-Betreuungs-Zentrum gründen. Das wäre dann wirklich eine Rückkehr in die K5. Jacob dagegen ist von den zwei weiblichen Bewerberinnen derart überwältigt, dass er beiden zugesagt hat. Während wir noch weitere zwanzig Minuten warten – Jacob besteht darauf –, lobt er die WG-Idee und hofft, dass sie bald Wirklichkeit wird. Als es klingelt, hoffe ich endlich auf den Prinzen mit weißem Pferd.

Doch es ist *Prinzessin* Patchouli. Ihre Besprechung mit Hugo verlief offensichtlich harmonisch und unerwartet unproblematisch.

»Scheint der perfekte Tag für Veränderungen zu sein«, zwinkert sie mir unauffällig zu. Hugo hat sich extrem großzügig gezeigt, und sie möchte uns jetzt zum Essen einladen. Na ja, wenigstens klingelt bei ihr die Kasse. Ich werde mich also fürs Erste mit einer üppigen Mahlzeit trösten müssen.

Während wir das Haus verlassen und Jacob das Auto aus der Garage holt, kommt ein Mann mit wehendem Mantel und schnellen Schritten auf uns zugeeilt. Ich kneife die Augen zusammen und fixiere ihn. Seine Art zu gehen erinnert mich an …, nein, das ist unmöglich.

Pat greift nach meinem Arm und zischt wie eine giftige Schlange: »Wer hat den denn aufgetaut?«

Es ist Bob! Der Bube der Schwerter. Der Lügner. Plötzlich steht er vor mir. Ganz nah. Seine ehemals langen brünetten Haare sind kurzgeschnitten und von vielen grauen Stellen durchzogen. Er trägt Jeans, ein schwarzes Hemd mit offenem Kragen und darüber einen hellen Regenmantel. Um Augen und Mund zeichnen sich viele Falten ab, doch sein Blick und das unverändert verführerische Lächeln beleben die alten Bilder: Wir beide, knapp zwanzig Jahre alt in Woodstock … Die Sonne geht auf … Cat Stevens singt *Morning has broken …*

»Liz!«, flüstert er gerührt, als er mich erkennt, und strahlt mich zärtlich an.

Mein Atem flattert. Langsam kriecht eine Hitzewallung in mir hoch, und ich höre meinen Herzschlag in den Ohren. Bob hat mich immer Liz genannt, weil er fand, ich würde wie Liz Taylor aussehen.

Völlig überrascht starre ich ihn an, als stünde die Erklärung für mein Schicksal auf seinem sandfarbenen Mantel oder im Flackern seiner immer noch strahlend blauen Augen. In den letzten dreiunddreißig Jahren habe ich in dunklen Momenten immer wieder überlegt, was ich sagen würde, falls ich ihn jemals wiedersehen würde. Doch alles, was mir jetzt einfällt, ist: »Was machst du hier?«

»Ich habe gehört, hier soll eine Nobel-WG gegründet werden. Das seid doch nicht etwa ihr?«, fragt er und blickt erfreut auf die Villa.

Pat übernimmt die Regie dieser absurden Szene: »Du kommst zu spät, wie immer. Alle Zimmer sind bereits vergeben.«

Bob greift sich verlegen ans Ohrläppchen. Eine kleine, unbeholfene Geste, die mich früher schwach werden ließ.

»Warum so feindselig?«

»Und warum kriechst du nicht in den Joint zurück, aus dem du gekommen bist?«, faucht Patchouli, dann ergreift sie meinen Arm und versucht mich wegzuziehen.

Bob legt sanft seine Hand auf meine und sieht mich flehend an. »Liz, bitte, lass uns irgendwo hingehen und reden.«

Wie bei allen gefährlichen Verführern klingt seine Stimme dunkel, samtig und lockend – sie suggeriert Vertrauen und garantiert Verderben. Verdammtes Karma!

Da kommt plötzlich Jacob mit dem Wagen aus der Garage gefahren und drückt einmal kurz auf die Hupe. Pat versucht immer noch, mich zum Gehen zu bewegen. Doch ich kann nicht. Ich muss endlich wissen, warum Bob damals verschwand. Ein klärendes Gespräch ist der Mistkerl mir schuldig.

»Tut mir leid, Pat, aber ich muss einfach mit ihm reden. Sei so lieb und entschuldige mich bei Jacob.«

Sie sieht mich entsetzt an. »Elisabeth! Hast du wirklich alles vergessen?«

»Nein, gerade weil ich nicht vergessen habe, wie mies er sich benommen hat, will ich endlich wissen, WARUM.«

22. *Schicksal & Co.*

Mein Glaube an windige Gesellen wie Schicksal und Zufall war noch nie sehr gefestigt, und je älter ich werde, desto weniger lasse ich die Dinge einfach laufen. Ich sage deutlich »nein«, wenn ich etwas nicht will. Der Gedanke, mein Leben dem Zufall zu überlassen, ist mir mittlerweile unheimlich. Da finde ich es doch viel sicherer, zu planen. Denn nur dann kann der *Zufall* mich auch wirklich treffen – theoretisch jedenfalls.

Und weil ich eben nicht über das böse Schicksal jammere, sitze ich jetzt mit dem Vater meiner Tochter am Seehaus, einem Biergarten am Kleinhesseloher See, den wir damals oft besucht haben. Dass dieser Ort so voller romantischer Erinnerungen an eine wilde Liebe ist, versuche ich zu ignorieren. Das ist vorbei. Endgültig. Jetzt will ich einfach nur wissen, wieso mich Bob mit unserem Kind hat sitzenlassen, dem Kind, das er doch genauso sehr wollte wie ich.

»Nun? Ich bin gespannt, was du mir zu sagen hast«, eröffne ich das Gespräch, nachdem Bob uns mit Bier, Brezeln und Schnittlauchbroten versorgt hat. Die Brezeln sind nicht mehr so knusprig wie früher, und die Butter ist unter dem Schnittlauch kaum zu schmecken. Auch Bob hat sich verändert, er ist grau und faltig geworden und trägt jetzt eine randlose Brille, die vermutlich Seriosität vortäuschen soll. Nur das Seehaus hat sich zum Vorteil verändert: Aus einer kleinen morschen Holzhütte ist ein großes weißes Haus mit Sprossenfenstern im englischen Landschloss-Stil geworden. Einzig die Makrelen werden noch immer in einer Bretterbude gebraten, und wenn einem der Rauch in die Nase steigt, kriegt man sofort Appetit darauf.

Bob hebt feierlich seinen Bierkrug. »Auf uns.«

Das kenne ich. Von Bob bekommt man keine Antworten. Schon gar nicht auf unangenehme Fragen.

Er nimmt einen langen Schluck, stellt provozierend langsam seinen Krug ab und mustert mich lächelnd: »Du siehst bezaubernd aus, Liz. Bist nicht einen Tag älter geworden. Wie machst du das?«

Auch daran erinnere ich mich: Mit Schmeicheleien versucht er die Wogen im Voraus zu glätten.

»Lass den Schmus, Bob. Ich schleppe zwanzig Kilo mehr mit mir rum als in Woodstock, kann ohne Brille keine Zeile mehr lesen und muss nachts zweimal aufs Klo. Dafür ist aber mein Verstand heute sehr viel klarer als damals. Es ist also zwecklos, mich mit durchsichtigen Komplimenten vom Thema ablenken zu wollen.«

Er hebt verteidigend die Hände und lehnt sich leicht zurück. »Das liegt mir fern. Aber ich muss dir widersprechen Liz, du hattest schon immer einen messerscharfen Verstand, das macht dich ja so attraktiv.«

Er schafft es tatsächlich immer noch: Ich fühle mich geschmeichelt. Aus lauter Verlegenheit zähle ich schnell die Enten auf dem See. Bei Nummer sieben höre ich auf, sie schwimmen einfach zu unkontrolliert hin und her – wie meine Gedanken. Mit Bob hier zu sitzen und die Erinnerungen zurückkommen zu fühlen verunsichert mich mehr, als ich zugeben will. Empfinde ich vielleicht immer noch etwas für diesen Luftikus? Dagegen hilft nur eine längst überfällige Frage: »Interessiert es dich überhaupt nicht, wie es deiner Tochter geht?«

»Selbstverständlich«, sagt er entrüstet. »Wie kannst du so etwas denken.« Dann wird seine Stimme ganz weich. »Wie geht es meinem kleinen Engelchen? Wie sieht sie aus? Was macht sie? Wo lebt sie? Ich will alles wissen, jede Kleinigkeit.«

Ich wühle in meiner, beziehungsweise Pats, Handtasche und hole Gretas Visitenkarte aus meinem Portemonnaie heraus. »Hier«, sage ich und schiebe sie über den Tisch. »Da sind sämtliche Nummern deiner Tochter drauf. Du kannst sie jederzeit anrufen. Ob sich dein Engelchen allerdings freut, musst du selbst herausfinden.«

Als stünde seine Absolution auf der Karte, strahlt Bob mich glückselig an.

»Also«, sage ich streng, während er sie einsteckt. »Nachdem das geklärt ist, möchte ich jetzt endlich wissen, warum du damals bei Nacht und Nebel verschwunden bist.«

»Es war mittags und sonnig«, verbessert er mich ohne erkennbar schlechtes Gewissen.

Wie gesagt, das ist seine Masche. Man erhält einfach keine direkten Antworten von Bob. Ich sehe ihn wütend an. Und als würde mein Blick ihn quälen, stöhnt er leise: »Ach, wenn du wüsstest, Liz.«

»Ja, ich wüsste zu gerne, warum du mich mit einem Baby hast sitzenlassen. Und nenn mich nicht Liz, das ist vorbei – für immer. Ich bin Betty!«

»Betty …«, flüstert er, legt seine Hand auf meine und sucht meinen Blick. »Du weißt es nicht?«

Nun werde ich wirklich böse.

»Nein, ich weiß es nicht. Verdammt nochmal, Bob! Und jetzt hör endlich auf, mir auszuweichen«, fahre ich ihn an und ziehe meine Hand zurück. Auch weil ich mich noch viel zu gut daran erinnere, wie elend ich mich damals gefühlt habe. Monatelang habe ich geweint und gehofft, er würde jeden Moment zur Tür hereinkommen. Damals hätte ich ihm jede Ausrede abgenommen.

Wie ein Angeklagter, der um Milde bettelt, fängt er an, sich zu entschuldigen. Die Beteuerungen, dass es ihm leid tue, vernehme ich nur mit halbem Ohr. Mich interessiert nur das Warum. Als er dann behauptet, Tuti wäre eigentlich für sein Verschwinden verantwortlich gewesen, ist meine Geduld zu Ende.

»Tuti?«, rufe ich etwas zu laut. Zwei junge Pärchen am Nachbartisch recken die Köpfe und fangen an zu tuscheln.

»Ja«, sagt Bob ganz ruhig und sieht mich eindringlich an. »Sie hat behauptet, du wärst in einen anderen verliebt, wüsstest aber nicht, wie du mir das beibringen sollst.«

Verärgert blaffe ich ihn an. »Wann hast du dir denn diese bescheuerte Geschichte ausgedacht?«

Ich glaube ihm kein Wort. Typisch Bob: Eine Tote zu beschuldigen …! Die kann sich nicht mehr wehren – und ich kann nicht mehr nachfragen.

»Und wer soll das gewesen sein?«

Er sieht mich verdutzt an. »Äh …«, stottert er. »Dieser Typ mit den langen Locken, der aussah wie der junge Friedrich Schiller.«

»Unser Kommunendichter?«

Wind kommt auf und wirbelt ein paar Blätter über den See. Bob wird theatralisch: »Ja, genau der! Es ist die Wahrheit, ich schwöre!«

»Das ist doch Blödsinn. Greta war noch so klein, hat wegen dieser Dreimonatskoliken viel geschrien und wenig geschlafen. Ich war dauernd übernächtigt und hätte gar keine Zeit und schon gar keine Energie für einen anderen Mann gehabt. Und auf deine Schwüre verzichte ich im Übrigen. Um deine Haut zu retten, würdest du doch alles beschwören.«

Für einen Moment bleibt er stumm und lässt den Kopf sinken. Dann geht ein Ruck durch seinen Körper. Ungewohnt ernst sieht er mich an. »Und wenn ich es dir beim Leben unserer Tochter schwöre?«

Mein Schweigen veranlasst ihn zu einem weiteren Schwur: »Bei der Zeugung unserer Tochter!«

Ich antworte immer noch nicht.

»Betty, überleg doch mal … Es muss einen Grund geben, warum wir uns hier zufällig wiedertreffen.«

»Ich glaube nicht mehr an Zufälle oder das Schicksal. Also verschone mich mit deinem melodramatischen Getue. Sag mir endlich, was du dir dabei gedacht hast, einfach so zu verschwinden. Wo bist du überhaupt in all den Jahren gewesen?«

Als hätte er ein halbes Leben lang in einem Bergwerk gearbeitet und käme endlich wieder an die Erdoberfläche, holt Bob tief Luft. »Ich weiß es nicht. Überall und nirgends. Wie ein fehlgeleitetes Gepäckstück bin ich durch die Welt gereist. In jeder Frau habe ich dich gesucht, habe versucht, dich zu ersetzen, dich zu vergessen. Aber es gelang mir nicht ...«

Unfassbar, was dieser Mann für eine Phantasie hat, denke ich und sehe ihn ratlos an.

»Du glaubst mir nicht?« Er greift in seine Jacke und zieht aus der Innentasche ein zerknittertes Foto heraus. »Hier, vielleicht lässt du das ja als Beweis gelten.«

Es ist ein Foto von mir und Greta, als sie fünf Tage alt war. Für einen Moment bin ich gerührt, aber als Beweis genügt es mir nicht. Doch Bob holt weiter aus: »Nicht mal unsere Streitereien konnte ich vergessen. Erinnerst du dich, wie wütend du wegen der Harley warst?«

»Ja, als wäre es gestern gewesen. Von dem Geld wollte ich eigentlich die rückständigen sechs Monatsmieten bezahlen. Doch du Egoist musstest ja unbedingt ein Motorrad kaufen und auf der Route 66 Easy Rider spielen. Wir wären fast aus der Wohnung geflogen, wenn uns nicht Tuti mit der Gage eines Fotojobs gerettet hätte.«

Bob nickt zerknirscht. »Und genau während dieses Motorradstreits hat Tuti mir von dem anderen Mann erzählt, und ich habe ihr geglaubt. Ich war einfach ein dummer unreifer Junge, der wahnsinnige Angst hatte, dich zu verlieren und kein guter Vater zu sein.«

Er sieht mich unendlich zärtlich an. Eine Sekunde lang habe ich das Gefühl, auf einer Zeitreise zu sein und alles, was ich je für ihn empfand, wieder spüren zu können. Doch schon im nächsten Moment bin ich zurück in der Realität.

»Pah, das ist dir auch gelungen. Du warst der mieseste Vater, den ein Kind überhaupt haben kann.«

»Aber ich habe euch nie vergessen! Bitte Betty, verzeih mir! Lass es mich wieder gutmachen. Lass es uns noch einmal miteinander versuchen.«

Wenn er nicht leibhaftig vor mir sitzen würde, würde ich es nicht glauben.

»Leidest du an Gedächtnisschwund? Denkst du wirklich, dass du nach über dreißig Jahren einfach so auftauchen kannst, mir ein Foto zeigst und wir dann da weitermachen, wo wir aufgehört haben?«

»Manchmal muss man eben etwas riskieren, um glücklich zu werden.«

Ich muss schmunzeln. Der Satz hätte von mir sein können.

»Bob, ich bin schon lange nicht mehr die romantische Hippiefrau aus den siebziger Jahren, für die es nur Blumen im Haar und Love and Peace gab. Die versponnenen Ideen von damals sind mir heute zu unrealistisch.«

»Aber Betty, Realismus ist doch so langweilig wie eine Busfahrt. Mit mir kriegst du immerwährende Romantik, das Schweben auf rosa Wolken, den Himmel auf Erden –«

»Wohl eher auf der Straße, bei trocken Brot«, falle ich ihm ins Wort. »Oder womit willst du diesen romantischen Flug auf den rosa Wolken bezahlen?«

Bob betrachtet mich, als säße plötzlich eine Fremde vor ihm. »Geld? Ach, dir geht es um Geld? Seit wann?«

Na, endlich scheint er zu kapieren. »Es ging immer um Geld, falls du das vergessen hast. Auch die K5 hat sich genau deshalb aufgelöst. Doch vor diesem Thema hast du dich ja immer gedrückt. Ich möchte mich in Zukunft aber nicht mehr mit Geldproblemen rumschlagen müssen.«

Zu meinem Erstaunen erklärt er ganz ruhig: »Die Sorge kann ich dir abnehmen.«

Ich bin überrascht, dass er so schnell bereit ist, über dieses Thema zu sprechen. Zu Kommunezeiten verließ Bob nämlich bei Geldgesprächen augenblicklich den Raum. Er fand es abgrundspießig, über derartige Banalitäten auch nur nachzudenken. Solange seine Eltern ihn finanzierten, konnte er sich diesen Snobismus damals auch leisten. Aber vielleicht hat sich ja tatsächlich etwas geändert. Im Geiste sehe ich den protzigen Kranz vor mir, den er zu Tutis Beerdigung geschickt hat.

»Tatsächlich?«, frage ich lauernd. »Hast du etwa den großen Gewinn auf der Rennbahn gemacht? Ich habe mich schon gefragt, woher du das Geld für den Angeberkranz für Tuti hattest. Und dann noch nicht mal persönlich dort aufzutauchen …«

Als hätte ich ihn zutiefst beleidigt, verzieht Bob den Mund und füttert die Enten mit unseren Brotresten. Ein frecher Erpel schnappt sich den größten Brocken und schwimmt schwänzchenwackelnd davon.

»Erinnerst du dich an meine Patentante? Sie wurde am selben Tag wie Tuti beerdigt. Deshalb konnte ich nicht kommen.«

»Tante Klara?«, frage ich überrascht. Natürlich erinnere ich mich an sie. Als mich Bob damals hochschwanger nach Südtirol mitnahm und seinen Eltern vorstellte, besuchten wir auch seine Lieblingstante. »Tut mir leid, dass sie gestorben ist. Aber was hat das mit deinen Finanzen zu tun?«

Zweifelnd sehe ich ihn an. Doch Bob scheint meine ungläubige Miene nicht zu stören. »Nun, sie hat mir etwas vererbt!«

Am liebsten würde ich laut lachen. Doch einen Moment lang überlege ich, ob er es fertigbringen würde, Tante Klara quasi um die Ecke zu bringen, nur um mich zu täuschen? Soweit ich weiß, hat Bob noch nie gearbeitet in seinem Leben. Wenn er damals Geld brauchte, verkaufte er selbstangebautes Gras, das eigentlich nur zum Eigenkonsum gedacht war. Heute erbt er einfach. Das ist bequemer. »Ach, wie praktisch!«, sage ich spöttisch.

»Ich sehe schon, du glaubst mir nicht.«

»Wundert dich das?«

Bob schüttelt schuldbewusst den Kopf und nimmt einen Schluck Bier. Irgendwie kommt er mir wie ein streunender Kater vor, der ein Ablenkungsmanöver für seine Untaten sucht.

Als er den Krug abstellt, sieht er mich herausfordernd an. »Und wenn ich es dir beweisen kann?«

Jetzt werde ich doch neugierig. »Na, da bin ich aber mal gespannt.«

Über Bobs Gesicht huscht ein Siegerlächeln. »Weißt du noch, wie wir auf der Wiese vor Tante Klaras Haus Blumen und Kräuter gesammelt haben?«

»Ja, und?«, brumme ich ungeduldig. »Zeigst du mir jetzt ein Foto von der Wiese?«

»Nein«, lacht er selbstsicher. »Aber dieses Stück Idylle mit dem traumhaften Blick ins Tal und dem kleinen Hof darauf habe ich geerbt.« Er macht eine lange Pause, als stünde er auf einer Bühne. »Und eine Immobilienfirma will sie jetzt kaufen. Für Baugrund in dieser touristischen Gegend werden hohe Summen bezahlt. Wenn alles klappt, kannst du bald in Geld baden!«

Im Geld baden? Das hört sich doch wieder ganz nach dem alten Angeber-Bob an. Nur große Worte und nichts dahinter.

»Dass ich Tante Klara kannte und mich an die Wiese erinnere, genügt mir nicht.«

»Verstehe«, antwortet er leise.

Habe ich ihn beim Lügen ertappt?

»Wenn das alles ist, was du dazu zu sagen hast, dann gehe ich jetzt«, sage ich kühl und will aufstehen.

Bob hält meine Hand fest. »Würdest du mir glauben, wenn ich dir einen schriftlichen Beweis zeige?«, fragt er mit fester Stimme.

»Vielleicht.«

Lächelnd zupft er sich am Ohrläppchen. »Wärst du zu einem

Treffen in meinem Hotel bereit? Ich könnte natürlich auch zu dir kommen, aber ich weiß nicht, was Pat dazu sagen würde.«

Die würde dich vermutlich in den Yogakeller sperren und den Schlüssel wegwerfen, denke ich amüsiert und willige ein.

23. Aufarbeitung

Als ich vom Biergarten nach Hause komme, sitzt Pat in der Küche und studiert die gewerblich nutzbaren Angebote in der *Süddeutschen.* Sie ist aber nicht nur auf der Suche nach einem passenden Objekt für ihr Yogazentrum, sondern auch für eine neue Bleibe. Hugo will nämlich das Haus verkaufen und den Erlös teilen – angeblich bringt es ungefähr eine Million Euro.

Wie Patchouli schon geahnt hatte, hat sich Hugo in eine Kollegin verliebt. Und er wird Vater! Vor Glück und Stolz würde er am liebsten die ganze Welt umarmen. Pat weiß, dass die Kinderlosigkeit immer ein wunder Punkt in ihrer Ehe war. Den Schock muss sie erst mal verdauen, dreißig Jahre lassen sich ja nicht einfach wie eine ausgelesene Zeitung zusammenfalten und zum Altpapier legen. Erst recht nicht, wenn die neue Frau jünger ist. Am besten hilft da Aktivität, weshalb Pat jetzt ihren Traum von eigenen Yogakursen so schnell wie möglich realisieren will. Für mich bedeutet das: Ich muss wohl bald meine paar Sachen und den Buddha einpacken und woanders Stühle rücken.

Bei einem Glas Rotwein, Käse und Baguette erzähle ich ihr von meinem Treffen mit Bob und seiner Erbschaft. Wie zu erwarten, reagiert sie allergisch auf ihn.

»Ein Grundstück geerbt?«, höhnt Patchouli. »Bist du wirklich so naiv? Du weißt doch, wie gut dieser Nassauer Geschichten erzählen kann. Der verkauft dir ein paar wertlose Wiesen als Goldgrube und die Erde als Scheibe. Als er noch jung und schön war, ist fast jeder auf seine Maschen reingefallen. Armes Lieschen, das gibt ein böses Erwachen, wenn du von diesem Trip runterkommst.«

»Aber diese Tante Klara gab es wirklich! Sie war seine Patentante!«, protestiere ich. »Ist doch normal, dass sie ihm etwas vererbt.«

Patchouli blättert laut raschelnd die Zeitung um. »Ich finde, er sah aus, als würde er nur ein warmes Bett suchen.«

»Und ich finde, er sah phantastisch aus«, widerspreche ich. »Und im Biergarten hat *er* bezahlt!«

»Wahrscheinlich mit geborgtem Geld«, mutmaßt sie. »Bob hat uns alle immer nur getäuscht. Er ist und bleibt ein Parasit, nur auf seinen Vorteil bedacht. Dass er in der K5 ständig mein Haarshampoo benutzte und es mit Wasser aufgefüllt hat, war noch die harmloseste seiner Unverschämtheiten.«

»Du konntest nie beweisen, dass er es tatsächlich war, Pat. Wir hatten doch oft mehr Schmarotzer im Haus als Tassen im Schrank.«

Natürlich erinnere ich mich an die häufigen Streitereien wegen Bobs unbekümmertem Umgang mit dem Eigentum der anderen Mitbewohner. Wie viele Hippies fand auch er Besitzdenken völlig überholt. Früher hab ich mich da rausgehalten, gerade habe ich das Gefühl, ihn verteidigen zu müssen.

»Ach, Betty. Eigentlich geht es doch gar nicht um mein Shampoo«, sagt Pat und fährt drohend mit dem Stift durch die Luft. »Keiner verändert sich so stark!«

»Das stimmt nicht. Ich habe mich verändert, das hast du selbst gesagt.«

Sie sieht mich erstaunt an. »Ja, Frauen beherrschen diese Kunst seit Jahrtausenden. Mit jedem Kind ändern wir uns, müssen es sogar. Auch wenn ich keine eigenen habe, konnte ich es bei dir und Tuti und vielen anderen Frauen beobachten. Männer sind dazu aber nicht in der Lage. Die fürchten sich vor Veränderungen und werden nervös, wenn du nur ihren Aschenbecher umstellst. Die Evolution hat sie nun mal als Jäger vorgesehen. Und als solche müssen sie die Umgebung genau kennen. Fehlt auch nur ein einziger Baum in ihrem vertrauten Wald, ist das eine Katastrophe. Sofort glauben sie, dass sie sich verlaufen hätten.«

Ich muss lachen, weil ich weiß, dass sie Hugo meint; der wollte nicht nur die Aschenbecher stets unverändert vorfinden, sondern auch seine Anzüge in der ewig selben Reihenfolge im Schrank hängen haben.

»Und überhaupt, wieso will Bob in eine WG ziehen, wenn er angeblich so reich ist?«, gibt Pat zu bedenken. »Warum zieht er nicht in ein Hotel, wo er rund um die Uhr bedient wird, so wie er sich früher schon immer hat bedienen lassen?«

»Aber genau da wohnt er ja im Moment bereits. Und morgen bekomme ich einen schriftlichen Beweis für sein Erbe. Vielleicht hat auch er sich verändert, Pat.«

»Na, da bin ich mal gespannt. Aber bitte, Elisabeth, versprich mir eines: Egal was er dir erzählt, tu nichts Unüberlegtes und wirf vor allem nicht wieder eine Münze, wie damals, bevor du mit Uwe nach Berlin gingst«, fleht Pat mich inständig an. »So, und nun hilf mir mal mit meiner Karriereplanung. Ich stehe schließlich schon mit einem Bein in meiner neuen Zukunft!«

Sie hält mir die Zeitung hin, in der bereits etliche Vermietungsanzeigen eingekringelt sind.

»Hier. Wie findest du diese? Eine ehemalige Schreinerei«, erklärt Pat begeistert und zeigt auf ein Inserat. »Nach der Beschreibung des Maklers scheint das Objekt perfekt für mein Vorhaben zu sein. Platz zum Wohnen gibt es außerdem. Hast du morgen Zeit? Kommst du mit zur Besichtigung?«

»Ja, natürlich«, sage ich und freue mich für sie. In leere Räume lassen sich außerdem die schönsten Träume projizieren. Zum Beispiel den von Bobs Erbschaft und seiner veränderten Lebenseinstellung. Auch wenn Pat an ihm zweifelt, ich finde, die Tatsachen sprechen für ihn.

»Sieht ganz danach aus, als würden wir nicht mehr lange zusammen rumkrümeln«, stelle ich wehmütig fest und wische einige Baguettebrösel vom Tisch.

Stirnrunzelnd sieht sie mich an. »Schiebst du Panik, Lieschen?«

»Nein …, ich finde es nur schade, wo wir uns doch so gut aneinander gewöhnt haben.«

Ich merke, dass ich meine eigenen Ängste abstreite, doch Patchoulis Freundinnen-Sensoren vibrieren bereits. Sie spürt meine Bedenken, auf der Straße zu landen. Was natürlich Unsinn ist. Vorübergehend könnte ich sicher zu Greta ziehen oder ins Hotel – zu Bob …

»Nun fang bloß nicht an zu grübeln«, reißt Pat mich aus meinen Gedanken. »Zur Not kannst du immer noch bei mir im Yogazentrum kampieren.«

»Ich und Camping? Mein neues Leben an der Seite eines reichen Mannes wird doch ein traumhafter Dauerurlaub in Fünf-Sterne-Hotels werden«, widerspreche ich und grinse sie an. Dann habe ich plötzlich eine Vision: Ich sehe mich mit Bob durch Amerika reisen, wie wir es vor Gretas Geburt geplant hatten, und in Las Vegas vor dem Friedensrichter stehen. Bei dieser Vorstellung fällt mir mein Glas aus der Hand und zerbricht. Das ist ein Zeichen der Götter. Scherben bringen Glück!

»Wo warst du denn gerade mit deinen Gedanken?« Pat holt Schaufel und Handbesen, um die Scherben aufzufegen.

»Äh … ich? Wieso?«, frage ich erschrocken.

Erbost lässt sie die Schaufel fallen, stemmt die Hände in die Taille und baut sich vor mir auf. »Ich hoffe, du träumst nicht von diesem Nassauer. Es gibt Fehler, die man vergisst, und es gibt Fehler, die man korrigieren kann; und dann gibt es noch die Fehler, die man gar nicht hätte machen dürfen. Aber einen wirklich gravierenden Fehler zwei Mal zu machen ist total bescheuert, superdämlich und unverzeihlich! Kapiert?«

»Du vergisst, dass ich ohne diesen Fehler, wie du ihn nennst, mein geliebtes Gretelchen nie bekommen hätte!«

»Das ist aber auch das einzig Gute, was dieser Gauner jemals zustande gebracht hat. Ohne Greta hätte der nicht mal eine Existenzberechtigung«, schnauft sie und kehrt die Scherben zusammen.

Ich weiß, dass sie Bob nicht über den Weg traut. Sie lässt kein gutes Haar an ihm. Zu K5-Zeiten hatte sie ja auch recht damit. Aber heute?

»Vielleicht ist Bob in all den Jahren ja doch ein anderer geworden! Du willst einfach nicht glauben, dass auch er sich verändern kann«, werfe ich ihr vor.

»Bob ist leicht zu durchschauen«, sagt sie gelassen. »Der ist so tiefgründig wie eine Regenpfütze. Ich wette mit dir, dass es keine vier Wochen dauert, bis er sein wahres Gesicht zeigt.«

»Was hast du eigentlich Jacob erzählt, als ich mit Bob weggegangen bin?«, frage ich kleinlaut, um das Thema zu wechseln.

»Nur die Wahrheit: dass Bob der Vater deiner Tochter ist, dass er vor über dreißig Jahren plötzlich verschwand und dass du deshalb mit ihm reden willst.«

»Mmh, und was hat Jacob dazu gesagt?«

Pat kippt die Glasscherben in den Müll und stellt Schaufel und Besen zurück in den Schrank. »Nichts.«

Am nächsten Tag treffe ich Bob wie vereinbart in der Halle seines Hotels. Es ist eigentlich eher eine kleine Pension in der Nähe des Prinzregentenplatzes, die einen ordentlichen, aber nicht gerade exklusiven Eindruck macht.

»Du siehst atemberaubend aus, Betty«, begrüßt er mich euphorisch.

Auch die schwarz-weiße Kombination von Armani war also ein guter Kauf. Ich habe mir die Wimpern getuscht, Lipgloss aufgetragen, mein Haar im Nacken zusammengebunden und von Pat heimlich ein paar silberne Kreolen geliehen. Wenn die mitbekommen hätte, dass ich mich für das Treffen so aufgebrezelt habe, hätte sie mir vermutlich die Freundschaft gekündigt.

Bob sieht in seinem hellgrauen Anzug mit dem schwarzen Hemd darunter ungewohnt, ja beinahe fremd aus. Äußerlich passen wir aber sehr gut zusammen, stelle ich irritiert fest, als wir auf dem Weg nach draußen an einem großen Spiegel vorbeikommen.

»Ich habe uns in einem Restaurant in der Nähe einen Tisch reserviert. Greta hat leider einen wichtigen Termin«, verkündet er enttäuscht. »Es wird also nichts aus einem Familientreffen.«

Na, da ist er ja wieder, der alte Bob, der sich seine Welt schon immer zurechtgebastelt hat. Denn die brutale Wahrheit ist: Seine Tochter will ihn nicht sehen. Greta rief mich gestern Abend noch völlig aufgeregt an, nachdem Bob sich bei ihr gemeldet hatte.

»Ein Mann, der weder anrufen noch einen Gruß zum Geburtstag oder zu Weihnachten schicken kann, ist als Vater ungeeignet, Betty«, erklärte sie streng. »Ich habe bis jetzt ganz gut ohne ihn gelebt und gedenke das auch weiter zu tun.«

Und wie Patchouli erinnerte sie mich an seine Schandtaten: »Hast du vergessen, dass er dich mit einem winzigkleinen Baby praktisch auf der Straße hat sitzenlassen? Er hat sich wie ein Bergtapir benommen. Die schlecken ihrem Weibchen erst stundenlang den Rücken ab, bis es zur Paarung bereit ist, und verschwinden danach auf Nimmerwiedersehen. Die wollen nur ihre Gene verteilen, sonst nichts.«

Greta war unglaublich wütend, und das scheint sie ihm auch sehr deutlich gemacht zu haben.

Irgendwie tut er mir leid. Für Bob muss es hart sein, von seiner eigenen Tochter so vor den Kopf gestoßen zu werden.

»Tja, deine Tochter ist jetzt eine selbständige Geschäftsfrau«, sage ich daher beschwichtigend. »Sie hat nur wenig Zeit. Sie ist sehr ehrgeizig geworden, du kannst stolz auf sie sein.«

Bob nickt dankbar und scheint meine kleine Notlüge zu würdigen. Als wir kurz darauf bei Spaghetti und Salat an einem Fenstertisch sitzen, präsentiert er mir zum Beweis seiner Ehrlichkeit den Brief vom Nachlassverwalter seiner Tante. Da steht es schwarz auf weiß: Bob ist der einzige Verwandte von Tante Klara und laut Testament ihr Erbe. Er hat also nicht gelogen.

»Das ist auch der Grund, weshalb ich eigentlich nach München gekommen bin. Große Unternehmen machen keine Geschäfte am Küchentisch, wie das vielleicht Privatpersonen tun. Bei derartigen Projekten reden Anwälte und Notare mit. Und die sitzen hier in München, genau wie die Immobilienfirma, die das Grundstück kaufen will. Die ganze Sache wird aber länger dauern als gedacht, und deshalb sehe ich mich derzeit nach einer günstigeren Unterkunft um. Ich möchte nicht das Geld ausgeben, das ich noch gar nicht in der Tasche habe«, erklärt er und schiebt verlegen seine Brille zurecht.

Ich kann es kaum glauben. Bob, der Spieler, dessen Lieblingssatz »Lieber eine Mark beim Wetten gewonnen als zwei durch Arbeit verdient« mich früher zur Verzweiflung brachte, ist kaum wiederzuerkennen. Sein Verhältnis zu Geld scheint sich tatsächlich verändert zu haben. Dass er besonnener damit umgeht, beweist ja auch sein Mittelklassehotel und diese einfache Pizzeria.

»Hast du dich deshalb für die WG interessiert?«, frage ich gespannt.

Er nickt und erzählt von einer guten Freundin, die ihm bei sich Unterkunft angeboten hat. »Aber das würde nicht lange gutgehen«, sagt er und zupft sich wieder verlegen am Ohrläppchen, als sei es ihm unangenehm darüber zu sprechen. »Sie ist nämlich in mich verliebt und macht sich Hoffnungen, die ich nicht erfüllen kann und auch nicht erfüllen will. Schon gar nicht, seit ich dich wiedergefunden habe.« Seine Stimme ist ein Flüstern geworden, als er mich zärtlich ansieht.

Ich spüre, dass ich rot werde. Es ist diese tiefe Vertrautheit, die ich schon in Woodstock fühlte, als er plötzlich neben mir stand und mich ohne große Worte in seine Arme nahm. Wie damals habe ich das Gefühl, als bewegten wir uns mit gleicher Geschwindigkeit durch diese Welt. Wenn sich zwei Menschen einmal so geliebt haben wie wir beide, bleibt wohl immer etwas übrig – und in unserem Fall ist es vielleicht doch nicht nur Greta.

»Weißt du noch, wie wir uns kennengelernt haben?«, fragt Bob, als könne er meine Gedanken lesen. »Als ich dich das erste Mal sah, wusste ich: Wir gehören zusammen. Wie ein Magnet hast du mich mit aller Kraft angezogen. Zwischen all diesen einfachen Gänseblümchen warst du wie eine wunderschöne seltene Orchidee – und bist es heute noch.«

Ich lächle verlegen und wehre mich dieses Mal nicht, als er meine Hand nimmt. Die Hitze, die in diesem Moment meinen ganzen Körper erglühen lässt, hat sicher nichts mit Wechseljahrsymptomen zu tun.

»Lass uns gehen«, flüstert Bob und gibt dem Kellner ein Zeichen.

Schweigend betrachte ich ihn, während er die Rechnung begleicht. Als wir wieder allein sind, sieht er mich zärtlich an und flüstert: »Ich möchte dich in meinen Armen halten, möchte dich küssen, dich lieben! Bleib heute Nacht bei mir.«

Erschrocken ziehe ich meine Hand zurück. »Tut mir leid, Bob, aber so einfach geht das nicht.«

24. Ärger im Paradies

»Ob in der Schreinerei auch Särge getischlert wurden?«, fragt mich Pat am nächsten Tag belustigt, während wir kurz vor zehn vor dem Gebäude auf den Makler warten. Die Nähe zum Friedhof stachelt sie zu allerlei Albernheiten an.

»Das zukünftige Yogazentrum würde nicht nur verkehrstechnisch gesehen äußerst praktisch liegen. Nachdem man sich am Grab ausgeheult hat, kann man anschließend beim Yoga die Batterien wieder aufladen.«

Pats gute Laune wirkt ansteckend. Diese Art der Ablenkung ist jetzt genau das Richtige nach meinem verwirrenden Treffen mit Bob gestern. Und schon nach kurzer Zeit taucht der Makler auf. Es ist ein kleiner dicker Mann, um die fünfzig, mit Stirnglatze, rundem Gesicht und eckiger Brille.

»Bitte, entschuldigen Sie die Verspätung, Frau Wimmer«, flötet er und mustert Patchouli verzückt. Auch mich begrüßt er freundlich, aber von Pat ist er offensichtlich tief beeindruckt. Vielleicht hat er ja eine verklärte Müsli-Tussi erwartet, die mit verschränkten Beinen ihre Erleuchtung herbeimeditiert. Aber dass diese attraktive Frau mit den roten Haaren, dem dunkelgrünen Jackett und dem engen Rock eine clevere Geschäftsfrau ist, die weiß, was sie will, wird ihm spätestens während der Besichtigung schnell klar.

»Über Miete und Nebenkosten werden wir uns sicher schnell einig, Herr Gruber«, haucht Patchouli mit erotischer Stimme und streicht sich lasziv eine Strähne hinters Ohr, als wäre sie nur an ihm und kaum am Objekt interessiert.

Die Schreinerei wäre perfekt für ihren Karrieretraum, das haben wir beide sofort gesehen. Der Raum ist circa dreihundert Quadratmeter groß, hat ein positives, warmes Chi und duftet immer noch nach Holz. Auch bei trübem Wetter wie heute fällt reichlich Licht durch die große Fensterfront. Zusätzlich gibt es einen zauberhaften Hinterhof, der mitgenutzt werden kann. Und trotz der verkehrsgünstigen Lage ist es ruhig.

»Dass Duschen, Toiletten und Umkleideräume erst eingebaut werden müssten, ist höchstens ein finanzielles Problem«, erklärt Pat dem aufmerksamen Makler.

»Ich bewundere schnellentschlossene Frauen.« Sein rundes Spitzbubengesicht strahlt, als hätte er seine Vermittlungsprovision bereits in der Tasche. Flink wie ein kleiner Kobold misst er dann den Raum aus, während Pat die Maße aufschreibt.

Zwanzig Minuten später verabschieden wir uns von dem netten Moppel und seinem mittlerweile beinahe lüsternen Blick. Schon morgen wird Patchouli in seinem Büro den Mietvertrag unterschreiben! Ihre Karriere kann beginnen. Und meine?

Mist, ich kann nicht mal ein paar Möbel umstellen, um besser nachdenken zu können.

Auf dem Heimweg, in der Trambahn, wandern meine Gedanken wieder zu Bob. Ob es ein Fehler war, ihm einen Korb zu geben? Zu gerne wäre ich heute Morgen in seinen Armen aufgewacht …

Pat meint natürlich, es sei besser so. Sie will mir aber keine Ratschläge mehr geben, weil ich ja angeblich sowieso nicht auf sie hören würde, sondern mich lieber ins Unglück stürze. Selbst als ich ihr jetzt von Bobs verändertem Verhalten erzähle, ist sie überhaupt nicht beeindruckt.

»Dieser Gauner hat mindestens so viele Tricks drauf wie ich Haare auf dem Kopf. Das ist doch eine uralte Nummer Betty: Will ein Mann eine Frau ins Bett kriegen, macht er sie eifersüchtig«, erklärt sie mit lauter Stimme. »Diese angebliche Bekannte, die so scharf auf ihn sein soll, existiert wahrscheinlich gar nicht.«

»Yo, yo, yo«, höre ich eine Horde Halbwüchsiger lachen.

»Das ist doch Quatsch«, protestiere ich und bitte sie, leiser zu sprechen. »Wer mich rumkriegen will, muss mir keine pralle Hose, sondern einen dicken Geldbeutel bieten. Und eifersüchtig werde ich so leicht auch nicht mehr. Das ist doch was für Teenies.«

Sie lächelt verschmitzt und flüstert mir dann ins Ohr: »Ach ja? Und wie war das nochmal mit dieser Madame Spitznase? Über die bist du hergezogen wie eine Fünfzehnjährige über ihre Rivalin. Und du warst es auch, die Jacob ins Bett gezerrt hat!«

»Na ja, bevor Bob aufgetaucht ist, dachte ich, meine Zukunft wäre die WG, also die angebliche. Ach, du weißt, was ich meine.«

»Nein, keine Ahnung. Worum geht es dir denn jetzt?«, fragt sie erstaunt.

»Um Aufarbeitung! Um die Aufarbeitung meiner Vergangenheit!«

»Na, dann pass bloß auf, dass du nicht im Morast fauliger Erinnerungen versinkst«, sagt sie zynisch und sieht mich dabei ernst an. »Vielleicht solltest du endlich in der Gegenwart ankommen. Oder dich für deine Zukunft interessieren. Was ist denn aus deinen Plänen geworden?«

Pat hat recht. Seit Bob hier aufgetaucht ist, habe ich meine eigenen Interessen vollkommen aus dem Blick verloren. Mein Ziel war es, reich zu heiraten. Deshalb haben wir doch auch den ganzen Zirkus bei Jacob veranstaltet. Hoffentlich wird er nicht wütend, weil der ganze Aufwand vergebens war. Doch viel größer ist meine Angst, dass Pat mit ihren dunklen Weissagungen über Bob recht behalten könnte.

»Ich finde, du solltest zuallererst Jacob einen Besuch abstatten und endlich Klartext mit ihm sprechen«, schlägt Pat vor und streicht mir versöhnlich über den Arm.

»Ja, vielleicht sollte ich das tatsächlich.«

Am frühen Nachmittag stehe ich mit schlechtem Gewissen und feuchten Händen vor Jacobs Haustür. Ich weiß gar nicht, wie ich das Gespräch beginnen soll und mit welchen Worten ich diese seltsam-tragische Betty-&-Bob-Geschichte verharmlosen könnte.

»Ah, meine neue Mitbewohnerin!«, begrüßt Jacob mich überrascht und küsst mich freundschaftlich auf die Wangen. »Warum kommst du nicht rein?« Er scheint nicht zu merken, wie schrecklich ich mich fühle.

»Äh … gern«, stimme ich erfreut zu. »Hast du den Sturm auf deine Villa gut überlebt?«

»Ich schon, aber du siehst aus, als hättest du die ganze Sache noch nicht verdaut.« Er schaut mich schmunzelnd von der Seite an, während wir in die Küche gehen.

»Äh, na ja …«, stottere ich verlegen und nehme am Marmortisch auf einem der Korbstühle Platz. Wie soll ich ihm nur möglichst schonend meine WG-Lüge beichten?

Jacob stellt zwei Gläser und eine Flasche Mineralwasser auf den Tisch und setzt sich zu mir. »Also, schieß los, was führt dich zu mir? Ich bin gespannt.«

»Also, es ist ähm, wegen der WG …«, beginne ich zögerlich, als säße ich bei einem Verhör.

»Ja, sprechen wir über die Mitbewohner für die WG. Natalie hat nämlich eine Wohnung gefunden und ist gestern ausgezogen. Deshalb habe ich mir da auch schon so meine Gedanken gemacht. Steht dieser Bob eigentlich an erster Stelle auf deiner Liste?«

Jacob scheint unbeirrt an dem Projekt festzuhalten. Vermutlich will er Bob nicht dabeihaben. Möglicherweise ist das ja meine Chance, noch einigermaßen elegant aus der Sache rauszukommen.

»Na ja, es kommt ganz drauf an, ob du ihn als Mitbewohner akzeptieren würdest.«

Er sieht mich plötzlich irgendwie traurig an und fragt unvermittelt: »Liebst du ihn?«

Ich bin so überrascht von dieser Frage, dass ich heftig schlucken muss. »Äh …«, stottere ich. »Also, erst mal muss ich herausfinden, ob er es diesmal wirklich ernst meint und nicht wieder verschwindet wie damals.«

»Ja, ernste Absichten sind nicht immer sofort zu erkennen«, murmelt Jacob, steht auf und geht zum Kühlschrank. Er holt eine schlanke Flasche mit wässriger Flüssigkeit heraus. »Kleine Stärkung?«, fragt er.

»Das ist nett von dir, danke, Jacob. Aber ich sollte lieber keinen Alkohol trinken, mir ist nämlich ganz flau im Magen.«

»Na, dagegen habe ich auch etwas«, sagt er und stellt die Flasche wieder zurück. Dann geht er in seine Vorratskammer und kommt mit einem goldenen Karton wieder raus. »Die beste Medizin gegen Unterzuckerung: belgische Pralinen, auch von meinem Sechzigsten.«

»Die sind ja noch ungeöffnet«, stelle ich fest, als er die opulente Schleife entfernt.

Jacob schiebt den Karton über den Tisch, und mir steigt ein köstlicher Duft in die Nase. »Stimmt, und genau jetzt ist die passende Gelegenheit.«

Ich verdränge mein schlechtes Gewissen und greife ungeniert nach der ersten Praline. Bevor ich sie genüsslich in den Mund schiebe, sage ich: »Danke, du hast mich mal wieder gerettet!«

»Keine Ursache«, winkt er ab. »Ich hätte da auch eine Idee, wie du herausfindest, ob Bob es wirklich ernst meint.«

»Ach ja?«

»Ja. Du rufst ihn jetzt sofort an, bittest ihn hierher, und ich mache dann den *Espresso-Test* mit ihm.« Jacob sagt das so gelassen, als wolle er Bob lediglich zum Kaffeetrinken einladen.

»Espresso-Test?«, frage ich irritiert und greife nach einem Pistazienstückchen.

»Ja, eine Technik, die ich in meiner Zeit als Creative-Director entwickelt habe. Das Ganze dauert nicht länger, als es braucht, einen Espresso zu trinken. Oder anders gesagt: Zum Kern einer Sache dringt man am schnellsten vor, indem man die Beteiligten unter Druck setzt.«

»Ach ja?«

Dann erklärt Jacob mir die weiteren Einzelheiten, und allmählich begreife ich, dass dieser Test tatsächlich meine Zweifel endgültig beseitigen kann.

Also stimme ich zu, lasse mir noch eine Nougatpraline auf der Zunge zergehen und rufe dann Bob von meinem Handy aus an. Er freut sich, meine Stimme zu hören. Und noch mehr freut er sich, als ich ihm sage, dass er in die WG einziehen könne. Das ist die erste Stufe des Tests. Mit aufgeregter Stimme verspricht er, mich innerhalb der nächsten Stunde in der Villa zu treffen.

Die nächsten sechzig Minuten verbringe ich damit, die Pralinenschachtel halbleer zu futtern und dem geduldig zuhörenden Jacob von meiner Vergangenheit mit Bob zu erzählen: wann ich ihn kennengelernt habe, wann Greta geboren wurde, wie wir die Kommune gegründet haben und warum Bob dann verschwunden ist.

Zur verabredeten Zeit verziehe ich mich in Jacobs Vorratskammer und setze mich zwischen Staubsauger, Putzeimer und Schrubber auf einen wackeligen Hocker. Hier soll ich auf Bob warten – und darauf, dass er die Prüfung besteht. Der Test sieht nämlich vor, dass ich aus diesem Versteck zuhöre, wie Bob reagiert, wenn Jacob ihn unter Druck setzt. Und zwar mit folgender Mitteilung: Betty ist auf dem Weg in die Villa verunglückt und liegt im Krankenhaus – aus der WG wird vorerst nichts werden.

Trotz meiner Nervosität und den schnell hintereinanderkommenden Schweißausbrüchen bin ich tausendprozentig sicher, dass Bob dem Test gewachsen sein wird.

Zehn Minuten nach der vereinbarten Zeit sitze ich allerdings immer noch schwitzend in der Kammer und warte.

Bob wird aufgehalten worden sein, denke ich fünfzehn Minuten später.

Und dreißig Minuten später, als ich schon überzeugt bin, dass Bob etwas zugestoßen sein muss, klingelt es endlich an der Tür.

Jacob flüstert mir durch einen Spalt zu: »Du musst unter allen Umständen still sein. Schon der kleinste Mucks könnte dich sonst verraten.«

»Eher wird mich mein Schweißgeruch verraten …«, antworte ich leise und hoffe, dass mein Deo das Versprechen des Herstellers einhält, denn so aufgeregt war ich seit Gretas Geburt nicht mehr.

»Wo ist Betty?«, höre ich Bob fragen, als er mit Jacob die Küche betritt. Den Geräuschen nach zu schließen, setzt er sich auf einen der Korbstühle. Das angebotene Getränk lehnt er ab. Er klingt verärgert. Oder verändert die Tür zwischen uns seine Stimme? Während ich noch darüber nachgrüble, warum Bob so schlecht gelaunt sein könnte, berichtet Jacob von den überaus schrecklichen Ereignissen und meinem tragischen Unfall. Seine Schilderung klingt ziemlich dramatisch – er hat Talent als Schauspieler. Bob sagt anfangs kein Wort, aber dann unterbricht er Jacob plötzlich: »Gehört Betty eigentlich diese Villa?«

»Äh, nein«, antwortet Jacob irritiert. »Aber haben Sie eigentlich kapiert, was ich gerade gesagt habe? Betty liegt im Krankenhaus!«

Bob antwortet nicht. Sekunden später höre ich hektisches Stuhlrücken und anschließend eilige Schritte.

»Halt, Moment!«, ruft Jacob. »Sie wissen doch gar nicht, in welchem Krankenhaus sie liegt.«

Kurz darauf höre ich die Haustür zuknallen, dann nähert sich Jacob der Kammer.

»Du kannst rauskommen.«

»Wieso ist er so schnell gegangen?«, frage ich verunsichert und krabble aus meinem Versteck.

Jacob zuckt bedauernd mit den Schultern. »Keine Ahnung, Betty. Aber ich hatte nicht den Eindruck, als würde es ihn brennend interessieren, was genau passiert ist oder wie es dir geht. Tut mir leid.«

Hatte Pat also doch recht? Habe ich altes romantisches Huhn mir eingebildet, zweimal in denselben Fluss steigen zu können?

»Ist alles in Ordnung?«, erkundigt Jacob sich einfühlsam, als ich mich auf einen der Stühle fallen lasse.

»Hm …, weiß nicht.«

Er nickt mir aufmunternd zu. »Jetzt vielleicht doch ein Schnäpschen?«

»Nein, danke, ich muss erst mal ein paar Möbel umstellen …«

Jacob mustert mich irritiert. »Ich glaube, zum Stuhl-Hinterherwerfen ist es zu spät.«

»Ich will keine Möbel werfen, sondern umstellen. Ich muss meine Perspektive verändern.«

25. Vollmond und Freitag der 13.?

Ernüchtert und nachdenklich schleppe ich mich nach Hause. Vorbei an den traumhaftesten Häusern und Anwesen, die ich allerdings kaum wahrnehme. Was ich gerade erlebt habe, war kein absurdes Theaterstück, sondern harter Realismus. Bob hat die Flucht ergriffen, weil die Villa nicht mir gehört! Wie es mir geht, hat ihn überhaupt nicht interessiert. Die rosa Wolken haben sich schwarz verfärbt.

Als er damals verschwand, hat er mir das Herz gebrochen, heute hat er mir die Augen geöffnet. Ich muss mir eingestehen, dass ich geträumt habe. Aber jetzt bin ich wach! Und auch wenn es verdammt wehtut, erkenne ich die Tatsachen: Ich habe immer noch keinen reichen Mann gefunden, und meiner armen Tochter muss ich beibringen, dass ihr Vater wieder verschwunden ist. Ich fürchte, dass ich mit Möbelrücken allein jetzt nicht weiterkommen werde.

Zu Hause sitzt eine schmollende Pat auf dem Eckmonster.

»Und womit entschuldigst *du* deine schlechte Laune?«, motze ich sie an.

Mit spitzen Fingern zeigt sie auf den Tisch, auf dem ein zusammengeknülltes Papier liegt. »Damit!«, zischt sie wütend.

Ich falte die Seite auseinander und sehe sie mir an. Es ist der Mietvertrag für die Schreinerei.

»Was ist damit?«

»Wie du siehst, ist er ausgefüllt, aber nicht unterschrieben. Ich hatte schon den Stift in der Hand, als der Hausbesitzer anrief und erklärte, dass die Räume bereits vermietet seien. Angeblich hätte der Makler das nicht wissen können.« Pats Augen blitzen zornig, als sie weiterspricht. »So ein Idiot! Aber anscheinend war es ihm peinlich, denn jetzt bietet er mir ein anderes Objekt an.«

»Und?«

»Ich will aber die Schreinerei!«, beharrt Pat trotzig. »Die Lage ist einfach goldrichtig für mein Vorhaben. Ich will nicht nach Haidhausen oder in die Innenstadt. Ich will zum Friedhof!«

»Hat der Mann denn noch mehr Immobilien?«

»Muss er wohl, denn …« Pat wird vom Schrillen des Telefons unterbrochen. Sie meldet sich gereizt und führt ein kurzes, seltsam wortkarges Gespräch. »Ja … Nein … Nein … Nein, tut mir leid, da kann ich Ihnen nicht weiterhelfen.«

»War das der Hausbesitzer?«

»Nein, das Hotel. Die suchen Bob!«, prustet sie plötzlich los und kriegt einen Lachanfall. Als sie sich beruhigt hat, erfahre auch ich endlich, worüber sie sich so amüsiert. »Dein Obernassauer ist verschwunden, ohne die Rechnung zu bezahlen. Er hat nur sein Gepäck dagelassen: einen Koffer, gefüllt mit alten Zeitungen!«

»Und wieso rufen die hier an? Woher haben die denn unsere Nummer?«

»In einer der Zeitungen war unsere WG-Anzeige rot umrandet …«

Bob ist also wirklich der Alte geblieben. Er hat sich sogar noch gesteigert. Früher hat er nur Patchoulis Shampoo verbraucht und mit Wasser aufgefüllt. Heute betrügt er Hotels – und wieder mal mich.

»Was machen wir nur falsch?«, jammere ich.

»Spinnst du?«, entrüstet Pat sich. »Wir machen gar nichts falsch. Die Kerle sind es doch, die sich wie Kleinganoven benehmen. Bob denkt wie eh und je nur an sich selbst. Und dieser Hausbesitzer spielt anscheinend ein doppeltes Spiel: Engagiert einen Makler und vermietet dann doch auf eigene Faust.«

»Und was machen wir jetzt?«

»Wir betrinken uns, bis wir die Gemeinheiten dieser Ganoven vergessen haben«, sagt sie bestimmend und geht zum Kühlschrank, in dem noch zwei Flaschen Wein stehen.

»Gute Idee. Dann erzähle ich dir auch von Bobs Scheitern beim Espresso-Test. Du wirst staunen, was Jacob sich für ihn ausgedacht hatte …«

Viele Gläser Wein und etliche Flüche später läutet das Telefon erneut.

»Geh du ran, Betty. Mein Bedarf an Katastrophenmeldungen ist für heute nämlich gedeckt.« Kichernd fügt sie hinzu: »Vielleicht will uns das Hotel ja Bobs Rechnung schicken?«

Leicht beschwipst gehe ich dran, ohne Böses zu ahnen. Doch dann ereilt mich ein Schock, der mich schlagartig ernüchtert. Und nun führe ich ein seltsam einsilbiges Gespräch. Als ich wieder auflege, schüttle ich fassungslos den Kopf.

»Das war Uwe!«, berichte ich Pat, und mir wird bewusst, dass ich seit meiner Ankunft in München nicht mehr an ihn gedacht habe.

»Ach, die Buddhisten haben Telefon im Kloster?«, kichert Pat nun schon ziemlich benebelt.

»Keine Ahnung«, antworte ich verstört. »Er hat offensichtlich aufgehört zu meditieren. In Berlin stand er vor verschlossener Tür. Von Judith hat er dann erfahren, warum Lohmann jetzt in der Wohnung wohnt und dass ich bei dir in München bin. Er rief vom Handy aus an – und fährt gerade mit dem Taxi vor.«

Patchouli lacht jetzt schallend. »Na, viel schlimmer kann es nun nicht mehr kommen.«

Eine verfrühte Prognose, wie sich bald herausstellt. Wenig später klingelt es tatsächlich an der Tür. Pat nickt mir aufmunternd zu, und ich marschiere wildentschlossen zur Tür: Mit dem werde ich jetzt auch noch fertig.

»Hallo, Betty«, begrüßt Uwe mich mit dem sanften Stimmchen eines Geläuterten.

»Äh … Hallo«, kriege ich gerade noch heraus, denn sein Anblick lässt mich verstummen. Vor mir steht ein abgemagertes, glatzköpfiges Häufchen Elend, dem Jeans und Hemd zu groß geworden sind. Uwe sieht aus wie sein eigener Geist. Wo immer er auch war, spirituelle Erleuchtung hat er dort nicht gefunden. Dafür muss ihn irgendein höchstaggressiver Virus erwischt haben, anders kann ich mir seinen erbärmlichen Zustand nicht erklären.

Ich bezahle das Taxi, nehme ihm dann den Koffer ab und bitte ihn schnell herein, bevor er noch vor der Haustür zusammenbricht. Für eine Diät hättest du nicht wegfahren müssen, denke ich boshaft und frage ihn, ob er hungrig ist. Doch er schüttelt nur müde den Kopf.

»Lass mich raten, du bist sterbenskrank.«

Ich bekomme aber nur einen wehleidigen Blick und ein leises Stöhnen als Antwort. Auch Pat erschrickt, als sie ihm das dürre Händchen schüttelt.

Zwei Stunden, eine Kanne Kamillentee und eine halbe Packung Salzstangen später liegt Uwe im Bett und schläft, als hätte er bei vollem Bewusstsein drei Inkarnationsstufen im Schnelldurchgang durchlaufen: Ameise, Katze, Mensch.

»Heute muss Vollmond sein *und* Freitag der 13.!«, japst Pat, als wir völlig ausgelaugt vom vielen Bedauern und Mitfühlen auf dem Eckmonster sitzen und über Uwes Läuterungsbericht nachdenken. Was der arme Büßer durchgemacht hat, nimmt selbst den geduldigsten Zuhörer mit. Täglich musste er nach stundenlangem Meditieren noch die Holzböden des Klosters schrubben und mit den anderen Mönchen durch die Dörfer ziehen, um Reis zu erbetteln. So mühsam hatte er sich die Selbstfindung nicht vorgestellt. Er dachte vielmehr: Wenn ein Kloster Gäste einlädt und sie dafür bezahlen lässt, gibt's Meditation und Vollpension, Erlebniskloster eben, mit kurzweiligem Animationsprogramm. In den ersten Wochen gefiel ihm das karge Leben noch ganz gut. Es gab zwar nur kaltes Wasser vom Brunnen, und er konnte nicht mal eben den Kühlschrank aufmachen, wenn er Hunger hatte, sondern musste sich die Nahrung erst verdienen; aber das fühlte sich anfangs irgendwie so lebendig an. Doch als die kalten Nächte auf dem harten Boden (ohne kuschelige Daunendecke), das anstrengende Meditieren und das anschließende Betteln nach Nahrung an seinen Kräften zehrten, schwand seine Begeisterung mit dem Bauchumfang. Wochenlang gab's nur Schälchen Reis mit etwas Gemüse, keinen Fisch, kein Fleisch und selbstverständlich keinen Alkohol. Das schlaucht den verwöhnten Wohlstandkörper. Als dann auch noch »Montezumas Rache« die letzten Reiskörner aus seinem Darm putzte, war es nur eine Frage der Zeit, bis Uwe wieder nach Hause wollte.

Blöd nur, dass es kein Zuhause mehr gibt. Tja, er wird wohl nach Neukölln ziehen müssen, denn hier im Reiheneckhaus kann er nur vorübergehend bleiben. Nicht mal mit seinem armseligen Mitbringsel, einer buddhistischen Mantra-Kette aus Jadeperlen, kann er mich weichbeten. Und Patchouli schon gar nicht. Die ist streng ungläubig.

Am nächsten Morgen wecke ich Uwe noch vor der Yogastunde und verkünde ungerührt die grausame Botschaft: »Falls du es noch nicht bemerkt hast: Ich habe mich verändert. Die vertrauten Häkelmuster sind passé. Und die Pflegemutter gibt's auch nicht mehr. Tut mir leid, aber ich habe keine Lust mehr auf Männer, die glauben, dass ich alles hinnehme, egal wie unmöglich sie sich benehmen.«

Wie erwartet, fällt Uwe in sein altes Verhaltensmuster zurück. »Aber Betty, soll ich nicht erst mal ein leckeres Frühstück machen?«, versucht er mich zu ködern.

Auf mein gefühlloses »Nein, ich mache jetzt Yoga« beschwört er unsere langjährige Beziehung. Offensichtlich will er, genau wie Bob, einfach an der Stelle weitermachen, an der er unser gemeinsames Leben beendet hat. Aber ich bleibe hart und begebe mich in den Keller – auf die weiche Matte zu den Fünf Tibetern.

Nach unserer Yogastunde wartet Uwe mit verschränkten Armen und drohendem Blick an der Treppe auf mich.

»Unter diesen Umständen werde ich dich verlassen und noch heute nach Berlin zurückfahren!«

»Gute Idee«, stimme ich milde lächelnd zu und kümmere mich ums Frühstück. Veränderungen machen hungrig.

Uwe kann es nicht fassen und besteht darauf, sofort abzureisen. Männer mögen es eben nicht, wenn man sie links liegenlässt. Aber ich bin es leid, dass sich immer nur alles um ihn dreht. *Ich* bin jetzt mein Lebensmittelpunkt!

Mittags begleite ich Uwe dann aber wenigstens noch zum Bahnhof – und spendiere ihm zum Abschied ein Taxi. Während ich ihm unterwegs von der Wohnung erzähle, die Lohmann für ihn reserviert hat, heult er mir die Ohren voll.

»Ich weiß gar nicht, ob ich die Zugfahrt in meinem Zustand antreten sollte, Betty.«

»Mmh.«

»Ich fühle mich so schwach.«

»Aha.«

»Wenn ich sterbe, bist du schuld!«

»Na, wenn du schon den Prostatakrebs besiegt hast, wirst du wohl noch ein paar Stunden Zugfahrt überleben. Apropos, wie geht's eigentlich Zielinsky mit seinem Prostatakrebs?«, frage ich Uwe, als wir am Bahnsteig stehen.

Er sieht mich beleidigt an und sagt dann unwillig: »Ganz gut ... Er hat überlebt.«

Mühsam verkneife ich mir ein Lachen.

»Na dann, gute Reise!«, rufe ich ihm fröhlich hinterher, bevor er im Zug verschwindet.

Zum Glück ist das alles nicht mehr mein Blumentopf. Ich habe jetzt andere Probleme, um die ich mich dringend kümmern muss. Andere Menschen verdienen meine Aufmerksamkeit außerdem viel mehr als Uwe. Zum Beispiel meine Tochter.

Keine Ahnung, wie ich ihr das beibringen soll. Zum zweiten Mal hat ihr Vater uns Hals über Kopf verlassen. Zu K5-Zeiten haben wir unangenehme Dinge ja immer so lange verschoben und verdrängt, bis sich das Unglück irgendwann von selbst erledigte – was allerdings eher seltener vorkam. Der Gerichtsvollzieher war ein häufiger Frühstücksgast bei uns … (Einige Kommunenbewohner schoben das allerdings auf unser leckeres Müsli, für das der mitleidige Mann oft die Zahlungstermine verlängerte.)

Greta werde ich aber kaum mit einem Schüsselchen Müsli besänftigen können. Ich muss mich darauf gefasst machen, dass sie mir ordentlich die Meinung sagt.

Doch als ich sie wenig später von zu Hause aus anrufe und ihr von dem Espresso-Test und Bobs fluchtartigem Verschwinden erzähle, lacht und kichert und gluckst sie so lange herum, dass ich mir schon Sorgen mache. Endlich schnappt sie nach Luft und sagt:

»Ach, Betty, so eine lustige Geschichte habe ich schon lange nicht mehr gehört.«

Ich bin heilfroh, dass sie die komische Seite des Dramas entdeckt hat und nicht sauer auf mich ist. Im Gegenteil.

»Was hältst du davon, wenn ich in Bobs Dorf fahre und ein bisschen rumschnüffle?«, schlägt sie vor. »Die ganze Sache stinkt doch gewaltig. Wer weiß, ob an dieser Grundstücks-Story auch nur ein einziger grüner Grashalm wahr ist. Und falls doch, müsste ich eigentlich auch erben, oder? Ich bin doch trotz allem die leibliche Tochter dieses Bergtapirs.«

»Das willst du dir wirklich antun?«, frage ich vorsichtig, weil ich die volle Wahrheit über dieses angebliche Erbe eigentlich gerne erfahren würde.

»Na klar, sobald ich ein freies Wochenende habe, fahre ich hin. Und Norman kommt bestimmt mit«, erklärt sie vergnügt, als plane sie einen Urlaub.

»Meine Tochter ist die Größte«, sage ich voller Mutterstolz zu Pat, während wir uns für die nächste Besichtigung zurechtmachen. Diesmal ist Pat aber mit dem Hausbesitzer persönlich verabredet – damit nicht wieder etwas schiefläuft.

Das heutige Objekt liegt in Haidhausen, in der Nähe des Ostbahnhofes und ist verkehrstechnisch ebenso günstig gelegen wie die Schreinerei. Aber wir schaffen es trotzdem, uns zu verspäten. Patchouli hat nämlich besonders lange für ihr Make-up und die Auswahl ihrer Kleidung gebraucht, und dann steigen wir auch noch wie zwei Touristinnen in die falsche U-Bahn ein. Damit landen wir erst am Hauptbahnhof, bevor wir schließlich etwas kurzatmig und mit zwanzig Minuten Verspätung an der angegebenen Adresse ankommen.

Alfred Horn, ein sympathischer Mann in unserem Alter, nimmt unsere Verspätung gelassen hin. »Auf das schöne Geschlecht wartet man doch gerne«, erklärt er und bittet uns hinein.

»Vielen Dank. Das Warten hat sich für Sie gelohnt«, erwidert Pat streng und schiebt ihre Lockenpracht aus dem Gesicht. »Nun bin ich gespannt, ob sich auch unsere Hetze gelohnt hat.«

Sie lächelt herausfordernd und lässt sich in der nächsten halben Stunde von dem charmanten Herrn Horn durch die Räumlichkeiten führen.

Irgendwie sieht der Mann meiner Freundin ähnlich, stelle ich während der Besichtigung fest, und vergleiche sein kastanienbraunes Haar mit Patchoulis und seine vielen Sommersprossen mit denen in ihrem Gesicht.

Der ehemalige Milchladen liegt zwar nicht in einem ruhigen Hinterhof, hat aber sehr viel Charme und reichlich Stuck an der Decke. Gegenüber der Fensterfront kleben noch etliche Motivkacheln mit Szenen vom fröhlichen Landleben an der Wand. In meiner Phantasie sehe ich eine lange Theke davor, an der man Vitaminsäfte und kalziumreiche Milch-Shakes ausschenken könnte.

Auch Pat dürfte der Raum gefallen, doch sie tut so, als würde ihr das Objekt überhaupt nicht zusagen.

»Für mein Vorhaben ist das alles hier viel zu klein und zu verwinkelt«, schnauft sie herablassend, als wir die hinter dem Ladengeschäft liegenden Räume besichtigen. Was ebenfalls nicht stimmt. Ich kenne sie gut genug, um zu wissen, dass ihre Einwände nur vorgeschoben sind.

Der vordere Verkaufsraum und die ineinandergehenden hinteren Zimmer sind nämlich insgesamt kaum kleiner als ihr Wunschobjekt am Friedhof. Hier müsste sie auch keine extra Wände einziehen.

Herr Horn scheint Patchoulis Genörgel amüsant zu finden. »Kein Problem, Frau Wimmer. Ich habe noch ein anderes Objekt. In der Innenstadt hat gerade ein kleiner Lampenladen seine Lichter gelöscht«, scherzt er und schaut Pat erwartungsvoll an. »Nein, im Ernst, ich könnte Ihnen noch zwei, drei andere Objekte zeigen, wann immer Sie mögen.«

Pat zuckt unschlüssig mit den Schultern. Sie will ihn zappeln lassen, das sehe ich doch. Nach einigem Hin und Her – sie müsse erst noch andere Termine wahrnehmen – sagt sie schließlich huldvoll zu. Die beiden verabreden sich für den nächsten Tag, und Alfred Horn verabschiedet sich mit einem anerkennenden Blick von uns.

Als wir in der U-Bahn nach Hause fahren – diesmal ist es die richtige Linie! –, jammert Pat: »Wenn ich die Schreinerei nicht bekomme, dann will ich nicht einfach das nächstbeste Angebot annehmen. Herr Horn soll mir mal schön weitere Objekte zeigen. Bis eines dabei ist, das mir besser als die Schreinerei gefällt.«

»Verstehe«, antworte ich und spüre ganz deutlich, dass vor allem Alfred Horn ihr gefällt – mindestens genauso gut wie sie ihm. Und bei jeder Besichtigung wird Pat ihn wiedersehen können. Aber das kann die neuerwachte Karrierefrau in ihr natürlich nicht zugeben …

26. Ach du heiliges Feng-Shui!

Am nächsten Tag mache ich mich mit einem mulmigen Gefühl im Magen und einem Strauß bunter Sommerblumen in der Hand auf den Weg zu Jacob. Pat hat mir ins Gewissen geredet, dass ich endlich die Wahrheit gestehen muss. Aber was sage ich, damit er sich nicht komplett ausgenutzt fühlt? Mir fällt einfach keine harmlose Formulierung für meine Gemeinheit ein. Pat hat zur Zweidrittelwahrheit geraten. Ich soll einfach behaupten, es wäre unmöglich, geeignete Mitbewohner zu finden, außerdem würde ich noch unter Schock stehen, wegen Bob. Der Rest müsste sich ergeben. Na, hoffentlich behält sie recht.

Schon seit dem frühen Morgen herrscht schwüle und stickige Augusthitze. Auf halber Strecke zur Villa fängt es dann an zu donnern. Natürlich habe ich *keinen* Schirm dabei. Wenn es regnet, kann ich mich nicht mal irgendwo unterstellen. Hier, in diesem Teil der Pienzenauerstraße, stehen nur eingezäunte Villen. Ich muss mich also beeilen!

Aber schon wenige Minuten später fängt es tatsächlich an zu schütten – logisch, bei meinem derzeitigen Glück. Und weil mich unter den am Straßenrand stehenden Bäumen garantiert der Blitz treffen würde, ziehe ich jetzt Patchoulis Riemchensandalen aus und laufe barfuß weiter. Die Schuhe sind zwar sehr sexy, aber so geht's schneller. Wären es meine Stilettos, würde ich sie sofort den zornigen Göttern opfern, um sie milde zu stimmen. Vielleicht würde das mein mieses Karma verbessern.

Klatschnass und völlig außer Atem stehe ich dann vor Jacobs Tür. Auch ohne Spiegel weiß ich, dass mein schickes Armanikleid an mir klebt wie Frischhaltefolie und meine Dessous durchscheinen. Gäbe es einen Senioren-*Playboy*, könnte ich mich für den Wet-Woman-Titel bewerben. Im Moment kann ich mir allerdings nur den Strauß verschämt vor die Brust halten und Sturm läuten.

Jacob ignoriert meinen provokanten Zustand galant, als er überrascht die Tür öffnet. Unter anderen Umständen wäre ich beleidigt, heute bin ich froh. Schließlich will ich mich bei ihm entschuldigen und ihn nicht verführen!

Nachdem er mich in die Küche geführt, mir ein Handtuch gegeben und die Blumen versorgt hat, erkundigt er sich fürsorglich nach meinem Befinden.

»Kann ich dir sonst noch etwas Gutes tun? Heißes Bad? Heißer Tee? Trockenes Hemd?«

»Au ja, und genau in dieser Reihenfolge, bitte«, schniefe ich dankbar in ein Küchenkrepp.

»Kommt sofort«, verspricht er und rennt nach oben, um ein trockenes Hemd zu holen, wie ich annehme. Stattdessen höre ich ihn nach einigen Minuten rufen: »Betty, wo bleibst du denn? Der Schaum fällt zusammen!«

Konnte ich ahnen, dass er es ernst meint mit dem heißen Bad? Jetzt ist es mir äußerst peinlich. Aber es wäre natürlich unhöflich, sein Angebot nicht anzunehmen. Schließlich ist ein heißes Vollbad bei den heutigen Strom- und Wasserpreisen ein luxuriöses Geschenk, besonders von einem Mann, der hochverschuldet ist. Was Öko-Conny dazu sagen würde, ist mir egal.

Das Gewitter hängt jetzt direkt über dem Haus. Es schüttet aus tiefhängenden, schwarz-lila Wolken, und vermutlich dauert es ewig, bis die sich ausgeregnet haben. Also kann ich genauso gut in Jacobs freistehender Badewanne nass werden, das ist sogar wesentlich angenehmer.

Als ich bis zum Hals in herbduftendem Schaum stecke, klopft Jacob an die Tür.

»Darf ich reinkommen? Ich bringe dir den Tee.«

Müsste ich »nein« sagen? Mir fallen zwei gute Gründe für ein »Ja« ein: Erstens kennt Jacob mich bereits nackt – obwohl ich bis zum Dekolleté im Schaum sitze –, und zweitens brauche ich den Tee wirklich dringend. Sonst kriege ich nämlich eine grässliche

Erkältung und vielleicht noch Schlimmeres. Außerdem ist es herrlich gemütlich, im Schaumbad aufzuweichen, mit Tee verwöhnt zu werden und durchs Fenster zu beobachten, wie es draußen blitzt und donnert. Also entscheide ich mich für »Ja« und rufe: »Herein«, als wäre ich die Villenbesitzerin und er der Butler.

Als die Tür aufgeht und Jacob reinkommt, höre ich Kris Kristofferson *Freedom is just another word for nothing left to lose* singen.

»Du magst doch Kristofferson? Hast du mir jedenfalls auf Tutis Party erzählt.« Er lässt die Tür einen Spaltbreit offen und stellt das Tablett in Reichweite auf einen Hocker. Dann schenkt er Tee für uns beide ein, reicht mir eine Tasse und setzt sich auf das überbreite Fensterbrett. In seinem farbverkleckstèn T-Shirt und der zerschlissenen Jeans sieht er eher wie ein Fliesenleger und nicht wie ein Villenbewohner aus.

Was mich an Jacob aber am meisten fasziniert, ist die unangestrengte Art, mit der er alles tut. Und dass er mir selbst in einer derart skurrilen Situation das Gefühl von absoluter Normalität vermittelt. Ja, es fühlt sich tatsächlich normal an, hier im Schaumbad zu liegen und mich von ihm bedienen zu lassen. Mein schlechtes Gewissen meldet sich dennoch; denn eigentlich kam ich ja, um mich zu entschuldigen.

»Ich liebe Kristofferson«, gebe ich zu. »Und dieser Song passt im Moment besonders gut, weil ...«

Jacob sieht mich gespannt an.

»Na ja, eigentlich fühle ich mich ziemlich frei, und zu verlieren hab ich auch nichts mehr. Deshalb bin ich ja hier ... um mich, äh, in aller Form bei dir zu entschuldigen«, leite ich meinen Zweidrittelbußgang ein. »Und zwar für den ganzen Wirbel, den ich hier veranstaltet habe. Denn die WG wird ... äh, also ich wollte ... na ja, nicht in einem Ein-Zimmer-Appartement vereinsamen. Aber ich konnte doch nicht ahnen, dass ausgerechnet Bob auftaucht und wieder ... also, äh, du hast ja erlebt, was er für ein Windhund ist und … Jedenfalls stehe ich noch unter Schock und muss dieses ganze WG-Projekt neu überdenken. Tut mir leid, Jacob«, sage ich reumütig und blicke verschämt in die Schaumberge vor mir. »Also wirst du wohl auch der Französin absagen müssen. Es sei denn, du gründest eine Zweier-WG mit ihr.«

»Mmh, vielleicht«, sagt Jacob und schenkt sich Tee nach. »Seit Natalie weg ist, bin ich wieder ganz alleine und hätte doch gerne eine so tolle Frau im Haus.«

Also doch! Fast ein wenig enttäuscht, starre ich auf meine roten Fußnägel, die im weißen Schaum wie knackige Kirschen in Schlagsahne aussehen.

»Ja, ich hätte wirklich gerne eine tolle Frau im Haus.« Er sieht mich eindringlich an. »Und zwar eine wie dich, die barfuß durch den Regen läuft und dann wie eine nasse Katze vor der Tür steht.«

»Ich?« Plötzlich fühlt sich die ganze Szene überhaupt nicht mehr normal an, und sicher wird Jacob mich gleich auslachen.

Doch stattdessen stellt er seine Teetasse weg und kniet sich neben den Badewannenrand zu mir.

»Ja, dich! Hast du nicht gemerkt, dass ich bei dieser seltsamen WG-Aktion nur mitgemacht habe, um in deiner Nähe zu sein?«

»Du wusstest, dass die ganze Geschichte nur ein Vorwand war?«

»Logisch, du hast nämlich gar nicht versucht, das Haus umzubauen oder die Küche zu renovieren, wie das andere Frauen getan hätten. Du hast mich sogar gebremst, als ich noch weitere Badezimmer einbauen wollte.«

Verlegen wackle ich mit den Zehen. »Ich bin halt nicht wie andere Frauen.«

»Eben!«, sagt Jacob und malt mit den Fingern ein Herz in den Schaum. »Deshalb war ich vom ersten Augenblick an auch so fasziniert von deiner verrückten Art, durchs Leben zu gehen. Ich bin noch nie einer Frau wie dir begegnet, schon gar keiner mit Cowboyhemd und Fächer.«

Die Situation ist mir derart peinlich, dass ich die Farbe meiner Fußnägel annehme. Was mache ich denn jetzt? Er hat mich total missverstanden. Denkt er, dass ich …?

Es hilft nichts, ich muss ihm alles gestehen.

»Äh, danke, Jacob. Es ist wirklich lieb von dir, dass du nicht wütend bist – was ich durchaus verstehen könnte. Aber du überschätzt mich. Ich habe dich nämlich schändlich missbraucht.«

Er sieht mich neugierig, ja beinahe lauernd an.

»Ach ja?«

Ein besonders lauter Donner ist jetzt zu hören und scheint mein schlechtes Gewissen noch zu bekräftigen. Als das Getöse vorbei ist, rücke ich mit dem letzten Drittel der Wahrheit raus:

»Ja, du hast richtig gehört. Ich bin … also ich *war* auf der Suche nach einem Mann. Und zwar einem reichen Mann! Ich wollte nämlich nur eines: reich Heiraten! Blöderweise ist es für ein altes Mädchen wie mich aber schwierig, Männer kennenzulernen. Erst recht wohlhabende Männer. Die tragen schließlich kein Schild am Revers. Mit zwanzig ist das einfach, da kann man jeden Mann haben – das behauptet zumindest Patchouli. Deshalb waren wir ja auch auf dem Casting, weil …«

»Was die vielleicht beste Idee des Jahres war!«, unterbricht mich Jacob.

»… weil wir dachten, dort Kontakte knüpfen zu können«, fahre ich fort und würde vor Scham am liebsten im Schaum versinken. »Und so kamen wir dann auf die Idee mit deiner Villa. Durch die WG wollten wir reiche Kerle anlocken. Ein Megaflop, wie du ja weißt. Ich bin also nicht nur eine verrückte, sondern auch eine berechnende Frau, die dich ausgenutzt hat, weil sie keine Geldsorgen mehr haben will und lieber die Euro ihres Mannes in Umlauf bringen würde. Verstehst du?«

Nun ist es raus, aber ich fühle mich keineswegs wohler.

Jacob sieht mich irritiert an, dann steht er auf und verlässt kopfschüttelnd das Badezimmer.

Ja, ich weiß, ich habe es verdient, ignoriert und verstoßen zu werden. Und obwohl es schmerzt, bin ich froh, dass er mich nicht auch noch nackt aus dem Haus jagt. Eilig steige ich aus der Wanne und hülle mich in eines der Handtücher, die in einem Regal liegen. Kaum habe ich mich abgetrocknet, kommt Jacob zurück. Verschämt halte ich mir das Handtuch vor den Körper.

»In einer Minute bist du mich los«, verspreche ich.

Er sieht mich ganz ruhig an, dann legt er langsam seine Hände auf meine Schultern, drückt mich sanft auf den Wannenrand und erklärt: »Du bleibst! Eine Frau mit derart überschäumender Phantasie suche ich schon mein ganzes Leben. Dieser ganze WG-Zirkus hat mir doch mörderisch viel Spaß gemacht! Und als du dann heute vor der Tür standest wie die Göttin aus dem See, wusste ich: Du bist die Frau, nach der ich mein Leben lang gesucht habe.«

Er kniet sich vor mich auf die Fliesen, hält mir einen unscheinbaren Ring vors Gesicht und fragt: »Darf ich dir den Rest meines Lebens widmen?«

Ich kann zwar nicht genau sagen, wie ich mir einen Heiratsantrag vorgestellt habe, aber so, halbnackt mit nassen Haaren und vor mir einen Mann in Handwerkerkluft, bestimmt nicht. Wenn dieser Kaugummi-Automaten-Ring mit dem roten Stein aus Glas nicht wäre, würde ich denken, dieser Mann ist tatsächlich ein Fliesenleger, der nur darauf wartet, dass ich endlich den Raum verlasse, damit er weiterarbeiten kann. Dennoch schmelze ich wie Vanilleeis unter heißer Schokoladensauce.

»Jacob«, hauche ich gerührt. »Ist das etwa … ein Antrag?«

»Ja, du verrücktes Huhn. Bisher dachte ich immer, die Ehe sei der Todeskuss für eine Liebe. Doch seit ich dich kenne, weiß ich, dass ich falschlag. Aber wenn es dir lieber ist, stelle ich dir auch die klassische, besitzergreifende Frage: Willst du meine Frau werden?«

»Nein, natürlich nicht. Ich meine, äh, natürlich …«, stottere ich jetzt völlig durcheinander.

»Liebe Betty, willst du mein Leben durcheinanderbringen, mich zum Wahnsinn treiben und jeden Tag missbrauchen?«

Vor Aufregung versagt meine Stimme.

»Ja«, piepse ich schließlich und strecke ihm meine Hand entgegen. Mein Ritter – ohne Münzen! Und er will mir den Rest seines Lebens widmen. *Mir!*

Ach du heiliges Feng-Shui, ist das romantisch! Mir wird heiß und kalt. Mein ganzer Körper kribbelt, und ich fühle mich wie eine Eisblume am Fenster, die in der Sonne schmilzt.

Jacob steht auf, reibt sich demonstrativ die Knie und steckt mir dann den Ring an den kleinen Finger – die anderen sind zu dick. Verzückt strecke ich meine Hand aus und begutachte meinen Verlobungsring. Der kleine Glasstein funkelt tausendmal schöner als ein hochkarätiger Diamant von Cartier & Co. Vergnügt sieht Jacob mir zu.

»Du sagst tatsächlich ja, obwohl du meine finanzielle Situation nicht kennst?«

»Dein blödes Bankkonto ist mir doch völlig egal«, erkläre ich und falle ihm um den Hals. »Ich war schon mal mittellos, und auch schon mal glücklich, aber ich war noch nie mittellos *und* glücklich. Und jetzt werde ich sogar mittellos, glücklich und *verheiratet* sein! Kann sich ein angewelktes Blumenkind wie ich mehr wünschen?«

Das Gewitter ist lange vorbei, als wir hungrig aus den zerwühlten Bettlaken steigen. Dann stürmen wir (Jacob in einem Jeans- und ich in einem seiner Cowboyhemden) die Küche. Dort schieben wir eine Fertig-Pizza aus dem Tiefkühlfach (das einzige Essbare in diesem Haus) in den Ofen und holen aus der »Kammer der Wahrheit«, wie Jacob sie jetzt nennt, die letzte Flasche Bordeaux. Bis die Pizza fertig ist, analysiere ich im Stillen meine neue Gesamtsituation: Was interessieren mich Jacobs Finanzen, wo ich doch bereits auf rosa Wolken schwebe? Da kann mich weder ein dickes Minus auf seinem noch auf meinem Konto runterholen. Ich weiß jetzt nämlich: Arme Männer sind mein Schicksal. Und das Schicksal findet einen immer, egal wie weit man läuft. Es kennt keine Entfernungen und keine Hindernisse. Aber pleite zu sein bedeutet ja noch lange nicht, bankrott zu sein! Das Geld liegt doch auf der Straße. Ich könnte zum Beispiel Glückskekse backen, den Model-Agenten anrufen oder wieder als Feng-Shui-Beraterin arbeiten. In München weiß ja keiner von meinem Jeff-Koons-Werk. Oder wir verkaufen Jacobs restliche Möbel. In der nächsten Zeit halten wir uns wahrscheinlich eh nur im Bett oder im Bad auf …

Als ich zum x-ten Mal verzückt den Ring betrachte, nimmt Jacob plötzlich meine Hand und küsst sie. »Eines Tages bekommst du einen echten, das verspreche ich dir.«

»Einen echten Brillanten? Groß wie eine Kirschtomate? Und von einem berühmten Juwelier?«

Er nickt und legt mit übertriebenem Augenaufschlag drei Finger auf seine Brust. »Ehrenwort!«

»Kommt nicht in Frage. Echte Brillis haben alle. Aber der hier ist einmalig. Wo hast du den überhaupt so schnell hergezaubert?«, frage ich neugierig.

Jacob lächelt geheimnisvoll. »An dem Tag, als wir uns kennenlernten, habe ich ihn aus einem Kaugummiautomaten gezogen.«

»Ehrlich?«, frage ich amüsiert.

»Ja«, lacht er. »Auf dem Weg zum Casting kam ich an einem dieser Automaten vorbei. Schon als kleiner Junge wollte ich da immer einen Ring rausholen. Aber es ist mir nie gelungen. Tja, und genau an dem Tag hat's geklappt. Ich habe mir nichts weiter dabei gedacht und mich einfach nur gefreut, aber heute weiß ich, was es bedeutet.«

»Na also, du sagst es ja selbst, dass er etwas Besonderes ist. Und deshalb lasse ich mir diesen Ring auch nie wieder wegnehmen.

Ich würde ihn nie, nie, nie versetzen, nicht mal, wenn wir hungern müssten!«

»Ach, Betty«, seufzt Jacob jetzt. »Ich wusste, du würdest mein Leben durcheinanderbringen. Eines musst du aber noch wissen: Ich gehöre zu dieser altmodischen Generation, die sich nicht von einer Frau aushalten lässt.«

»Schon mal was von Emanzipation gehört?«, frage ich provokant und bedeute ihm, die Pizza aus dem Rohr zu holen. Jacob nickt belustigt und erledigt den Auftrag.

»Na also, dann emanzipiere dich gefälligst«, fordere ich ihn übermütig auf und halte ihm meinen Teller hin. »Und wenn dir langweilig ist, kannst du den Müll raustragen, Rasen mähen oder die Einfahrt fegen.«

»Zu Befehl!«, salutiert er, gibt mir das größte Stück Pizza und schenkt Wein nach. »Aber vorher heiraten wir. Sonst wirst du mit deiner Kreativität noch so unermesslich reich, dass du mich nicht mehr willst und den Ring zurückgibst.«

»Niemals! Ich brauche dich nämlich dringend, falls dir das entgangen ist. Du weißt nämlich immer genau, wann ich unterzuckert bin«, sage ich und beiße verzückt in die Pizza.

27. Grausames Karma

Nach dem ersten Heiratsantrag meines Lebens schwebe ich am nächsten Tag mit verträumtem Grinsen zurück zu Patchouli. Es ist ein klarer sonniger Tag, die Luft ist vom Gewitter gereinigt, und es riecht nach frischgeschnittenem Gras.

Im Reiheneckhaus schubst Pat mich dann mit wenigen Worten von meiner knallpinken Wolke auf den grauen Asphalt der Tatsachen.

»Nur über meine Leiche!«, tobt sie, als ich ihr strahlend vor Glück den Ring unter die Nase halte und von Jacobs Antrag erzähle.

Vielleicht ist sie doch eifersüchtig, überlege ich verwundert und frage vorsichtig: »Warum bist du denn so sauer?«

»Liebe macht nicht nur blind, sondern scheinbar auch noch blöd!«, antwortet sie schroff. »Schon vergessen? Ich musste dir fest versprechen, dich NIE wieder in die Arme eines Habenichts laufen zu lassen. Und genau das tue ich hiermit.« Sie sieht mich drohend an. »Jacob wartet vermutlich schon lange auf eine tatkräftige Frau, die sich seiner Probleme annimmt. Vielleicht gehört er ja zu den Männern, die das nur zu gerne dem weiblichen Geschlecht überlassen. Außerdem ist er immer noch arbeitslos, hat hinten und vorne nur Schulden und obendrein noch eine teure Villa am Hals! Oder hat sich daran seit gestern etwas geändert?«

Stumm würge ich an dem ekeligen Tatsachenkloß. Nein, daran hat sich nichts geändert. Ich habe es einfach nur verdrängt. Und statt meinen Kopf einzuschalten, wollte die übermächtige Kommunenmutter in mir mal wieder alle Widrigkeiten aus der Welt schaffen. Vor allem die von anderen Leuten!

»Bitte, Elisabeth, denk nach, bevor du auf dem Sozialamt landest und eine Nummer für die Warteschlange ziehen musst.«

Patchouli redet geduldig auf mich ein, als wäre ich eine rollige Katze. »Hast du nicht gesagt, dass du in Zukunft keine Geldsorgen mehr haben möchtest?«

»Ja, ich weiß, das habe ich«, gebe ich unwillig zu. Ernüchtert und ratlos drehe ich an meinem Kaugummi-Ringlein. Mein Herz möchte, dass ich in Tränen ausbreche; mein Verstand schickt mich erst mal ins Bad, damit ich mich beruhige.

Unter der Dusche greife ich zur Rasierklinge. Wenn meine Träume platzen, will ich wenigstens mit glattrasierten Beinen in den Trümmern stehen. Aber schon beim ersten Zug schneide ich mich am Fesselknochen, wo die Haut besonders dünn ist. Blut fließt, und jetzt fließen auch die Tränen. Mir kann nichts und niemand helfen. Kein Trockenrasierer, kein Schaumbad, nicht mal Limonenduft und auch nicht die schwulste Cowboymusik der Welt. Mir ist, als würde ich in ein Schwarzes Loch fallen, aus dem auch Stephen Hawking mich nicht retten könnte.

Aus dem Spiegel sieht mich eine verstörte Frau mit geröteten Augen an, die todunglücklich ist. Sie ist in einen Mann verliebt, der ihr vom ersten Augenblick an gefallen hat. Der immer genau das Richtige im richtigen Moment getan und gesagt hat. Der ihr endlich den Antrag gemacht hat, auf den sie insgeheim ein Leben lang gewartet hat. Aber er ist ein armer, verschuldeter Mann, für den sie sich wieder aufopfern müsste.

Verdammt nochmal! Wieso hat mein Verstand versagt? Oh, grausames Karma, warum verliebe ich mich immer wieder in Männer, die mir nicht das geben können, was ich mir wünsche? Verlange ich zu viel vom Schicksal – oder von wem auch immer? Ich möchte einfach nur mal ohne Geldprobleme leben! Wie soll eine Frau glücklich sein und ihre Liebe frischhalten, wenn sie vor lauter Sorgen grau und faltig wird? Da stirbt die Liebe doch schneller, als die Bettwäsche gewechselt werden muss.

Ich weiß genau, was es heißt, arm zu sein oder ein leeres Bankkonto zu haben. Seit meiner Hippiezeit kenne ich das bedrohende

Gefühl, nicht zu wissen, wovon man den nächsten Einkauf oder die nächste Miete bezahlen soll. Und ich kenne den Schmerz, wenn die Liebe am schnöden Mammon scheitert – SIE zerbricht, und ER verschwindet.

Meine Augen brennen. Mein Kopf hämmert. Mein Herz ist schwer. Ich bin unglücklich! Ich leide! Und ich werde für den Rest des Tages leiden – am besten bleibe ich einfach im Bett.

Pat versucht zwar, mich zum Yoga oder zum Rausgehen zu bewegen. Doch ich will allein sein! Sie soll ruhig in Sachen Yogastudio losziehen. Ich verkrieche mich lieber unter der Decke.

Mein Handy ist aus- und der AB eingeschaltet. Niemand soll mich erreichen können. Ich will ungestört heulen und mir Jacob aus dem Herzen seufzen. Nicht mal den lachenden Buddha kann ich ertragen. Den verbanne ich in eine Schublade – zusammen mit Jacobs Ring. Ich kann doch nicht wegen eines Mannes – eines armen noch dazu – in tiefe Depressionen verfallen! Dafür habe ich meine Hippie-Ideale nicht über Bord geworfen und bei Armani mein gesamtes Vermögen investiert. Was habe ich mir auf meine Postkarte geschrieben? Verliere dein Ziel niemals aus den Augen! Also: weg mit den armen, verschuldeten Männern. »Irgendwann sollte man wissen, welche Fehler man nie wieder machen darf«, hat Pat gesagt. Und Jacob zu heiraten wäre einer. Denn von Luft und Liebe kann man nun mal nicht leben!

Neben mir, auf dem wackeligen Beistellwagen, stehen Salzstangen und Cola, dazu achtzigprozentiger Rum. Eine Ersatz-Medizin, die mir helfen soll, meinen Schmerz zu betäuben und die Perspektive zu verändern. Möbel zum Umstellen besitze ich ja nicht mehr.

Alkohol am Mittag taugt aber nicht zur Problemlösung, wie ich bald feststellen muss, sondern nur als Schlafmittel.

Schweißgebadet, mit Magenkrämpfen und am ganzen Körper zitternd, wache ich Stunden später auf. Ich versuche ruhig ein- und auszuatmen und bekomme doch nur einen Schluckauf. Dagegen hilft normalerweise eine Kanne Tee. Auf dem Weg in die Küche reiße ich aus Versehen einen Stuhl um, der mir auch noch auf den Fuß fällt. Und bei der Suche nach Kamillentee knalle ich auch noch mit dem Kopf an die Ecke einer Schranktür. Als Patchouli kurz darauf zurückkommt, hänge ich mit blutigem Zeh, einer Schramme auf der Stirn und wahnsinnigen Kopfschmerzen jammernd über der Kloschüssel.

»Armes, armes Lieschen«, bedauert sie mich ausgiebig und verordnet mir eine Hühnersuppe mit Gemüse und Nudeln – Pats Hausmittel gegen schwere Krankheiten jeglicher Art. Und mit jedem Löffel werden meine Tränen weniger.

Warum bin ich bloß nicht so konsequent wie Patchouli? Sie verfolgt kompromisslos ihr Ziel. Sie *will* dieses Yogazentrum aufbauen. Und sie *will* die Schreinerei und sonst nichts.

Ausführlich berichtet sie von zwei weiteren Objekten, die sie sich heute Vormittag angesehen hat. Doch keine der Alternativen ist gut genug. Zu groß, zu klein, zu dunkel. An allem hat sie etwas auszusetzen. Nur an Alfred Horn nicht mehr! Der gefällt ihr mit jedem Treffen besser. Und an den fünf Gebäuden, die er besitzt, hat sie eigentlich auch nichts zu meckern.

»Wenn das so weitergeht, machst du nicht nur eine glanzvolle Karriere, sondern bist auch noch vor mir reich verheiratet«, stöhne ich neidisch beim zweiten Teller Suppe.

»Bist du übergeschnappt?« Pat verschränkt abwehrend die Arme. »Ich heirate doch nicht wegen ein paar läppischer Häuser, geschweige denn wegen der romantischen Gefühle. Außerdem sind Männer in unserem Alter sowieso nicht mehr romantisch.«

»Stimmt nicht«, widerspreche ich. »Jacobs Antrag war hochromantisch und …« Ich breche ab, bevor mir schon wieder die Tränen kommen.

Pat zieht die Augenbrauen zusammen. »Und was?«

Ich ziehe die Nase hoch und löffle wortlos meinen Teller leer, während meine Gefühle mit meinem Verstand um den leeren Platz in meinem Herzen kämpfen.

»Also, Alfred labert jedenfalls nicht groß rum und tut einen auf romantisch, sondern handelt. Stell dir vor, er hat mich fürs Wochenende nach Paris eingeladen!«

»Wie bitte? Was bist du denn für eine Freundin?«, zische ich ihr meine ganze Wut entgegen. »Mir willst du Jacob ausreden, und selbst wirfst du dich dem nächstbesten Mann an den Hals. Susanne Wimmer hat wohl vergessen, dass sie Karriere machen wollte.«

»Bei mir ist das etwas vollkommen anderes«, faucht sie wütend zurück.

»Ach ja? Und was genau soll das sein?«

»Weil Alfred ..., also er kann mir ...« Patchouli bricht erschrocken ab und sieht mich mit großen Augen an. Sie muss es nicht aussprechen. Ich kenne den Grund: Mit Alfred können ihre Träume wahr werden.

Genau in diesem Moment klingelt es an der Tür. Pat geht hin und kommt mit einem weißen Karton zurück.

»Für dich«, sagt sie mit drohendem Unterton, als überreiche sie mir eine Briefbombe.

Gespannt reiße ich das rote Band auf und nehme den Deckel ab. Pat beugt sich neugierig über den Tisch.

»Ein verzauberter Frosch?«, fragt sie ironisch.

Ich schüttle den Kopf. Der Karton ist mit köstlich duftenden Pralinen gefüllt. Patchouli runzelt unwillig die Stirn.

»Will Bob es nochmal mit einem Häufchen Süßkram krachen lassen?«

Ohne zu antworten, öffne ich das beigelegte Kuvert. Die Karte ist von Jacob:

Geliebtes verrücktes Huhn,
konnte dich telefonisch nicht erreichen, hoffe aber, es geht dir gut. Ich muss für ein paar Tage verreisen – kann es jedoch kaum erwarten, dich wiederzusehen. In der Zwischenzeit lass dir den Rest der belgischen Pralinés schmecken und denke bei jedem Bissen an mich.
Fühle dich geknuddelt und geküsst,
dein verliebter Jacob

Er muss verreisen? Er wird doch nicht verschwinden?! Wie alle meine Männer! Enttäuscht knalle ich erst den Karton und dann mein Handy gegen die Wand – das war der überflüssigste Kauf des Jahres.

»Passt doch prima«, sagt Pat, als sie die Karte liest. »Damit erleichtert er dir die Entscheidung.«

»Hmh«, brumme ich. Aber ich weiß, dass Pat recht hat. Jacobs geheimnisvolle Reise zeigt deutlich, dass er etwas zu verbergen hat. Womit ließe sich seine Heimlichtuerei wohl sonst erklären?

Warum passiert das ausgerechnet mir? Warum laufen alle Männer immer weg, wenn's ernst wird? Es muss an meinem Karma liegen. Seit meinem ersten Kuss bin ich verflucht: Den bekam ich mit vierzehn, auf einem Bahnhof. Danach stieg der Kerl in den Zug und verschwand.

Das Wochenende verbringe ich bei zugezogenen Vorhängen in der Dachstube. Pat ist tatsächlich mit diesem Alfred nach Paris gefahren. Aber es passt mir ganz gut. Ich will allein sein, ich muss mich konzentrieren, muss mich neu motivieren. Mein Ziel war es, reich zu heiraten! Und nicht wieder das Leben eines Mannes zu regeln und seine Probleme zu meinen zu machen.

Ich kann mich nur mit dem Inhalt des Kühlschranks trösten. Denn nichts ist schlimmer als Liebeskummer mit knurrendem Magen. Und ich brauche jetzt dringend einen tröstenden Teller

Nudeln mit einer Tausend-Kalorien-Soße obendrauf. Doch außer gesundem Rote-Bete-Saft, Zutaten für ein nussiges Vollkornmüsli und Bio-Eiern ist nichts im Haus. Dann wenigstens eine Tafel Schokolade?

Weil ich die Pralinen dieses Betrügers natürlich niemals essen würde, durchwühle ich gierig die Küchenschränke. Vergeblich. Nicht ein winziges Stück, nirgends. Auch kein angebissener Osterhase. Diesem Haushalt fehlt ein anständiger Vorrat an Nudeln und Chips. Macht Patchouli eigentlich immer nur Yoga, wenn sie Kummer hat?

Dann müssen eben die Eier reichen. Wenig später sitze ich mit einem Omelette, dick mit Zucker bestreut, vor der Glotze. Doch es gibt nur kitschige Liebesromanzen, die mich nicht ablenken, sondern zum Weinen bringen würden. Ich zappe weiter und bleibe schließlich bei einer Gesprächsrunde hängen, in der über Therapiemöglichkeiten von Depressionen diskutiert wird.

Die einzige Frau in der Runde sagt gerade: »Früher hat man Depressive erst einmal in den Garten zum Bäumeschneiden oder Umgraben geschickt –«

»Aber verehrte Kollegin«, unterbricht sie ein schnöseliger Grauhaariger. »Sie werden doch nicht sinnlose Gartenarbeit über die Forschung stellen wollen!« Die Betonung auf »Gartenarbeit« klingt dermaßen abfällig, als handle es sich dabei um eine vollkommen unzumutbare Tätigkeit.

Lächelnd weist ihn die Psychologin zurecht. »Ich sagte: erst einmal! Und erst später hat man die Patienten mit Pillen therapiert. Aber das Gehirn lässt sich manchmal auch ohne lähmende Drogen umlenken und damit zum positiveren Denken bewegen. Neuere Forschungen zeigen, dass körperlich anstrengende Tätigkeit oftmals zu schnelleren Heilungserfolgen führt als betäubende Medikamente, die den Patienten nur in teilnahmslose Bewegungsunfähigkeit fallen lassen.«

Der neben ihr sitzende übergewichtige Pharmareferent läuft

rot an. Als er gerade aufgeregt beginnt, seine Argumente mit den neuesten Tierversuchen zu rechtfertigen, werde ich vom Klingeln des Telefons abgelenkt.

Als der AB anspringt, höre ich Gretas fröhliche Stimme. »Hallo, ihr zwei. Wollte mich mal melden und hören, wie es euch geht. Alles in Ordnung?«

Schnell streife ich die Decke ab und hangle mich zum Hörer.

»Hallo, Greta, ich war einfach nicht schnell genug am Telefon. Sonst ist alles in Ordnung bei uns«, lüge ich routiniert wie eine Kosmetikerin beim Thema Anti-Falten-Cremes und lenke schnellsten von mir ab. »Und bei euch?«

»Wir sind immer noch am Renovieren«, erzählt sie aufgeregt. »Stell dir vor, wir wollen die Küche lila streichen! Wie in der Kommune damals. Wie findest du das?«

Ich finde das wunderbar – ehrlich. Scheint es doch ein Zeichen der Vergebung für meine schlampige Erziehung zu sein. Zur Mithilfe kann ich mich aber nicht aufraffen. Wände anmalen und ein fröhliches Gesicht dazu machen schaffe ich im Moment nicht. Ich will meinen Kummer aber auch nicht mit einem frischverliebten Pärchen ausdiskutieren. Also schiebe ich eigene Pläne vor und verspreche ihr, bald wieder vorbeizukommen.

Als ich auflege, fällt mir auf, dass ich für dieses Wochenende gar keine eigenen Pläne habe. Aber das Gespräch mit meiner Tochter und diese seltsame Diskussion von Fernseh-Therapeuten haben mich motiviert. Bevor ich in Depressionen verfalle, grabe ich doch lieber Pats Garten um. Noch ist es nicht zu spät, eigene Ziele im Leben zu verfolgen!

28. Das schlechte Karma umgelenkt!

Samstagmorgen um sechs beginne ich mit Yoga (Pat wäre stolz auf mich!). Danach eile ich in den Supermarkt, um den Kühlschrank aufzufüllen und alle Zutaten für ein kräftiges Frühstück zu besorgen. Gegen zehn Uhr mache ich mich dann ans Umlenken meines Gehirns: Rasen mähen, Unkraut jäten und die Terrasse schrubben.

Die schweißtreibende Plackerei, immer mal unterbrochen von Dickmachern wie Nudeln mit Sahne-Gorgonzola oder Marzipanschokolade, bestätigen die Theorie der jungen Psychologin: Mein Gehirn ist umgelenkt, und mit jedem gefüllten Sack Gartenabfälle trage ich ein Stück meiner Gefühle für Jacob auf den Kompost.

Sonntagabend bin ich wieder fast die Alte. Die körperliche Arbeit hat mich dermaßen geschafft, als hätte ich drei Eichen verpflanzt. Zumindest ist der hämmernde Jacob-Gedanke ausgeschwitzt.

Als ich gerade unter die Dusche gehen will, kommt Pat in einem atemberaubenden Gaultier-Kleid und mit vielsagendem Augenglitzern aus Paris zurück.

»Weißt du, wen ich getroffen habe?«, fragt sie aufgeregt, kaum dass sie den Koffer abgestellt hat.

»Karl Lagerfeld?«, mutmaße ich, schon wieder zu Scherzen aufgelegt.

»Knapp daneben.« Sie holt tief Luft und sieht mich ernst an, wie eine Ärztin, die schlimme Nachrichten hat. »Jacob!«

»Wie bitte?«

»Du hast richtig gehört. Er saß in einem Straßencafé und telefonierte auffällig fröhlich.«

Ich erinnere mich an meine neugewonnene Gelassenheit und bleibe ganz ruhig. »Hattest du deine Brille auf?«

»Bist du übergeschnappt? Alfred stand doch neben mir. Aber es war Jacob, da bin ich ganz sicher! Soooo groß war die Distanz nun auch wieder nicht.«

»War er allein?«

Sie sieht mich verständnislos an. »Ja, er saß alleine an einem Tisch. Aber mein Instinkt sagt mir, dass er verabredet war. Und seinem eleganten Äußeren nach wartete er nicht auf einen Mann. Vielleicht auf ein Model. Erinnerst du dich, was er uns damals beim Essen erzählt hat?«

Ich nicke seufzend. Das ist es wohl, was man Klarheit nennt. Jacob ist wie alle Männer. Auch er wollte mir nur seine Probleme überlassen. Ich mag mir gar nicht ausmalen, wie eine Ehe mit ihm … Nein! Das ist vorbei.

»Dann hat mich deine Paris-Reise ja vor einer großen Dummheit gerettet«, sinniere ich vor mich hin, während Pat ihren Koffer auspackt.

»Ja, sei froh, dass du jetzt über Herrn Sommernacht Bescheid weißt.« Pat schaut mich spitzbübisch an. »Damit ist die Kuh sozusagen vom Eis!«

»Ja, ich bin außer Gefahr.«

Sie lächelt. »Hauptsache, wir vertragen uns wieder«, sagt sie und überreicht mir eine hellgrüne Schachtel, die verschwenderisch mit silbernen Bändern und Gräsern verziert ist. »Hier, hab ich dir mitgebracht. Einen Citrusduft, speziell für dich kreiert.«

In der Verpackung steckt ein graziles Kristallflakon. Der Inhalt duftet herrlich frisch.

»Genau das Richtige für meinen vernebelten Kopf und meinen verschwitzten Körper.« Ich bedanke mich mit einem Küsschen auf die Wange und gehe endlich duschen.

Als ich spätnachts im Bett liege und ins Dunkel starre, habe ich nur noch eine einzige Empfindung für Jacob: Wut! Wut! Wut! Könnte man die in Kapseln verpacken, wäre sie eine zuverlässige

Wachhaltedroge, denn erst im Morgengrauen schlafe ich erschöpft ein.

Gegen Mittag werde ich geweckt.

»Betty.« Jemand flüstert meinen Namen.

Vorsichtig mache ich die Augen auf. Jacob? Er sitzt auf dem Bettrand, lächelt mich an und hält mir einen silbernschimmernden Eiffelturm entgegen. Eine Jacob-Morgana! Schnell kneife ich die Augen wieder zu und drehe mich weg.

Doch dann spüre ich ein zärtliches Krabbeln am Hals. Es ist doch keine Erscheinung. Jacob Sommernacht sitzt tatsächlich vor mir und lächelt mich seelenruhig an!

»Was willst du? Und wie bist du überhaupt ins Haus gekommen?«, frage ich pampig.

»Pat hat mich reingelassen. Ich hatte Sehnsucht nach dir! Du gehst ja nicht mehr ans Telefon«, sagt er sanft, als wäre er nie verschwunden, sondern hätte tagelang nur in seiner Villa gesessen und auf meinen Anruf gewartet.

Wütend fahre ich hoch und ziehe mir die Bettdecke bis unters Kinn. Auch wenn mich sein plötzliches Auftauchen und sein unschuldiges Schmunzeln ein wenig verunsichern, bleibt die Tatsache, dass er von jetzt auf gleich abgehauen ist, ohne zu sagen, wohin. Außerdem habe ich nur mein ollstes T-Shirt an, und auf dem Kopf sehe ich bestimmt wie ein Wischmopp aus.

Jacob steht auf und sieht sich nach einer Sitzgelegenheit um. »Patchouli hat schon erzählt, dass ihr mich des Seitensprungs verdächtigt.«

»Hmm«, brumme ich unwillig, weil er wieder mal so unglaublich entspannt und selbstverständlich reagiert.

Behutsam nimmt er mein rotes Kleid von einem der Stühle und setzt sich. »Von unserer Pati kennt man derartige Verdächtigungen. Aber von dir hätte ich das nicht erwartet.«

»Warst du denn in Paris oder nicht?«

»Ja, war ich, und zwar –«

»Mit dieser spitznasigen Französin?«, unterbreche ich ihn schnippisch.

»Na klar«, lacht er kopfschüttelnd. »Ich mache dir einen Heiratsantrag und fahre anschließend sofort zum Fremdgehen nach Paris. Findest du das logisch?«

»Ja, finde ich.«

Verdammt, wieso bleibt er so ruhig? Wieso klingt seine Stimme, als würde er jeden Lügendetektortest bestehen? Und wieso ist er auch noch so attraktiv in seiner schwarzen Jeans, dem schwarzen Hemd und den braunen Cowboystiefeln?

»Ich habe dir das hier mitgebracht.« Er hält den Eiffelturm hoch. Es ist ein Schlüssel dran. »Ich konnte dich vor meiner Abreise nicht erreichen. Dein Handy war ausgeschaltet, und auf Pats AB wollte ich nicht sprechen. Deshalb die Pralinen. Die hast du doch bekommen, oder? Liebe basiert auf Vertrauen, Betty. Und damit du mir glaubst, ist hier der Schlüssel zum Haus.«

Als ich ihn nur wortlos ansehe, spricht er weiter.

»Es tut mir unendlich leid, dass du so schlechte Erfahrungen gemacht hast. Aber ich bin nicht Bob, und wenn du dein Misstrauen nicht überwinden kannst, ist unsere Beziehung von Anfang an zum Scheitern verurteilt. Liebe findet nicht im Kopf statt, du verrücktes Huhn!«

»Ja, ja, das ist die Theorie. Aber in der Praxis sieht es dann doch immer ganz anders aus«, grummle ich und schwanke zwischen Glauben und Misstrauen. Diese Sprüche von Vertrauen und den ganzen Quatsch hab ich einfach schon zu oft gehört.

»Was hältst du von einem Übereinstimmungstest?«, fragt Jacob jetzt, steht auf und drückt mir den Schlüssel in die Hand. »Wir gehen für ein gemeinsames Abendessen einkaufen – und zwar getrennt. Jeder kauft, wozu er Lust hat.«

»Hast du eigentlich für jede Lebenslage einen Test?«, frage ich trotzig, obwohl mir die Idee gefällt – und der Schlüssel in meiner Hand sich ziemlich gut anfühlt.

Jacob zuckt gelassen mit den Schultern. »Wahrscheinlich bin ich werbeagenturgeschädigt. Also, was sagst du?«

Ach, Jacob, seufze ich still in mich hinein und gebe einige Schmollsekunden später nach. »Na gut, testen wir es aus und beenden unseren Streit. War das jetzt überhaupt ein Streit?«

»Sag du's mir.«

»Hmm«, brumme ich zerknirscht. »Ich glaub schon.«

»Dann möchte ich bis zu meinem letzten Atemzug mit dir streiten.« Jacob wirft sich in voller Montur zu mir aufs Bett. »Jetzt kommt aber die Versöhnung«, flüstert er und hält mich fest.

In den Armen meines Ritters spüre ich, dass mich der richtige Zufall getroffen hat. Und wer jetzt behaupten will, ich sei inkonsequent, hat keine Ahnung von der Liebe einer Frau mit Hippievergangenheit. Love and Peace stand schließlich ganz groß auf unseren Fahnen. Und kein Geld der Welt wird dieses Gefühl jemals ersetzen können. Ein Leben ohne Liebe ist wie ein Leben ohne Fehler: Nur schnurgerade Schienen! Keine Kurven, keine Spannung, keine Überraschungen. Langweilig! Also: Wenn ich schon Fehler machen muss, dann am liebsten mit Jacob! Ja, vielleicht ist es ein Fehler, ihn zu heiraten. Aber ich liebe ihn, und er liebt mich auch, das weiß ich jetzt.

Die nächsten Tage verfliegen in Hektik. Zwischen den Stunden, in denen ich Jacob in seinem Bett »missbrauche«, gibt es unendlich viel zu tun. Jacob hat jede Menge mit seinem Anwalt zu regeln – wahrscheinlich wegen der Villa –, und weil ich ihm ab sofort vertraue und nicht mehr nachfrage, warum er keine Zeit hat, übernehme ich die Hochzeitsvorbereitungen: Einen Termin beim Standesamt vereinbaren und den ganzen Papierkram erledigen. Zum Beispiel, einen neuen Perso beantragen. Obwohl Jacob auch bereit gewesen wäre, meinen Namen anzunehmen – »Singer ist mindestens genauso schön wie Sommernacht« –, habe ich mich für seinen Nachnamen entschieden. In diesem Fall pfeife ich auf die Emanzipation. Betty Sommernacht! Das klingt doch traumhaft. Ein Jammer, dass ich keine Aussteuer mit eingesticktem Monogram habe, ich müsste nichts ändern.

Wenn ich es mir so überlege, besteht meine Aussteuer auch höchstens aus einem Koffer bunter Kleider und einem lachenden Buddha. Tja, wir haben wohl beide das große Los gezogen.

Trotzdem soll unsere Hochzeit etwas Besonderes sein, außergewöhnlich, irrsinnig spektakulär und romantisch. Doch egal, wie oft ich die beiden Korbstühle in Jacobs Küche auch umstelle, ich komme einfach zu keinem befriedigenden Ergebnis. Patchouli hat angeboten, uns einen klassischen Champagner-Empfang auszurichten. Aber den habe ich ebenso abgelehnt wie die fröhliche Grillparty, die Greta und Norman für uns in Omas Häuschen geben wollen. Alles total lieb gemeint, aber keiner der Vorschläge fühlt sich richtig an.

Am folgenden Wochenende führen wir dann endlich den noch ausstehenden Einkaufstest durch. Den Schlüssel für die Villa habe ich ja bereits, und so kann ich meine Einkäufe schon in der Küche abladen. Als Jacob wenig später auftaucht, stelle ich erfreut fest, dass wir beide im Delikatessenladen waren: Jacob bei »Käfer«, ich bei »Dallmayr«. Damit steht es schon mal 1:1.

Übermütig hält Jacob mir seine Tüte entgegen: »Ich hab frische Scampis, Zuckerschoten, Tomaten, Dill und … Kondome.«

»Äh, wie … Kondome?«, stottere ich überrascht.

Er grinst mich übermütig an. »Na ja, bis wir zum nächsten Test kommen, dem Aids-Test …«

Spätestens jetzt erkenne ich, dass ich mich immer auf Jacob werde verlassen können. Bei ihm werde ich auch in größter Armut so behütet sein, als würde ich in seiner Jackentasche leben. Tja, manchmal genügt eben schon ein kleines Latexhütchen, um sich sicher zu fühlen. Und bis auf die Kondome habe ich genau die gleichen Zutaten für unser Essen eingekauft. Wenn das kein Zufall ist …

Während wir das Essen zubereiten, unterhalten wir uns lange über die Hochzeitsfeier. Jacob schlägt vor, sie bei *Marcello*, dem noblen Italiener, stattfinden zu lassen.

»Dort haben wir uns zum ersten Mal in die Augen gesehen. Das ist hochromantisch«, sagt er und beendet meine Einwände wegen der Kosten mit einem Kuss. »Falls unser Geld nicht reicht, lasse ich einfach anschreiben, wie immer.«

Es kommt eigentlich nicht in Frage, noch mehr Schulden zu machen. Glücklicherweise ist die Hochzeitsgesellschaft aber überschaubar: Greta und Norman und unsere beiden Trauzeugen Patchouli und Natalie. Die schöne Franzosen-Nymphe ist wirklich die Tochter von Jacobs Studienfreund. Sie war anfangs nur deshalb so unfreundlich zu mir, weil sie dachte, ich hätte es auf das Geld ihres »Onkels Tschacob« abgesehen. Seit sie erfahren hat, dass da nix zu holen ist, nennt sie mich Tante Betty. Dass ich bis vor kurzem *doch* ziemlich geldgeil war, muss ich ihr ja nicht auf die makellose Nase binden.

Natürlich ist auch Pats »Immobilientycoon«, wie sie Alfred inzwischen nennt, eingeladen. Seit Paris drehen die beiden ihre biologische Uhr zurück. Soll heißen: Dreimal täglich Sex – das behauptet zumindest Patchouli.

Das mit dem Zurückdrehen der Zeit bei Verliebten stimmt aber tatsächlich. Meine Falten (besonders die vom ständigen Augenbrauenzusammenziehen, aus der Zeit mit Uwe) sind einem Dauerlächeln gewichen, und meine Ausstrahlung scheint sich gravierend verändert zu haben. Wildfremde Männer grinsen mich plötzlich grundlos an, halten mir die Tür auf oder fragen nach dem Weg, obwohl sie bereits vor der angeblich gesuchten Adresse stehen. Die Fahrt durch den Wechseljahr-Tunnel habe ich erfolgreich verschoben!

Auch Jacob behauptet, sein Bart würde schneller wachsen und sein Haaransatz wäre dichter geworden. Dabei ist das der Teil an ihm, der mich am wenigsten interessiert.

Auf der Feier werden wir also sieben sein – ab heute meine Glückszahl. Als Trauungstermin haben wir daher den siebten Oktober ausgemacht. Bis zum nächsten Juli wollte ich nicht warten. Wer weiß, was in der Zwischenzeit passiert. Ich könnte zum Beispiel wieder schwanger werden, so oft wie Jacob an meiner Bio-Uhr dreht. Und noch ein uneheliches Kind muss ja nicht sein.

Fünf Tage vor der Hochzeit haben Patchouli und ich dann endlich einen gemeinsamen freien Tag, um mich für den schönsten Tag meines Lebens auszustatten. Auch Pats Tage sind mit Vorbereitungen fürs Yogazentrum derzeit voll verplant. Die Raumfrage ist nämlich geklärt: Alfred hat die ehemalige Schreinerei am Friedhof nun doch an sie vermietet. Bei Gelegenheit muss sie mir mal erzählen, wie sie das geschafft hat.

»Der weiße Traum aus Tüll, mit Spitzen und Schleifen kommt natürlich nicht in Frage«, verkünde ich, als wir überlegen, wo es festliche Kleider gibt, in denen ich nicht albern aussehe.

»Ach, nein?« Pat sieht mich belustigt an.

»Na, Weiß ist doch nur was für Jungfrauen!«

Als wir aufbrechen, ist die Stimmung trotz des Regens bestens. Fünf Stunden später sind wir dann vollkommen durchgeweicht – Pat vom Niederschlag, ich zusätzlich noch von meinen Schweißausbrüchen – und kurz davor zu resignieren. Wir haben alle in Frage kommenden Boutiquen und Kaufhäuser abgegrast. Die Angebote in meiner Größe sind genauso hässlich wie spärlich. Anscheinend habe ich bei meinem letzten Einkauf in München bereits die einzigen beiden Modelle in Größe zweiundvierzig gekauft.

Aus lauter Verzweiflung schlägt Pat schließlich einen Laden für klassische Brautmode vor.

»Aber nur, wenn ich nichts anprobieren muss, worin ich wie eine Matrone aussehen würde!«, erkläre ich unter Protest. Zum Thema Brautmode fallen mir nämlich nur total alberne Szenen aus Hollywood-Filmen ein, in denen die Braut unter den Blicken der zu Tränen gerührten Brautmutter und ihrer neidischen Brautjungfern ein Kleid nach dem anderen probiert.

»Keine Bange, Lieschen, wir machen aus dir die schönste Braut über fünfzig, die das Standesamt je gesehen hat«, verspricht sie und zieht mich hinter sich her.

Wenig später stehen wir staunend vor einer schier unglaublichen Auswahl an festlichen Kleidern aus Seide, Georgette, Taft und ähnlich kostbaren Stoffen.

»Was hätten Sie denn gerne für eine Größe?«, erkundigt sich die liebenswürdige Verkäuferin, als sie erfährt, was ich suche. Sie ist in unserem Alter, und allein diese Tatsache lässt mich im Geschäft bleiben und nicht auf der Stelle flüchten.

»Ich hätte gerne Größe achtunddreißig«, sage ich schelmisch. »Tatsächlich brauche ich aber zweiundvierzig.«

»Oh, da geht es Ihnen ja wie mir«, antwortet sie augenzwinkernd.

Leider ist dann doch jedes einzelne Modell, in das ich mich quäle, ein pastellfarbener Albtraum. Und entgegen der wohlwollenden Beurteilung von Pat und der Verkäuferin fühle ich mich in diesen Tortenkleidern wie eine Rentner-Barbie mit Übergewicht. Kurz vor Ladenschluss verlassen wir den Tüll-Tempel – ohne Kleid, dafür mit einem aufreizenden Wäscheset.

29. Der Himmel im Fluss

Regen im Brautschleier bringt Segen! Eigentlich ist bei dieser alten Bauernregel ja Kindersegen gemeint, aber als es am Hochzeitsmorgen regnet, denke ich an Geldsegen. Der Satz war auf einem Küchenhandtuch eingestickt, das meine Mutter zu ihrer Hochzeit geschenkt bekam. Eines der wenigen Dinge, die ich aus meinem Elternhaus mitgenommen habe. Leider ging das schöne Stück irgendwo auf meinen diversen Umzügen verloren.

»Seid ihr bald fertig?«, höre ich Patchouli von der Treppe rufen. Eine halbe Stunde vor Abfahrt zum Standesamt stehe ich vor dem Spiegel und betrachte mich staunend. Greta hat mir einen Visagisten zur Hochzeit geschenkt: Henry ist ein wahrhaftiger Künstler, der schon berühmte Schauspielerinnen geschminkt hat. Und mir hat er den über Nacht gewachsenen Pickel auf meiner Stirn weggezaubert und eine strahlende Braut aus mir gemacht.

Bevor Henry mit seinem tragbaren Schminkstudio im Reiheneckhaus auftauchte, war ich ein Nervenbündel und kurz davor, in Tränen auszubrechen. Doch dank Henrys Künsten finde ich mich jetzt sogar richtig hübsch. Das sensationelle Make-up lässt meine braunen Augen strahlen, und die zurückgesteckten Haare mit den dezent verteilten Blümchen machen auch keine Matrone aus mir. Zum Abschluss überdeckt Henry meine Augen mit seiner Hand und sprüht noch eine ordentliche Ladung Haarspray auf sein Werk.

»Oooooh, Betty!«, ruft er verzückt, zupft eine letzte Strähne zurecht und verteilt noch einen Hauch Glimmerpuder auf Schultern und Dekolleté.

In dem Moment betritt Pat mein Brautgemach und bringt mein frischgebügeltes Kleid. Es ist das rote von Armani, in dem ich durchnässt vor Jacobs Tür stand. Als ich ihm von meiner erfolglosen Brautkleider-Jagd erzählte, erklärte er, dass er mich sowieso am liebsten in diesem Kleid heiraten würde. Nichts lieber als das. Rot ist die Farbe der Liebe. Rot passt zum Ring. Und Rot ist in China die traditionelle Hochzeitsfarbe, die dort für Liebe und Wohlstand steht. Ein Grund mehr, in Rot zu heiraten!

Zufrieden mustert Pat mich im Spiegel.

»Betty, du siehst klasse aus!«

Dann zieht sie den Reißverschluss am Rücken zu und legt mir die magentafarbene Seidenstola um. Das wunderschöne Stück und die dazupassende Tasche, die sie vor Jahren aus Indien mitgebracht hat, sind Leihgaben von ihr. Der zarte, pink-rot-schimmernde Stoff mit filigranen Stickereien, Pailletten und Glitzersteinchen wertet das klassischgeschnittene Armani-Kleid zu einer prachtvollen Robe auf.

Pat hält mir jetzt meinen Citrusduft hin und mahnt zur Eile. »Noch einmal sprühen und dann los.«

Ich greife nach der Tasche und dem Brautstrauß, den Norman aus roten und rosafarbenen Rosen und Lilien gesteckt hat. Fertig ist die Braut. Und sie hat alles, was eine Braut haben soll: ein altes Kleid, neue Dessous und eine geborgte Stola nebst Tasche. Ich bin ja nicht abergläubisch, aber schaden kann es nicht. Fehlt nur noch mein lila-blassblauer Fächer.

Während der Fahrt in Alfreds weißer Limousine hört es auf zu regnen, und die Sonne kommt hinter den Wolken hervor. Ich bin so aufgeregt, dass ich nicht weiß, ob ich lachen oder weinen soll. Mir krabbelt die Erregung den Rücken hoch, und das Hochzeitsfieber färbt meine Wangen rot. Ein Glück, dass die Klimaanlage im Auto eine Gefrierschrank-Einstellung hat und es im Wageninneren beinahe so kalt ist, dass unser Atmen die Fenster beschlägt. Keine noch so heftige Hitzewallung und kein banges »Wird Jacob da sein?« können die Braut jetzt ins Schwitzen bringen.

Eisgekühlt fahren wir vor. Jacob erwartet uns. Mit einem strahlenden Lächeln eilt er zum Wagen und öffnet mir die Tür.

»Oh, là, là«, flüstert er, als ich seinen Arm nehme.

»Selber«, hauche ich zurück und frage mich, welcher Irrsinn mich gepackt hatte, als ich ihn zurückweisen wollte – nur weil er kein Geld hat. Er ist mein absoluter Traummann! Und sieht auch wie einer aus: Zu der gutgeschnittenen dunkelblauen Jeans trägt er ein schwarzes Hemd – keine Krawatte! –, ein schwarzes Jackett und die schwarzen Cowboystiefel, die mir schon auf Tutis Party so gut gefallen haben. Jeder andere Mann würde in dieser Kombination an seinem Hochzeitstag vielleicht unangemessen aussehen. Aber wer könnte besser zu mir passen als ein Mann, dem Konventionen egal sind. Und mein Jacob sieht in dieser unkonventionellen Aufmachung zum Verlieben aus.

Während Alfred den Wagen parkt, zupft Pat mir die Stola noch etwas zurecht und tupft meine verschwitze Nase mit einem Papiertaschentuch ab. Die Sonne scheint uns jetzt direkt ins Gesicht und zaubert ein Glitzern in unsere Augen. Oder sollten das Freudentränen sein?

Als ich Greta, Norman und Natalia begrüßt habe, die bereits mit Jacob vor dem Standesamt warteten, fällt mir ein, dass ich etwas Wichtiges vergessen habe: eine Postkarte!

»Ob es auf dem Standesamt Ansichtskarten gibt?«, frage ich Jacob und erzähle in Kurzfassung von meinem Ritual.

»Ich wusste doch, dass es mit dir nicht langweilig wird.« Schmunzelnd verspricht er mir, dass die erste gemeinsame Unternehmung als Ehepaar der Kauf einer Postkarte sein wird. Quasi unsere erste gemeinsame Investition in die Zukunft!

In wenigen Minuten werde ich also wirklich und wahrhaftig Betty Sommernacht heißen. Je näher der Zeitpunkt rückt, umso höher steigt meine Anspannung. Was kann jetzt noch passieren? Eigentlich nichts, beruhige ich mich selbst. Es sei denn: Jacob sagt NEIN …

Dreißig Minuten später haben ich und mein »tugendhafter Ritter« JA gesagt! Die Trauungsurkunde ist von allen unterschrieben, und wir sind jetzt offiziell ein Paar. Natalie und Greta schießen Fotos auf der Treppe: vom Ehepaar Sommernacht! Das Bild wird in Zukunft in einem silbernen Rahmen auf meinem Schreibtisch stehen.

Anschließend sitze ich, den lila-blassblauen Fächer im Dauereinsatz, neben *meinem* Mann im Auto und genieße den Augenblick. Diesen Tag werde ich sicher nie vergessen. Natürlich tut das keine Braut. Doch für mich ist dieser Tag auch der Beweis, dass wahrgewordene Träume viel besser sind als jede Phantasie. Dann nämlich, wenn das Glück alle anderen Empfindungen verdrängt und man mit einem leichten Schwindelgefühl von einer riesigen rosa Wolke in den Himmel getragen wird. Würde mich jetzt jemand fragen, ob ich mir heiraten so schön vorgestellt habe, würde ich antworten: Es ist noch viel schöner!

Auf dem Weg zu *Marcello* machen Jacob und ich dann noch einen Zwischenstopp an der Münchener Freiheit, zwecks Postkartenkauf. Pat, Alfred, Greta, Norman und Natalie fahren schon mal vor.

Wir wählen eine Karte mit Münchens Silhouette im rotgoldenen Abendlicht. Jacob malt ein Herz auf die Rückseite, ich schreibe *Jacob und Betty* hinein und das Datum dazu. Als Empfänger gebe ich an: *Betty Sommernacht,* darunter meine neue Adresse: Pienzenauerstraße! Auch wenn ich nicht weiß, wie lange wir dort bleiben können, will ich doch von Jacob noch über die Schwelle der Villa getragen werden. Das musste er mir versprechen. Wenn schon Hochzeit, dann mit allem Drumherum.

Im gegenüberliegenden Postamt erstehen wir eine Briefmarke und werfen die Karte gemeinsam in den Kasten. Andere Paare schneiden Torten an, wir schreiben Ansichtskarten.

Dann freue ich mich auf den nächsten Höhepunkt dieses Tages: das Essen bei *Marcello.* Ein Snob würde wahrscheinlich sagen, dass ein Essen beim Italiener ziemlich banal sei und nichts mit Märchenhochzeit zu tun habe. Ich finde aber, es kommt auf den Blickwinkel an. Wer den Himmel im Fluss betrachtet, kann die Fische in den Bäumen schwimmen sehen! Und mein Himmel wird der neben Jacob sein. Arm oder reich, ganz egal. Für belegte Brötchen wird es immer reichen. Aber das müssen unsere Hochzeitsgäste heute nicht befürchten – wir essen à la Carte.

Doch während ich mich wieder in meine Glückswolke kuschle, merke ich, dass Jacob nicht zum Restaurant, sondern Richtung Villa fährt.

Ich möchte ja nicht schon in der ersten Stunde unserer jungen Ehe die nörgelnde Ehefrau abgeben, aber ich ahne, dass da etwas nicht stimmt.

»Eheleute sollten keine Geheimnisse voreinander haben, findest du nicht?«, frage ich ihn.

»Überraschungen sind aber erlaubt, oder?«, antwortet mein Ehemann mit undurchdringlicher Verschwörermiene.

Als wir in der Pienzenauerstraße anhalten, scheint die Sonne direkt auf die Villa. Einzelne Schäfchenwolken bedecken den tiefblauen Oktoberhimmel. In der Hecke glitzern noch ein paar Regentropfen. Köstlicher Duft von Gegrilltem steigt mir in die Nase, und mein Magen knurrt lautstark – und höchst unromantisch.

»Augen zumachen«, fordert Jacob mich auf, als er mir die Wagentür öffnet und die Hand reicht.

Als ich wenig später die Augen wieder aufmachen darf, glaube ich zu träumen: Im Garten steht zwischen den immer noch blühenden Rosen ein weißes Zelt, das mit dicken rosa Schleifen dekoriert wurde. Drinnen ist ein runder Tisch festlich gedeckt, und neben einem Büffet mit dreistöckiger Hochzeitstorte hantiert Marcello am Grillgerät. Entlang des Weges steht unsere versammelte Hochzeitsgesellschaft und produziert unzählige Seifenblasen.

Jacob amüsiert sich über meine Verblüffung und küsst mich übermütig. »Wie versprochen: Essen bei Marcello! Doch hier sind wir ungestört und können nach der Feier direkt ins Bett fallen.«

Das waren also die unaufschiebbaren geschäftlichen Erledigungen, mit denen er in den letzten Tagen beschäftigt war.

»Ach, Jacob, mir fehlen die Worte«, flüstere ich gerührt und fühle, wie mir die Tränen kommen. Greta drückt mir schnell ein Glas Champagner in die Hand und beginnt mit einer kleinen Rede.

»Liebe Eltern!« Sie kichert übermütig, als habe sie sich nichts sehnlicher gewünscht, als das Wort Eltern einmal aussprechen zu können. »Ich wünsche euch alles, alles Gute. Trinken wir auf das junge Paar!« Greta hebt ihr Glas, und die anderen Gäste stimmen mit ein, bevor sie weiterspricht. »Heute ist nicht nur Bettys schönster Tag, sondern auch ein ganz besonderer Tag für mich. Ich bekomme nämlich endlich einen Vater, von dem ich weiß, wo er wohnt.«

Dann berichtet sie von der Suche nach ihrem leiblichen Vater, der jedoch endgültig verschwunden zu sein scheint. Aber was sie in Bobs Heimatdorf herausgefunden hat, bringt uns alle zum Lachen.

»Bob hat tatsächlich von seiner Patentante geerbt: das kleine Austragshäusel und zwei Hang-Grundstücke. Es sind herrliche Blumenwiesen im Landschaftsschutzgebiet. Auf den angeblich so begehrten Baugrundstücken kann man also höchstens Kuhfladen züchten. Zur Viehhaltung sind solche Wiesen ja immer gut. Dass eine Baugesellschaft dafür aber Millionen bezahlen würde, war Bobs verzweifeltes Wunschdenken. Ein Nachbarbauer hat dem Herrn ›Großgrundbesitzer‹ die Grundstücke zusammen mit dem Häuschen schließlich abgekauft. Und mit diesem dürftigen Gewinn hat Bob den Millionär gemimt –«

»Und ich sentimentales Huhn bin wie eine Pubertierende auf seine Show reingefallen«, unterbreche ich meine Tochter und lache befreit.

»Bob dachte wohl, diese Villa würde dir gehören«, überlegt Jacob amüsiert.

»Keine Ahnung, wie er auf diese Idee kam. Ich habe nie etwas Derartiges behauptet.«

»Du sahst einfach schon immer nach Villenbesitzerin aus«, sagt Jacob und drückt mich zärtlich.

»Nun wissen wir also, warum der alte Nassauer abgehauen ist, ohne die Hotelrechnung zu bezahlen«, mischt Patchouli sich ein. »Anzunehmen, dass er so schnell nicht zurückkommen wird. Das Hotel hat sicher Anzeige erstattet.« Dann klopft sie an ihr Glas. »Auf das Hochzeitspaar! Ich möchte euch alles erdenkliche Glück der Erde wünschen. Möge eure Liebe ewig dauern! Ob bei Champagner und Kaviar wie heute oder nur bei Kräutertee und Vollkornbrot.«

»Herzlichen Dank!«, ergreift Jacob das Wort. »Aber bevor Patchouli noch eine Spendensammlung für uns veranstaltet, möchte ich vor dem Essen alle ins Haus bitten. Dort wartet nämlich noch eine kleine Überraschung auf meine Braut.«

Neugierig sehe ich ihn an. Wie viele Geheimnisse hat dieser Mann denn noch vor mir? Ab heute gibt es doch kein *ich* mehr, sondern nur noch ein großes WIR!

In Begleitung unserer Gäste spazieren Jacob und ich zum Haupteingang der Villa. Mein großer Moment ist gekommen: Mein Mann hebt mich hoch und trägt mich ins Haus. Und bevor er mich nach wenigen Sekunden im Flur wieder absetzt, küsst er mich.

Norman verstreut plötzlich Rosenblätter, Patchouli lässt Konfetti regnen, und Natalie quietscht vor Begeisterung beim Einfangen dieses denkwürdigen Moments mit ihrem Fotoapparat.

»Das ist wirklich der schönste Tag meines Lebens«, flüstere ich mit Tränen in den Augen.

»Meiner auch«, sagt Jacob leise, nimmt meine Hand und zieht mich zur Schiebetür.

Als sich die Tür nach beiden Seiten hin öffnet, glaube ich tatsächlich auf einer rosa Wolke zu sitzen. Ich muss träumen: In den bisher leeren Räumen stehen meine Möbel! Und zwar alle Möbel, die ich Pierre Pötsch in Kommission gegeben habe.

»Jacob! Wie kommen denn die …«, piepse ich, und dann versagt meine Stimme. Meine Knie werden weich. »Woher wusstest du …«

»Schon vergessen? Du hast mir selbst erzählt, an wen du sie weggegeben hast.«

»Und glücklicherweise war noch nicht ein Stück verkauft!«, höre ich jetzt eine Stimme sagen, die mir bekannt vorkommt.

Ich drehe mich um, und da steht Pierre Pötsch mit einem Glas Champagner in der Hand und prostet mir zu. Neben ihm sein Freund. Und daneben steht Judith mit ihrem Freund, und auch Frau Zweiglein ist da!

Jacob legt seinen Arm um meine Taille und erklärt den anderen: »Diese Frau hier hat mein Leben mit Lachen und Spannung gefüllt und trotz meiner Problemzonen meinen Antrag angenommen. Dafür werde ich sie immer lieben.«

Mir wird schwindelig vor Glück. Ich muss mich setzen – auf mein geliebtes Eileen-Gray-Sofa.

Jacob kniet vor mir nieder, greift in seine Jackentasche und holt etwas hervor. Dann nimmt er meine rechte Hand und steckt mir einen Ring an den Finger. Einen Diamantring! Und der Stein ist so groß wie eine Kirschtomate!

»Jacob … aber das … Wo hast du …«, stottere ich und schnappe nach Luft. »Wo hast du *den* denn her?«

»Aus Paris!« Lachend setzt er sich neben mich.

»Aber … ich dachte …«, stottere ich weiter, während er mich an sich drückt.

»Ja, genau so entstehen Missverständnisse. Alle reimen sich was zusammen, aber keiner fragt genau nach. Und unsere liebe Pati hat mit allergrößtem Vergnügen die Gerüchteküche angeheizt.«

Belustigtes Raunen breitet sich aus. Patchouli zieht eine Schnute und lässt sich von Alfred trösten. Doch Jacob fährt ungerührt fort: »Nur weil ich erzählt habe, dass ich im Moment keinen Job hätte, nahm sie an, ich sei arbeitslos und arm und würde meine Miete nicht mehr bezahlen können. Und du, mein süßes, verrücktes Huhn, dachtest, es wäre tatsächlich so, als du die leeren Räume der Villa gesehen hast. Die Wahrheit aber ist: Das Haus gehört mir, ich habe es von meinen Eltern geerbt. Hier im Erdgeschoss war meine Werbeagentur untergebracht, die ich vor einem halben Jahr nach einer Herzattacke verkauft habe, als mir mein Arzt riet, kürzerzutreten. Deine verrückte WG-Idee war ein prima Zeitvertreib und kam genau in dem Moment, als ich überlegte, was ich mit der Villa und dem Rest meines Lebens anstellen könnte.«

Verzückt blicke ich vom Diamanten an meiner rechten zu dem Glasstein an meiner linken Hand. Nur sehr langsam begreife ich: Jacob ist gar nicht arm!

»Dann ist die Villa auch nicht verschuldet? Und wir müssen auch nicht ausziehen?«

»Nein, müssen wir nicht.« Er drückt mich fest an sich.

Mein Karma ist also gar nicht so mies. Ich habe doch noch geheiratet – und sogar reich! Und zwar auf der kleinsten Märchenhochzeit der Welt!

Überglücklich schaue ich mich um. Greta schmiegt sich an Norman. Natalie knipst wie verrückt in die Runde. Alfred klopft Jacob kumpelhaft auf die Schulter. Alle heben ihr Glas und wünschen nochmal Glück. Judith überreicht mir ein Foto von Advo-Cat, auf dem er ein kleines Papierherz umgebunden hat. »Ein herzliches Miau für Betty« steht drauf. Und Patchouli zwinkert mir verschwörerisch zu. Ich weiß, was sie mir sagen will: Wir können jetzt shoppen, bis die Kreditkarte glüht.

Doch vorher muss ich dringend noch ein paar meiner Stühle umstellen, das verändert den Blickwinkel …